JN260245

KINZAI バリュー叢書

日米欧の住宅市場と住宅金融

独立行政法人 住宅金融支援機構 調査部 [編著]

一般社団法人 金融財政事情研究会

■はじめに

　世界の住宅金融市場はこの数年間、アメリカのサブプライム・ローン問題をはじめ、大きな変化に見舞われてきた。

　日本の住宅ローン市場においては、1994年の民間住宅ローン金利の自由化以降、2007年度には住宅金融公庫廃止・住宅金融支援機構設立に伴い、個人向け直接融資は原則廃止され、民間金融機関による長期固定金利ローンの供給を支援する機関に転換されるなど、公的から民間への流れとなっている。バブル崩壊後、約20年の間、日本における住宅ローン市場は大きく変化し、金融機関にとって最も重要なマーケットとなった。しかし、これまで、これらの経緯や意義については詳細に分析されてきたとは言いがたい。

　また、アメリカにおいては、ファニーメイ等のGSE（政府支援企業）が住宅ローン市場において大きな役割を果たしてきたが、住宅バブル崩壊の影響等を受け実質的に経営破綻となり、2011年2月には米財務省がGSEの段階的縮小・廃止の改革案も公表した。しかし、住宅バブルの崩壊以降、アメリカの住宅市場は低迷していることから、オバマ大統領は、GSEを住宅市場の下支えとして積極活用する政策を発表するなど、アメリカの住宅ローン市場も大きな変化の渦中にある。更には、ドッド・フランク法を受けた消費者保護や証券化の今後についても、最新の動向から目が離せない。

　一方、ヨーロッパでは、住宅ローンの資金調達手段としてカ

バードボンドが古くから存在しており、日米においても注目されている。カバードボンドの詳細な内容やRMBSとの違い等については、専門誌等で断片的に見られるが、一般の書物で体系的に記述されたものはない。

こうした中、本書においては、住宅金融支援機構調査部の職員により、日米欧の住宅金融市場を横断的に分析することで、2012年後半までの市場動向を概観できるように試みた。

本稿の構成は以下のとおりである。

まず、第1章において、日米欧の住宅金融市場を横断的に比較した。ここでは、住宅ローンの商品性と資金調達手段のマッチングについて俯瞰し、各市場の特徴を浮き彫りにし、世界経済全体の中での金融の安定性への影響について分析している。また、証券化とカバードボンドの比較についても簡単に触れている。

第2章においては、日本の住宅金融市場について、歴史的な経緯を踏まえ、公的から民間への動きを振り返る。戦後の住宅政策の展開、バブル期の市場動向、人口動態の影響、高齢化時代のニーズ対応、東日本大震災後の需要構造変化など、論点は多岐にわたるが、特に人口動態が住宅市場に与える影響は大きく、中でも高齢化の進行については日本が先進的な位置にあることから、欧米においても日本の動向は参考になる点が多々あるものと考えられる。

第3章においては、アメリカの住宅金融市場について、主に今回の住宅バブル形成と崩壊、サブプライム・ローン問題に代

表される今回の金融危機の構図、そしてその後の政策対応に焦点を当てている。アメリカにおける証券化市場の発展とGSEの役割についても触れ、GSE改革の今後の展開についても簡単に解説している。

第4章においては、ヨーロッパの住宅金融市場について、ドイツ、フランス、イギリスの3カ国を中心に分析した。また、域内で住宅市場の動きに大きな格差が見られるが、特にドイツとスペインの対比は、ヨーロッパの金融システムを理解する上で重要な意味を持つことから、スペインについても触れると同時に、ヨーロッパでは独特の構造を持つデンマークについても項を割いた。

本稿の執筆分担は以下のとおりである。

第1章は小林正宏、第2章は横谷好（証券化の歴史は小林）、第3章は小林、第4章は新村昌（Ⅰ〜Ⅲ）と小林（Ⅳ、Ⅴ）が執筆している。各執筆者の略歴はⅴページを参照されたい。第4章については、クレディ・フォンシエール（Crédit Foncier de France）の緒方兼太郎氏、住宅金融普及協会の廣田美久氏に貴重なご意見を賜った。この場を借りて、厚く御礼申し上げたい。また、国際住宅金融連合（IUHF）の事務局を務める欧州貯蓄貸付組合連合（VDPB）のMark Weinrich氏、欧州住宅金融連合（EMF）事務局長のAnnik Lambert氏、欧州カバードボンド協議会（ECBC）のLuca Bertalot氏からはデータ提供について快諾いただいた。

一般社団法人金融財政事情研究会出版部部長の加藤一浩氏に

は、本書の企画段階から適切な助言をいただいた。また、同出版部の伊藤雄介氏には、構成やレイアウトについて、根気強くご相談にのっていただいた。両名には深く感謝申し上げたい。

　本書は、日本の住宅ローン市場と欧米の住宅ローン市場等を包括的に1冊の書籍にまとめることにより、ハンドブック的に利用していただけることを想定してコンパクトにまとめている。金融の実務家や学識者が、住宅ローン市場や制度について深く考察し、新たな住宅ローンのスキームを開発する場合などに参考として活用していただければ幸甚である。

　なお、本稿において、意見に係る部分は執筆者個人のものであり、住宅金融支援機構のものではない。また、ありうべき誤りは、すべて執筆者個人に帰属する。

　2013年3月
　　独立行政法人住宅金融支援機構 調査部長　**高田　卓二**

【執筆者一覧】

横谷　好（第 2 章）

　　住宅金融支援機構　調査部　主席研究員
　　1987年北海道大学経済学部卒、住宅金融公庫入庫、1996年筑波大学大学院経営・政策科学研究科修了。
　　2010年 4 月より現職。

小林　正宏（第 1 章、第 2 章(5)、第 3 章、第 4 章（Ⅳ、Ⅴ））

　　住宅金融支援機構　調査部　主席研究員（海外市場担当）
　　1988年東京大学法学部卒業、住宅金融公庫入庫。海外経済協力基金（OECF）マニラ事務所駐在員、国際協力銀行（JBIC）副参事役、ファニーメイ特別研修派遣、住宅金融公庫企画部総括調査役等を経て、2011年 4 月より現職。
　　著書に『通貨の品格』（中央公論新社、2012年）等がある。2011年 4 月より中央大学経済研究所客員研究員、2012年 2 月より Asia Pacific Union for Housing Finance（APUHF）の Advisory Board Member を兼任。日本不動産学会正会員。

新村　昌（第 4 章Ⅰ～Ⅲ）

　　住宅金融支援機構　調査部　主任研究員（国際金融担当）
　　1989年上智大学経済学部卒、住宅金融公庫入庫。㈶建設経済研究所米国事務所出向等を経て、2010年 7 月より現職。

目　次

第1章
日米欧の住宅市場・住宅金融市場の概観

1　はじめに …………………………………………………………2
2　日米欧の住宅市場の動向 ………………………………………2
3　日米欧の住宅ローン市場の規模と資金調達構造 …………11
4　住宅ローンの商品性の比較……………………………………16
5　住宅ローンのビジネスモデル …………………………………17
6　住宅ローンのリスク ……………………………………………21
7　住宅バブルと住宅ローン………………………………………24
8　証券化対カバードボンド………………………………………27
9　世界の人口動態 ………………………………………………33

第2章
日　本

1　はじめに …………………………………………………………38
2　金利規制下における住宅ローン ……………………………39
　(1)　戦後の住宅不足と住宅政策…………………………………39
　(2)　高度経済成長期における民間住宅ローン ………………41
　(3)　オイルショック後の住宅ローン …………………………45
　(4)　内需拡大策と住宅政策………………………………………48

3 金融の自由化およびバブルの発生と崩壊 ……………49
- (1) 金融の自由化……………………………………………49
- (2) 大企業の銀行離れ………………………………………51
- (3) バブル期における住宅と住宅ローン…………………52
- (4) バブル崩壊………………………………………………55
- (5) 住宅金融公庫による経済対策…………………………56

4 住宅ローンの自由化と金融を取り巻く変化 …………60
- (1) 住宅ローン金利の自由化………………………………60
- (2) 金融危機…………………………………………………63
- (3) 民間金融機関の住宅ローンへの取組みとその背景…65
- (4) ゼロ金利政策から量的緩和政策へ……………………70
- (5) 金融システム改革（日本版金融ビッグバン）………71
- (6) 金融行政の見直し………………………………………72
- (7) プルーデンス政策………………………………………72
- (8) 公的金融改革……………………………………………74
- (9) 財政投融資改革…………………………………………74
- (10) 住宅金融公庫の廃止と住宅金融支援機構の設立……75

5 日本の証券化市場 ……………………………………76
- (1) 日本の住宅ローン証券化の歴史………………………76
- (2) 金融危機後の状況………………………………………79
- (3) 機構MBSの概要 ………………………………………82
- (4) カバードボンド導入に向けた動き……………………91

6 リーマン・ショック以降の住宅ローン市場 …………94
- (1) リーマン・ショックと住宅市場への影響……………94

(2) 住宅ローンの現状 …………………………………………97
7 住宅ローンの今後の課題と展望 …………………………104
(1) 住宅ローン市場の課題 …………………………………104
(2) 今後の展望 ………………………………………………108

第3章

アメリカ

1 はじめに ………………………………………………………118
2 アメリカの住宅市場 …………………………………………121
(1) 戦後からの着工動向 ……………………………………121
(2) 2000年代の住宅バブル …………………………………121
(3) 新築住宅と中古住宅の競合 ……………………………123
(4) 新築は賃貸主導の回復 …………………………………125
(5) 差押問題 …………………………………………………127
(6) ロボ・サイナー問題 ……………………………………128
3 金融危機までの住宅金融市場 ………………………………130
(1) 大恐慌後の政策展開 ……………………………………130
(2) S&L危機 …………………………………………………132
(3) モーゲージバンクとGSEの拡大 ………………………134
(4) サブプライム問題 ………………………………………137
(5) GSE破綻 …………………………………………………139
(6) ノンリコースローンをめぐる議論 ……………………142
(7) リバース・モーゲージ市場の動向 ……………………143

4 証券化市場……146
- (1) 証券化市場の拡大の歴史 ……146
- (2) 民間の証券化市場 ……149
- (3) カバードボンド法制をめぐる動き ……150

5 今後の住宅金融市場と証券化市場 ……152
- (1) 米銀を取り巻く環境 ……152
- (2) 住宅問題に対する政策対応 ……156
- (3) ドッド・フランク法 ……164
- (4) 米財務省による住宅金融市場改革 ……167

第4章

ヨーロッパ

Ⅰ ドイツ ……176

1 ドイツの最近の経済状況と住宅市場等の状況（2000年以降）……176
- (1) 2000～2005年頃の状況 ……176
- (2) 2005～2008年頃の状況 ……178
- (3) 経済・金融危機下における金融機関支援等 ……182

2 金融業界の概観 ……189
- (1) 業態ごとの概要 ……189
- (2) 各業態のシェア等 ……195
- (3) 資金調達の状況 ……196
- (4) 民間金融機関の監督 ……198

3 住宅ローンの商品性や特徴等について……199
(1) 住宅ローンの商品性等 ……199
(2) 住宅ローンに係る消費者保護等 ……200
4 住宅金融における政府の役割 ……201
(1) 住宅取得等のための貯蓄等に対する国の補助 ……203
(2) 建築貯蓄制度 ……205
(3) リースター年金を活用した住宅取得支援制度 ……208
(4) KfWによる持家促進制度 ……211

Ⅱ フランス ……218

1 フランスの最近の経済状況と住宅市場等の状況
(2000年以降) ……218
(1) 2000〜2005年頃の状況 ……218
(2) 2005〜2008年頃の状況 ……221
(3) 経済・金融危機下における金融機関支援等 ……222
(4) 2008年〜現在 ……225

2 金融業界の概観 ……226
(1) 業態ごとの概要 ……226
(2) 各業態のシェア等 ……229
(3) 資金調達の状況 ……230
(4) 民間金融機関の監督 ……233

3 住宅ローンの商品性や特徴等について ……233
(1) 住宅ローンの商品性等 ……233
(2) 住宅ローンに係る消費者保護等 ……235

4 住宅金融における政府の役割 …………………………………236
 (1) 0％融資 …………………………………………………………237
 (2) 協定融資 …………………………………………………………241
 (3) 保証機関SGFGASの役割 ………………………………………244
 (4) 住宅貯蓄制度 ……………………………………………………244

Ⅲ イギリス …………………………………………………………250

1 イギリスの最近の経済状況と住宅市場等の状況
 (2000年以降) ……………………………………………………………250
 (1) 2000年以降の経済状況 …………………………………………250
 (2) 住宅市場等の状況（2000年以降） ……………………………252
 (3) 経済・金融危機下における金融機関支援等 …………………256
2 金融業界の概観 …………………………………………………258
 (1) 業態ごとのシェア等 ……………………………………………258
 (2) 資金調達の特徴 …………………………………………………260
 (3) 民間金融機関の監督 ……………………………………………263
3 住宅ローンの商品性や特徴等について ………………………264
 (1) 住宅ローンの商品性等 …………………………………………264
 (2) 住宅ローンに係る消費者保護等 ………………………………267
4 住宅金融における政府の役割 …………………………………270
 (1) 持家住宅政策の概観 ……………………………………………270
 (2) 公営住宅払下制度 ………………………………………………273
 (3) 民間住宅等の取得を支援する制度（HomeBuy）……………277
 (4) 政府保証を活用したスキーム（NewBuy）……………………280

| Ⅳ | デンマーク ……………………………………………284
1 はじめに ……………………………………………………284
2 デンマークの住宅金融機関 …………………………285
3 デンマークの住宅ローン ………………………………286
4 デンマークのカバードボンド ………………………288

| Ⅴ | スペイン ………………………………………………293
1 スペインの住宅市場 ……………………………………293
2 スペインの金融機関 ……………………………………296
3 スペインへの資金流入と巻戻し ……………………298

■ 事項索引 …………………………………………………………304

第1章

日米欧の住宅市場・住宅金融市場の概観

1 はじめに

　世界の住宅金融市場はこの数年間、アメリカのサブプライム・ローン問題をはじめ、大きな波乱に見舞われてきた。サブプライム・ローンの多くが証券化され、アメリカ以外、特にヨーロッパの投資家が保有したため、危機が急速に伝染し、世界金融危機のトリガー（引き金）となった。このため、危機の震源となった住宅ローン市場、そして危機を伝達するトランスミッション・メカニズムとなった証券化の市場双方について、抜本的な改革が進行中である。

　本章では、日米欧の住宅市場および住宅金融市場を概観し、その特徴と背景について、分析する。

2 日米欧の住宅市場の動向

　日本の住宅着工戸数は、足下80万戸台で推移している。これは、リーマン・ショック前の年間120万戸程度の水準から大きく落ち込んでいるが、アメリカと比較しても遜色ない水準である（図表1－1）。アメリカは、住宅バブルの時期に220万戸程度まで増加したが、巡航速度は150万戸程度といわれる。アメリカの人口が3億人を超えていることを踏まえると、人口比では、日本は新築の着工がかなり多い。

図表1−1　日米の住宅着工戸数

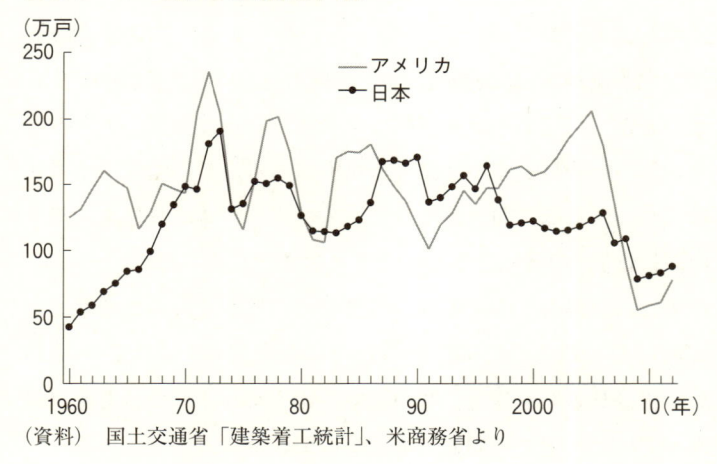

(資料)　国土交通省「建築着工統計」、米商務省より

　一方、ヨーロッパでは、フランスが30万〜40万戸のレンジで推移しているほか、スペインは2000〜2007年の期間においては50万〜80万戸とかなり高い着工水準が記録されたものの、2010年には10万戸を割る水準にまで落ち込んでいる。イギリスは金融危機の前後を問わず、10万〜20万戸と低水準にとどまっている。

　ちなみに、ドイツでは着工統計はないが、竣工戸数と建築許可件数は統計がとれる。竣工戸数は、2000年は40万戸台であったが、2000年代を通じて趨勢的に低下を続け、2010年は15万戸台にまで減少している(図表1−2)。

　新築住宅着工市場においては、日本の高さが際立つが、中古住宅の販売市場においては、逆の構図となる。すなわち、日本

第1章　日米欧の住宅市場・住宅金融市場の概観　3

では中古住宅販売戸数は多く見積もっても50万戸程度であるのに対し、アメリカは足下でも490万戸程度ある。アメリカの新築住宅着工戸数は2012年12月に年率95.4万戸（速報値）となっているが、戸建ての販売戸数はなお30万戸台であり、中古市場は新築の10倍以上という巨大な規模がある。この図式はイギリスについてもほぼ同じとなっている。フランスは、日本と英米の間に位置するが、どちらかといえば英米に近い（図表1－3）。

また、新築着工の中では、戸建てと比較して共同建ての比率が高いのも日本の特徴である。特に、賃貸の比重が日本は高い。アメリカでも最近、共同建ての比率が高まりつつあるが、基本的には戸建て中心の市場となっている。

かつて、日本の貸家の着工戸数は、日経平均株価と強い連動性があった（図表1－4）。

株価が上昇している局面では経済全体も活性化している可能性が高いことに加え、日本においては、貸家建築主の7割程度が個人ということもあり、株価の上昇は必要な頭金を手当てしやすくなる（貸家を建てるようなオーナーは株も保有している可能性が高く、また逆に節税のニーズも高まる）、という理由も考えられる。

しかし、足下では日経平均株価から推計される理論値よりはやや下ブレが続いている。このことは、日本の人口動態に基づく需給懸念等が背景にあると考えられる。

持家率について見ると、日米欧ともに60％台で並んでいるが、ヨーロッパは国による格差が大きい。特に低いのはドイツ

図表1-2　欧州主要国の住宅着工戸数等

(万戸)

凡例：スペイン、フランス、イギリス、ドイツ（竣工）

（資料）　EMF

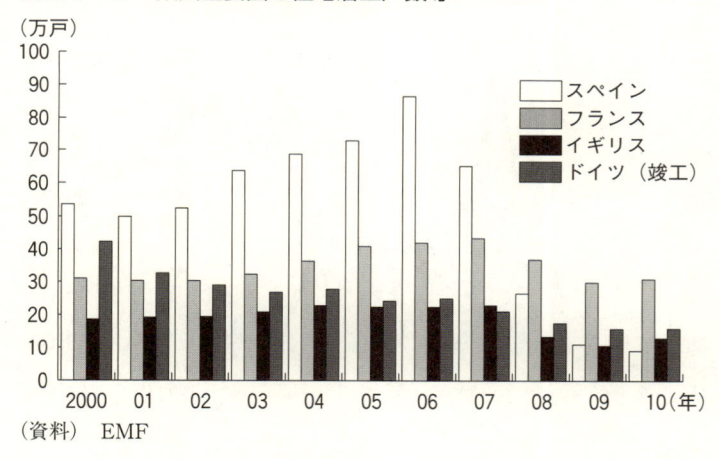

図表1-3　新築住宅着工戸数と中古住宅売買戸数（2011年）

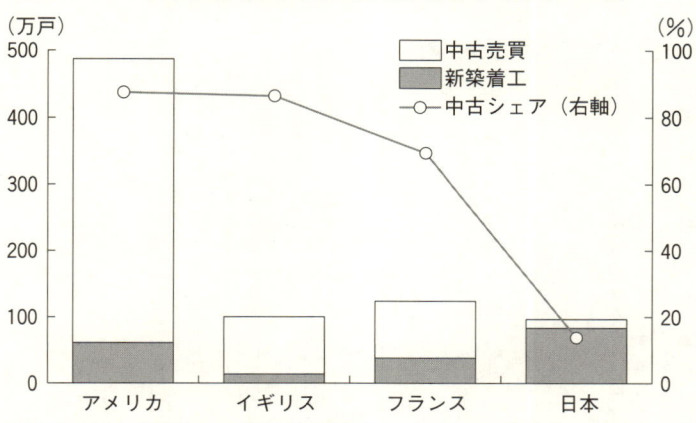

凡例：中古売買、新築着工、中古シェア（右軸）

（資料）　国土交通省、不動産流通近代化センター、米商務省、Ministry of Communities and Local Governments, UK, The General Council of the Environment and Sustainable Development, Franceより

第1章　日米欧の住宅市場・住宅金融市場の概観　5

図表1-4 貸家着工戸数（年率）と日経平均

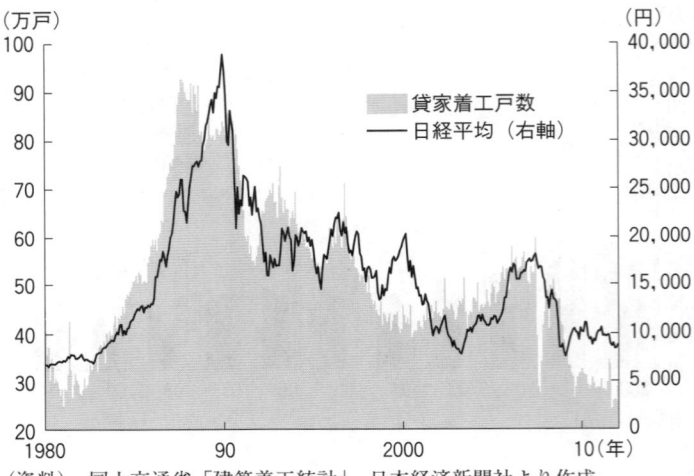

(資料) 国土交通省「建築着工統計」、日本経済新聞社より作成

図表1-5 主要国の持家率

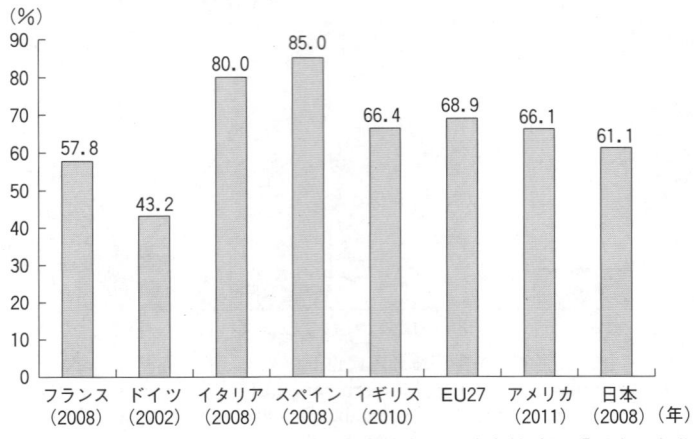

- フランス(2008): 57.8
- ドイツ(2002): 43.2
- イタリア(2008): 80.0
- スペイン(2008): 85.0
- イギリス(2010): 66.4
- EU27: 68.9
- アメリカ(2011): 66.1
- 日本(2008): 61.1

(資料) EMF「Hypostat 2011」、米商務省、総務省統計局「平成20年住宅・土地統計調査」より

で、2002年とデータが古いが、4割程度にとどまっている（図表1－5）。ドイツでは、戦後、社会住宅と呼ばれる公共賃貸住宅が多く供給され、その豊富な賃貸ストックのために持家需要が高くないといわれる。逆に、スペインやイタリアなどの南欧諸国では8割台となっている。フランスはドイツに次いで低く、日本よりも低い。イギリスはサッチャー政権の時代に公営住宅の払下げを実施した結果、持家率が高まっており、ほぼアメリカと同じ水準となっている。

また、GDPに占める住宅投資の比率は、日本は今世紀に入りトレンド的に低下してきて、足下では2.5％前後で推移している。アメリカはバブル期に6％を超えたが、足下では日本と同じ程度となっている（図表1－6）。

住宅価格の動きについても、日本は欧米とは全く異なる動き

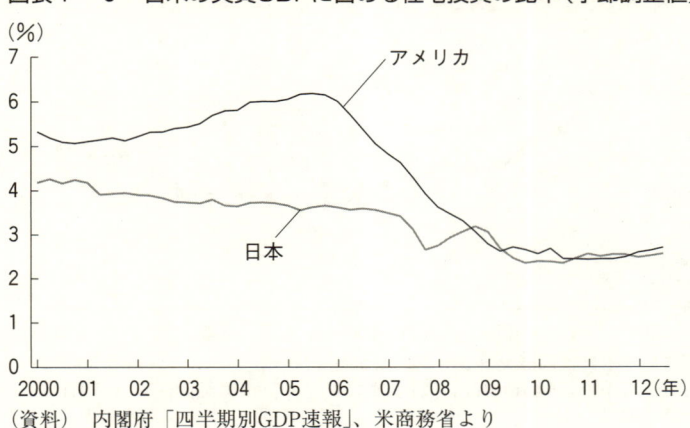

図表1－6　日米の実質GDPに占める住宅投資の比率（季節調整値）

（資料）　内閣府「四半期別GDP速報」、米商務省より

をしている。日本においては、長期間の全国ベースでの住宅価格指数がないので、ここでは首都圏マンションの㎡単価を引用している。日米を比較すれば、1990年代は日本が趨勢的に低下し、アメリカは上昇してきたのに対し、2000年代は、日本はやや持ち直しつつある一方、アメリカは前半に大きく上昇した半面、後半は急激に下落した。ヨーロッパはアメリカとほぼ似た動きだが、足下ではヨーロッパの方が強含んでいる（図表1－7）。

ただし、一口にヨーロッパといっても、状況は国によってかなり異なる。たとえば、ドイツとスペインを比較すると、2000～2007年にかけて、ドイツは住宅ローン残高、住宅価格ともほとんど横ばいという、日本と似た状況にあったのに対し、スペ

図表1－7　日米欧の住宅価格の推移（2000年＝100）

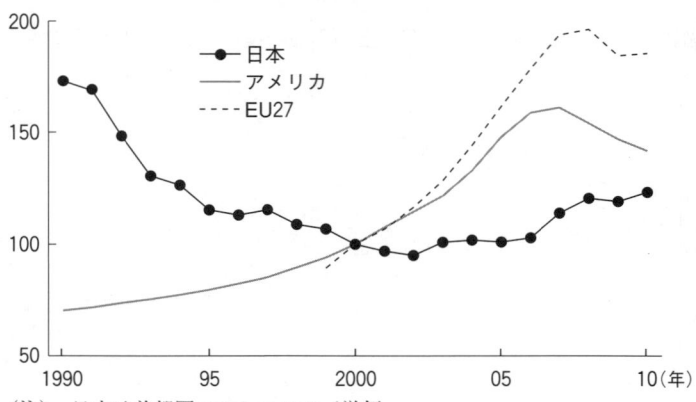

(注)　日本は首都圏マンションの㎡単価
(資料)　不動産経済研究所「首都圏マンション市場動向調査」、FHFA、EMF

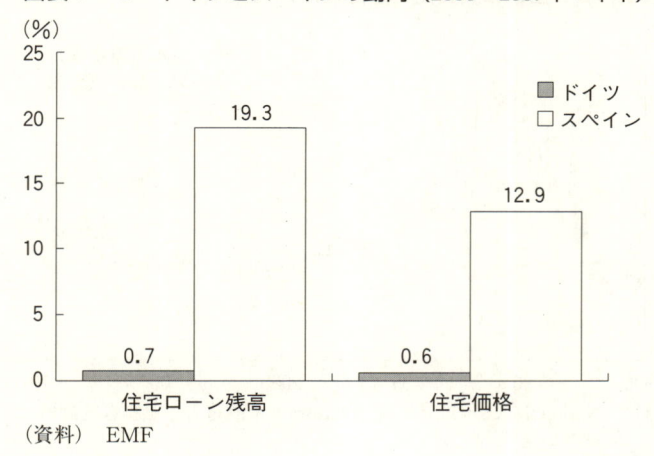

図表1－8　ドイツとスペインの動向（2000～2007年：年率）

	ドイツ	スペイン
住宅ローン残高	0.7	19.3
住宅価格	0.6	12.9

（資料）　EMF

インはともに年率換算で2桁を超える伸びを記録していた（図表1－8）。

　このような現象は、ユーロという統一通貨圏を構成する国の間で不均衡が蓄積しやすい構造にあったことと関係している。このような不均衡は、ECB（欧州中央銀行）におけるターゲット2のバランスに反映されている（次ページコラム参照）。

　ちなみに、日本の住宅価格は低迷しているが、それは名目値で見た場合であって、物価動向全体との比較という観点から、消費者物価指数で割り引いた実質住宅価格を見ると、日本はアメリカと比較して遜色のないレベルにあると見ることもできる。日本の住宅価格が低迷しているのは、バブル崩壊の後遺症という側面もあるが、一国経済全体がデフレ基調にあることも一定に影響していると考えられる（図表1－9）。

図表1-9　日米の実質住宅価格（1985年＝100）

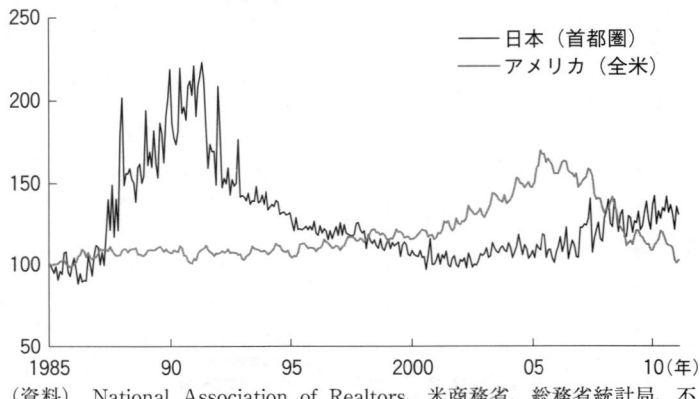

（資料）　National Association of Realtors、米商務省、総務省統計局、不動産経済研究所

> コラム　ECBのターゲット2バランス

　ユーロ圏では決済システムのプラットフォームとして、ターゲット（TARGET）というシステムが導入されている。TARGETはTrans-European Automated Real-time Gross settlement Express Transfer systemの略称で、現在はその第二世代なのでターゲット2と呼ばれる。各国の中央銀行のターゲット2のバランスはある国では黒字となり、別の国では赤字となることがある。ユーロシステム全体では相殺されてゼロとなるが、国別の不均衡が蓄積することを問題視する向きが目立ってきた。

　特に、ギリシャのユーロ圏離脱観測が強まって以降、赤字を抱えた国が離脱した場合の処理をどうするのかが議論の争点と

なってきた。そのターゲット２バランスの赤字は、2012年12月時点でギリシャは1,008億ユーロだが、スペインは3,373億ユーロ、イタリアは2,551億ユーロと巨額で、逆に、ドイツは6,557億ユーロの黒字となっている。

　ターゲット２の不均衡問題は、ユーロという単一通貨圏で域内の為替調整が途絶した中、経常収支の不均衡が固定化し、そこに周縁国のソブリン問題で銀行間市場でのクロスボーダー取引が縮減し、資金の逆流が起こった結果、各国の中央銀行間での貸借が一方的に膨らんだものである。アジア危機のような通常の通貨危機では外貨準備の枯渇が転換点となるが、ユーロ圏ではターゲット２により自動的にファイナンスされるため、危機の顕在化を遅らせたとの見方もある。

3　日米欧の住宅ローン市場の規模と資金調達構造

　日本の住宅ローン残高はこの10年くらい、おおむね180兆円前後で推移している。これは、対名目GDP比で30％台後半の水準である。これに対し、アメリカは、足下では10兆ドルを若干下回っている。2000年代前半にかけて、住宅バブルの膨張とともに住宅ローン残高も増加していったが、金融危機後は、わずかにではあるが、減少に転じている。それでも、住宅ローン

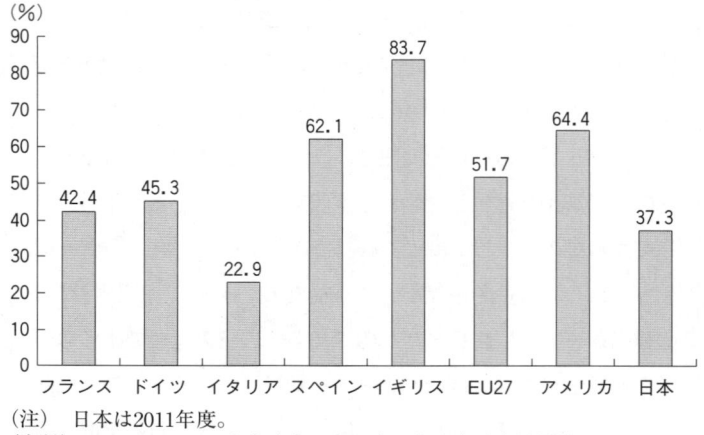

図表1−10 主要国の住宅ローン残高の対名目GDP比（2011年）

(%)
- フランス：42.4
- ドイツ：45.3
- イタリア：22.9
- スペイン：62.1
- イギリス：83.7
- EU27：51.7
- アメリカ：64.4
- 日本：37.3

（注）　日本は2011年度。
（資料）　EMF、FRB、米商務省、内閣府、住宅金融支援機構より

残高の対名目GDP比は60％超ある（図表1−10）。

　一方、ヨーロッパについては、2011年末で約6.5兆ユーロとなっており、対名目GDP比で51.7％となっている。これらの金額を暦年の平均為替レートで円換算すると、図表1−11のとおり、2011年末時点で、アメリカは774兆円、ヨーロッパは726兆円、日本は177兆円となる。人口が3億人を超える米欧と比較すると、日本の規模が小さいのはやむをえない面もある。なお、対名目GDP比で見れば、イタリアは日本よりも低い。

　このうち、資金調達手段としては、アメリカは証券化の比率が高いのが特徴となっており、住宅ローンのうち、証券化された比率は約65％に達するが、その中でも中心的な役割を果たしているのが、ファニーメイ、フレディマック、ジニーメイとい

図表1−11　日米欧の住宅ローン残高と資金調達構造（2011年末）

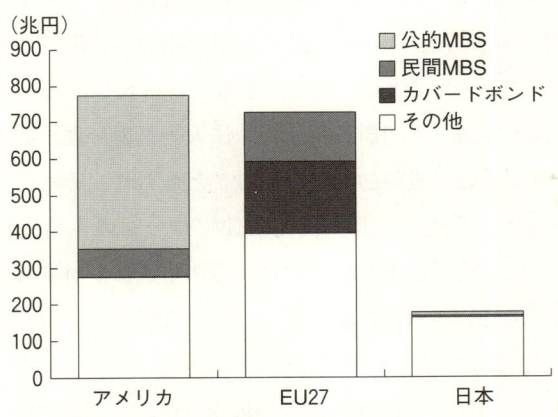

凡例：公的MBS／民間MBS／カバードボンド／その他

（注1）　日本は2011年度末。
（注2）　為替は、1ドル＝79.6967円、1ユーロ＝111.0255円で換算（FRBによる）。
（資料）　FRB、EMF、AFME、日本証券業協会、住宅金融支援機構より

う3つの機関が証券化・保証するAgency MBS（Mortgage Backed Securities：住宅ローン担保証券）である。

　一方、ヨーロッパには、ファニーメイのような公的な証券化機関は存在しない。住宅ローンの資金調達においては、預金が中心的役割を果たしているが、カバードボンド（Covered Bond）という担保付債券による資金調達が3割程度の比重を占めている。カバードボンドは、18世紀に起源をさかのぼる歴史のある金融商品であるが、アメリカでは2005年まで発行実績がなく、日本での注目度は必ずしも高くはなかった。なお、ヨーロッパにも、一部の国では、公的な金融機関が直接住宅

ローンを提供したり、融資保険を提供している例はあるが、アメリカのAgencyのような大規模なものとはなっていない。

日本については、かつては住宅金融公庫の直接融資が3～4割のシェアがあったが、「民にできることは民に」のかけ声のもと、2001年12月の閣議決定「特殊法人等整理合理化計画」により、直接融資は段階的に縮小することとされ、それに代わって市場機能を活用した長期固定型住宅ローンの供給方法として、証券化支援事業が2003年10月から開始され、同事業は2007年4月に発足した独立行政法人住宅金融支援機構に引き継がれている（図表1－12）。

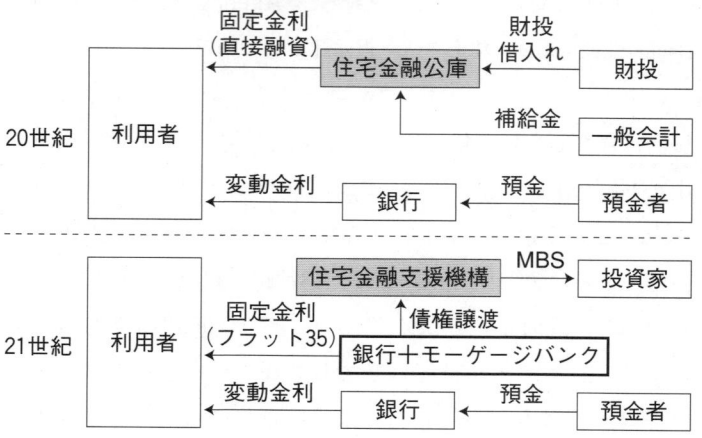

一方、住宅ローン市場の成長速度を2000年＝100として指数化して見たのが、図表1－13である。欧米ともに、2000年以降、順調に残高を伸ばしていったのに対し、日本は一貫して横

図表1－12　日本の住宅金融市場改革

図表1－13　日米欧の住宅ローン残高（2000年＝100）

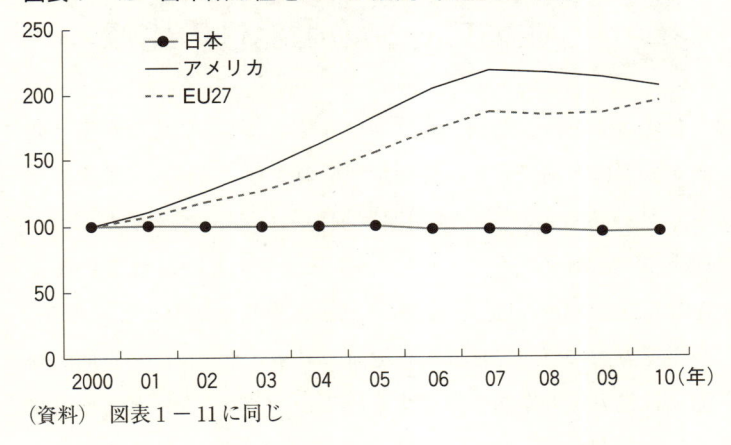

（資料）　図表1－11に同じ

ばい状態が続いている。ただし、欧米においても、2007年のサブプライム問題発生後、トレンドに変化が生じている。2000〜2007年にかけての住宅ローン残高の伸び率は年率でアメリカが11.8％、ヨーロッパが9.4％に対し、日本は▲0.4％だった。その後アメリカではすでに住宅ローン残高が減少に転じているのに対し、ヨーロッパでは、ペースは鈍化したものの、なお増加基調にある。見方によれば、ヨーロッパでは家計部門のデレバレッジの動きが遅いという解釈もありうるかもしれない（図表1－13）。

4 住宅ローンの商品性の比較

　住宅ローンは、金利タイプ別に分類すれば、固定金利型と変動金利型に大別できる。変動金利型のうち、当初一定期間固定されているものを、固定期間選択型と呼び、アメリカでは、Hybrid ARM（ハイブリッドアームと発音）と呼ばれている。ARMとはAdjustable Rate Mortgage、変動金利のことである。

　償還方法については、大恐慌前のアメリカでは、一定期間経過後に借入額の全額を償還するBalloon（バルーン）という償還方法が一般的だった。しかし、大恐慌時に多くが破綻したため、毎月の返済金の中から元本も返済していく割賦償還（A-

図表１－14　アメリカの住宅ローン金利タイプ別シェア

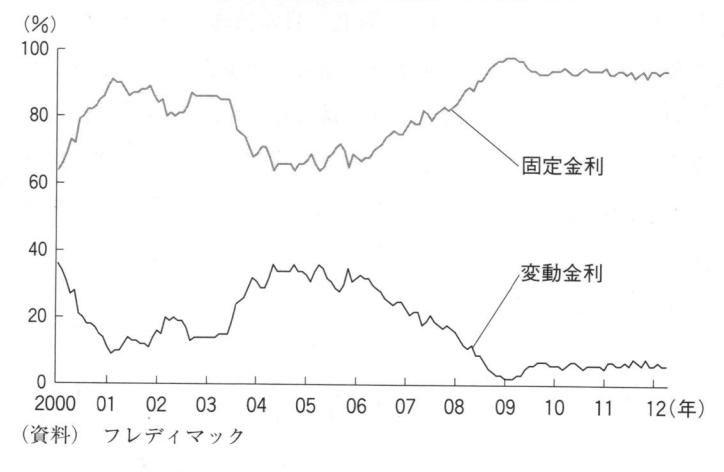

（資料）　フレディマック

mortization）が導入され、今日では割賦償還が一般的となっている。

　金利タイプについては、アメリカでは、30年固定金利型住宅ローンが広く利用されており、フレディマックの調査では、9割程度が全期間固定型（15年固定、40年固定も含む）を利用している（図表1－14）。かつて、サブプライム・ローンが全盛の時代には、Hybrid ARMの一種である2年固定（2／28）も広まったが、いまは伝統的なローンへの回帰が進んでいる。

　一方、ヨーロッパにおいて、全期間固定型住宅ローンが一般的なのはデンマークが代表格である。ドイツやフランスでは固定期間選択型が、イギリスやスペインでは単純な変動金利型が一般的となっている。フランスやイタリアでは金融危機後、全期間固定が増えたという発言も金融機関関係者から聞かれるが、統計的な裏付けはとれていない。

5　住宅ローンのビジネスモデル

　従来、金融の機能は、資金の余剰主体から不足主体へと仲介し（Intermediation）、それに付随するリスクを管理することと考えられてきた。そこでは、ローンの融資と資金の調達は一体的にとらえられ、そのような伝統的金融は、後に組成保有型（Originate to Hold：OTH）モデルと呼ばれるようになった。

　OTHモデルにおいては、端的には、預金者から短期の預金

を集め、住宅ローンを融資するのが一般的であった。その場合、長期固定ローンを貸せば、期間のミスマッチが生じ、金融機関に金利リスクが発生する。変動金利で貸せば金融機関は金利リスクを回避できるが、顧客に金利リスクは転嫁される。いずれの場合も、信用リスクは金融機関が負担し、預金金融機関のみが参入可能であった。

歴史的には、イギリスの建築組合（Building Society）やアメリカの貯蓄貸付組合（Savings and Loan Association：S&L）がOTHモデルの代表例であったが、商業銀行も徐々に参入していった。初期の段階では、規制金利のもとで金利リスクは顕在化しなかったが、金融の自由化の進展に伴い、資金調達が不安定化する中で、アメリカのS&Lは経営危機に直面することになり、1980年代に多くのS&Lが破綻した。なお、カバードボンドや無担保債により、銀行も長期の資金を調達することが可能であるが、ここでのモデル上の分類は、OTHに属する。

一方、20世紀後半にアメリカで花開いたのが証券化をベースにした組成販売型（Originate to Distribute：OTD）モデルである（図表1－15）。OTDモデルにおいては、金融機関が融資する住宅ローンを証券化する等して投資家に売却することで資金調達を行う。証券化する場合、原債権である住宅ローンと同じキャッシュフローが投資家に流れるため、期間のミスマッチも繰上償還リスクも投資家に移転する（ただし、リスク見合いのプレミアムを投資家は要求することになる）。

OTDにおいて投資家に対する信用補完の方法には2類型が

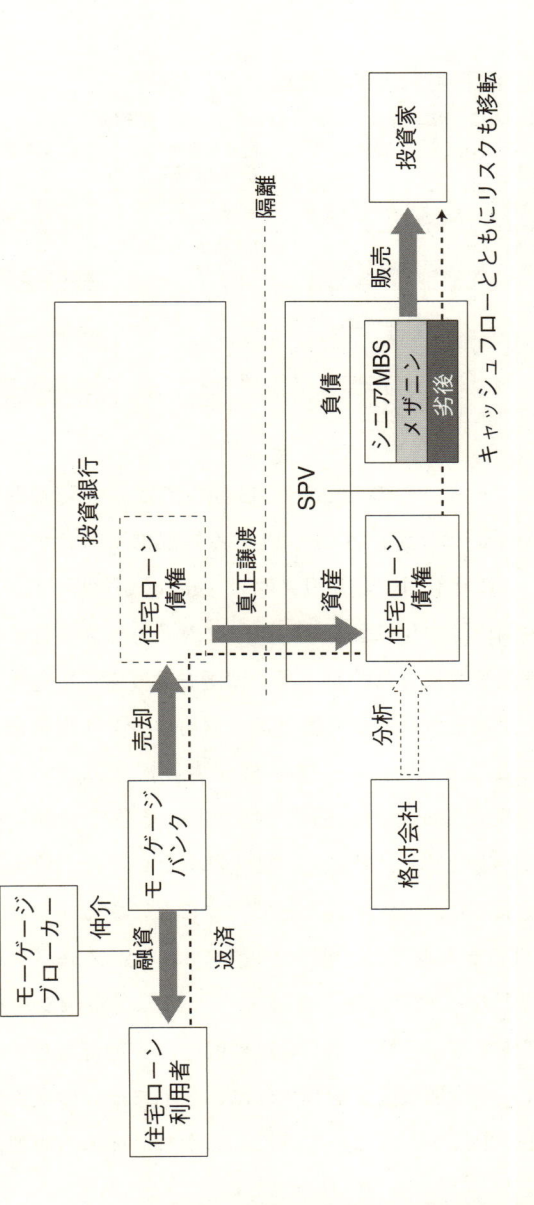

図表 1-15　OTDモデルの流れ

第1章　日米欧の住宅市場・住宅金融市場の概観　19

図表1−16　信用補完モデルの類型

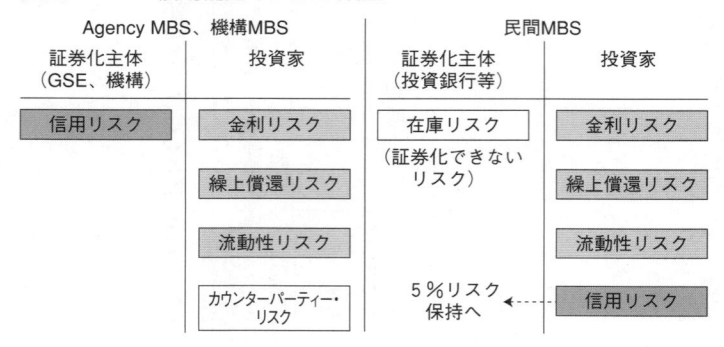

Agency MBS、機構MBS		民間MBS	
証券化主体 (GSE、機構)	投資家	証券化主体 (投資銀行等)	投資家
信用リスク	金利リスク	在庫リスク (証券化できない リスク)	金利リスク
	繰上償還リスク		繰上償還リスク
	流動性リスク		流動性リスク
	カウンターパーティー・ リスク	5％リスク 保持へ ←------	信用リスク

　ある。ファニーメイ等のAgencyの証券化では、MBSの投資家に対してAgencyが元利払いを保証する外部信用補完が措置されており、この場合は、信用リスクはAgencyが負担する。

　一方、民間の証券化においては、モノライン保険会社による外部信用補完等も見られたが、多くは優先劣後構造を通じた内部信用補完が適用され、その場合は、信用リスクが投資家に移転することとなる（図表1−16）。優先劣後構造においては、劣後部分の投資家が第一次損失を吸収し、それでも損失をカバーできない場合は、メザニン、優先部分といった上位トランシェの投資家にも、損失が波及していくことになる。

　なお、OTDモデルでは、預金を受け入れないノンバンクでも参入可能となった。従来のOTHモデルでは、金融システムの中核を構成する銀行等の預金金融機関のみが融資をしていたので、それらの金融機関を監督すれば、住宅ローンの融資についても実態を把握することができた。しかし、従来の規制体系

に服さないノンバンクが参入したことが、ずさんな審査を蔓延させたと、アメリカでは批判されている。

6 住宅ローンのリスク

　住宅ローンを融資するに際してはさまざまなリスクが存在するが、代表的なものは、信用リスクと市場リスクである（図表1-17）。

　信用リスクは、住宅ローンを借りた債務者が返済できなくな

図表1-17　信用リスクと市場リスクの連鎖

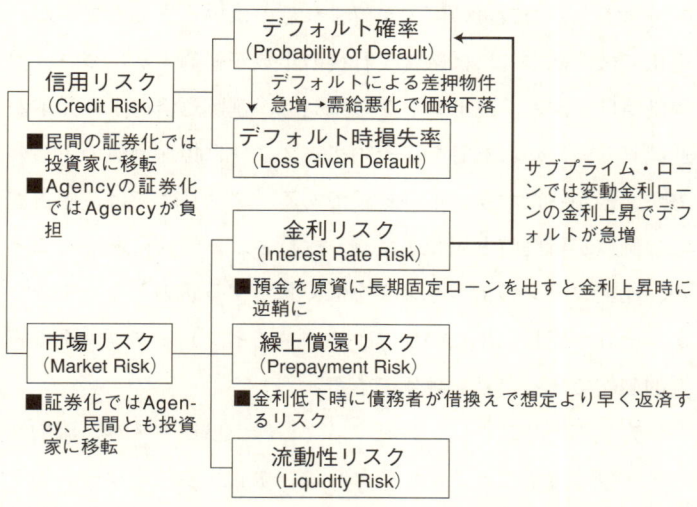

- 信用リスク（Credit Risk）
  - デフォルト確率（Probability of Default）
  - デフォルトによる差押物件急増→需給悪化で価格下落
  - デフォルト時損失率（Loss Given Default）
  - ■民間の証券化では投資家に移転
  - ■Agencyの証券化ではAgencyが負担
  - サブプライム・ローンでは変動金利ローンの金利上昇でデフォルトが急増

- 市場リスク（Market Risk）
  - 金利リスク（Interest Rate Risk）
    - ■預金を原資に長期固定ローンを出すと金利上昇時に逆鞘に
  - 繰上償還リスク（Prepayment Risk）
    - ■金利低下時に債務者が借換えで想定より早く返済するリスク
  - 流動性リスク（Liquidity Risk）
  - ■証券化ではAgency、民間とも投資家に移転

（資料）『経済セミナー』No.650（日本評論社［2009］）47ページより

り、焦げ付くリスクである。基本的には、どの程度デフォルトが発生するかという確率（Probability of Default：PD）とデフォルト時にどの程度の損失（Loss Given Default：LGD）が発生するかということの積（とその時点での残高［Exposure at Default：EAD］の積）により、リスク量が決まる。

　経験的に、住宅ローンは融資実行直後は延滞率は低く、5年から10年目頃にかけて延滞率が上昇していき、その後は平準化する傾向にある。もちろん、その時々の経済情勢により影響を受ける循環的要因も大きいが、同じヴィンテージについて見れば、上記のような特徴がある。また、担保となる住宅価格も、バブルの発生や崩壊で振幅するが、少なくとも、構造物については程度の差はあれ、経年劣化する。もとより、建物の価値を維持するような政策の導入が望まれるのはいうまでもないが、現状では、基本的には融資実行後の年数が経過するにつれ、担保価値は下がる。住宅ローンの残高も、割賦返済により元本が逓減していくが、総じて、そのペースよりは担保価値の下落の方が大きかったのが日本の経験である。アメリカでは、中古住宅の価値が新築時と比較して高く維持される傾向にあったことが、住宅ローンの信用リスクを低く想定する誘因となってきたが、それが裏目に出たのがファニーメイとフレディマックの実質的破綻であったとも評価できる。

　一方、市場リスクは、金利リスク、繰上償還リスク、流動性リスク等に分解できるが、これらは、融資する住宅ローンのタイプによって違った形をとる。変動金利型の場合は、金利リス

クは債務者が負担し、金融機関は負担しない。固定金利と異なり、金利低下局面で繰上償還が発生しても、資金調達コストも低下しているので、公正価値損失という形での繰上償還リスクも発生しない(借換えにより、初期投資した事務費等を回収できなくなるリスクは残る)。固定金利型の場合は、金利リスクは金融機関が負担し、債務者は負担しない。これが顕在化するのは金利上昇局面である。一方、固定金利型の場合、資金調達を長期の固定利付きの満期一括償還債(Bullet BondないしStraight Bond)で行った場合、市場金利の低下で繰上償還が発生すると、金融機関は、金利の高い時に発行した満期一括償還債の利払いは継続しなくてはならない一方、金利の高い時に融資した住宅ローン債権は借換えにより消滅し、新規の融資を行うことができた場合でも、金利が低くなるため、逆鞘となることがありうる。ただし、満期一括償還債の代わりに、MBSを発行すれば、繰上償還リスクはMBSの投資家に移転できる(図表1－18)。

また、MBSでなくても、コーラブル債の発行でも、コールオプションを行使することで、高金利時に発行した債券を償還して、低利の債券を発行することで、市場環境にマッチした金利構造を再構築することができる。ただし、日本ではコーラブル債の市場規模はまだ小さい。MBSはある意味、毎月部分的にコールオプションが行使されるコーラブル債という見方もできる。

なお、信用リスクと市場リスクは従来は独立した相関のない

図表1-18 住宅ローンのALMリスクとヘッジ手法

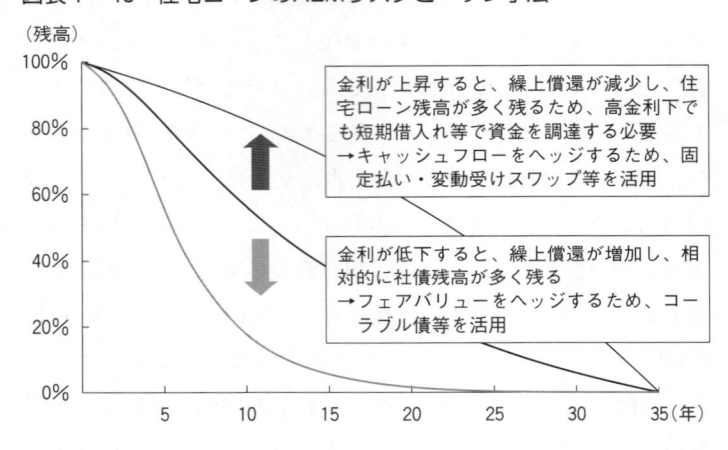

(残高)

金利が上昇すると、繰上償還が減少し、住宅ローン残高が多く残るため、高金利下でも短期借入れ等で資金を調達する必要
→キャッシュフローをヘッジするため、固定払い・変動受けスワップ等を活用

金利が低下すると、繰上償還が増加し、相対的に社債残高が多く残る
→フェアバリューをヘッジするため、コーラブル債等を活用

リスクと考えられてきたが、今回のサブプライム問題は、一定に相関がありうることを示唆している。CDO（Collateralized Debt Obligation）のような再証券化においても、原証券化商品間の相関がないことが前提に高い格付が付与されていたところ、実際には相関が高かったために、損失が想定を上回って拡大した。この点は、第3章のアメリカで詳細に論じる。

7　住宅バブルと住宅ローン

　日本は1980年代後半〜1990年代初頭にかけて、株と土地バブルに見舞われ、その後、それらの資産価格の下落・低迷が「失われた20年」をもたらしている。

一方、欧米においても、今世紀の初頭からの住宅価格の高騰が不動産融資の膨張を伴い、2000年代半ば以降の住宅価格の下落とともにそれらの融資が不良債権化して、金融収縮を招きつつある。金融には景気変動増幅効果（プロシクリカリティー）があるとされ、今回の金融危機を踏まえ、バーゼルⅢでは景気変動抑制的（カウンターシクリカル）な資本バッファーを導入する動きもあるが、どこまで有効か、なお未知数の部分もある。

　住宅バブルは、住宅価格が上昇するという人々のマインド、予想の変化に火がつくことで発生する。しかし、それを拡大するのは、住宅ローンという油が注がれるからであり、与信の拡大が伴わなければ、いくら需要が強くても顕在化しない。しかし、金融機関にしても、住宅価格が上昇を続けていれば、担保価値が上昇しており、（その時点だけをとらえれば）デフォルトしても高い回収率が期待できるので、みすみす融資の機会を逃すのは惜しいと考えがちとなる。もっと平たくいえば、皆が貸しているのに自分だけ貸さないのは、愚かにさえ思える。しかし、そのような個々の金融機関にとって合理的な判断も、金融システム全体としてみれば、持続不可能なバブルを助長しているにすぎない場合がある。それを当事者以外の第三者（銀行監督当局や中央銀行）がチェックするのが、マクロ・プルーデンス政策の基本である。合成の誤謬、ないしは市場の失敗をカバーする活動の一環といえるだろう。

　ちなみに、同じ資産価格バブルでも、株と不動産では影響が異なる。多くの場合、株式投資は、保有する金融資産の範囲内

で行うのが一般的である(信用取引のようにレバレッジをかける場合もあるが)のに対し、住宅の取得には、通常は住宅ローンという負債を新たに背負うことになり、金融機関が融資を実行することで、新たな信用創造が伴う。

今回のアメリカにおける住宅バブル崩壊により失われた家計部門の住宅資産価格はピーク時で6.7兆ドルにのぼる。それが経済の回復に大きな足かせとなっているのは多くの識者が指摘するところである。一方、失われた資産価格の規模自体を見れば、今世紀初頭のドットコム(IT)バブル崩壊や、リーマン・ショックによる株価の時価総額の減少も、それぞれ6.5兆ドル、11.1兆ドルと、住宅と同じか、それを上回る規模となっている。今回については、金融緩和の効果もあり、株価が比較的

図表1-19 アメリカの家計部門の保有する資産総額
(兆ドル)

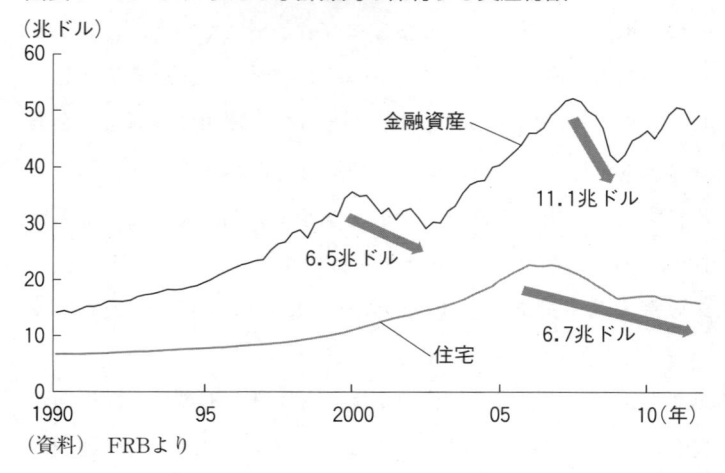

(資料) FRBより

早期に回復したため比較するのが妥当でないかもしれないが、少なくとも、ドットコムバブル崩壊時と比較すれば、当時は景気の回復が早かった。これには、やはりレバレッジの解消を伴うか否かという点が作用している可能性を示唆している（図表1－19）。また、一般論として、中低所得者の方が純資産に占める住宅資産の比率が高く、限界消費性向も高い。金融資産を多く持つ高額所得者と比較すると、今回の住宅バブル崩壊は中間層により深刻な打撃を与えたとの見方もある（スティグリッツ［2012］）。

8　証券化対カバードボンド

今回の金融危機のトリガーとなったのはアメリカの住宅バブル崩壊であった一方、それを伝搬して感染させた市場の脆弱性（vulnerability）が存在したのはサブプライムを含む民間の証券化市場であった。そのような証券化市場を代替・補完する金融商品として、カバードボンド（Covered Bond）に対する関心が世界的に高まっている。

カバードボンドは、直訳すれば「担保付債券」であるが、一般的にはヨーロッパにおいて、住宅ローンや公共団体向け融資等を担保として発行される金融債のことを指す。18～19世紀に主要国で法制化され、欧州カバードボンド協議会（European Covered Bond Council：ECBC）によれば、その発行残高は2011

年末現在で2兆6,760億ユーロにのぼり、2012年8月時点ではヨーロッパ内では28カ国、ロシアやトルコ等周辺国もあわせると33カ国で法律が整備されている。

　ドイツのファンドブリーフ債（Pfandbrief）や、フランスのオブリガシオン・フォンシエール（Obligations foncières）、スペインのセデュラス・イポテカリアス（Cédulas Hipotecarias）等が代表的な銘柄として知られている。

　カバードボンドの法的枠組みは国により若干異なるが、ベンチマークといってよいドイツのファンドブリーフ債を例にとれば、担保の原債権となる資産は銀行のバランスシートに計上され（オフバランス化されず）、投資家への弁済は発行銀行の信用力に依拠しつつ、万一発行銀行が破綻した場合は、担保資産が発行銀行から分離（Asset Segregation）され、当該資産からのキャッシュフローが投資家に充当される。かつ、万一、当該資産からの弁済が十分でない場合は、不足分について、一般債権者と同順位（パリパス）で請求権を有する、デュアル・リコース（二重の請求権）が最大の特徴である（図表1－20）。昨今、ヨーロッパ以外の「新興国」でもカバードボンド法制の導入が進んでいるが、ヨーロッパのブランドを確立するLabel Initiativeにおいては、デュアル・リコースが認定の条件となっている。日本においては、貸付債権担保住宅金融支援機構債（いわゆる「機構MBS」）の受益権行使の枠組みがカバードボンドの資産分離に近いが、パススルーのキャッシュフロー特性のため、一般的にはカバードボンドとは見られていないという声も

図表1-20 ファンドブリーフ債の枠組み

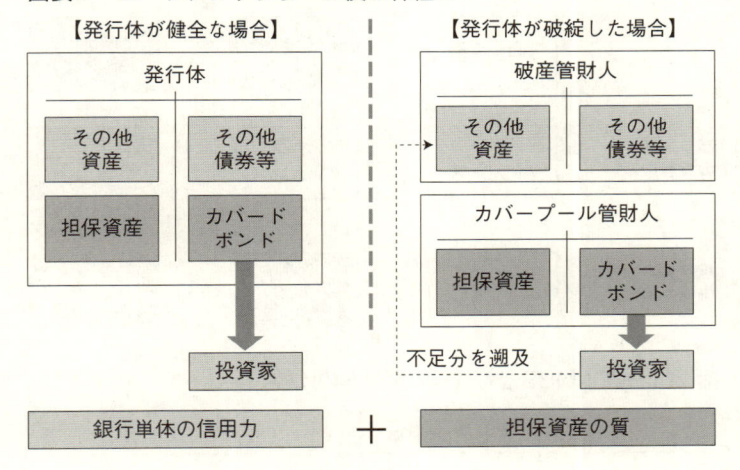

【発行体が健全な場合】
- 発行体
  - その他資産
  - その他債券等
  - 担保資産
  - カバードボンド → 投資家

【発行体が破綻した場合】
- 破産管財人
  - その他資産
  - その他債券等
- カバープール管財人
  - 担保資産
  - カバードボンド → 投資家

不足分を遡及

銀行単体の信用力 ＋ 担保資産の質

ある。2012年7月の内閣府「成長ファイナンス促進会議」の報告書で日本でもカバードボンド法制導入に向けた検討を進めると記されたが、具体化されるとしたらどのような法的枠組みとなるか、注目される。

　カバードボンドは、銀行が発行体となるという点で、銀行等が発行する無担保債としての性格を有する。一方で、破綻時には資産からの回収が期待できるという意味で、証券化の性格も併せ持つ。いわば、カバードボンドは無担保債と証券化のハイブリッドな商品といってもよい（図表1-21）。

　また、証券化の場合は、オリジネーターが原債権の信用リスクから解放されることから、十分な審査を行わずに貸した＝モラルハザードを惹起したという批判が根強い。これに対し、資

図表1−21 カバードボンド、証券化、無担保債

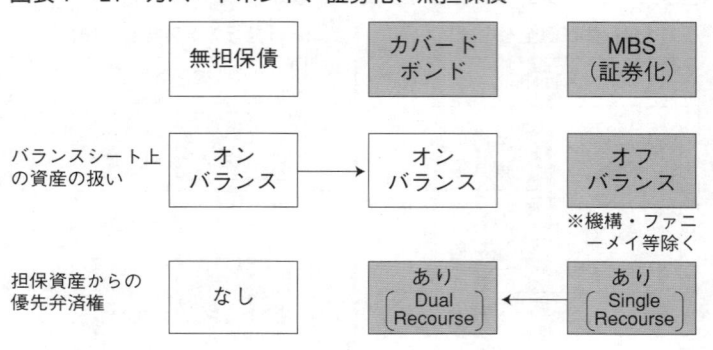

	無担保債	カバードボンド	MBS（証券化）
バランスシート上の資産の扱い	オンバランス	オンバランス	オフバランス ※機構・ファニーメイ等除く
担保資産からの優先弁済権	なし	あり（Dual Recourse）	あり（Single Recourse）

図表1−22 MBSとカバードボンドの比較

	MBS	カバードボンド
歴史	1970年 アメリカ	1770年 プロイセン
バランスシート上の担保資産の扱い	オフバランス（静的）	オンバランス（動的）
債務者の信用リスク	投資家に移転（→5％の保持へ）	発行体が負担
モラルハザード	起こりやすい（Originate to Distribute Model）	起こりにくい（Originate to Hold Model）
返済条件変更	困難	容易
市場環境	壊滅的（除くAgency）	相対的に良好
規制上の扱い	厳しい	好意的
ALMリスク	投資家に移転（オプションコスト含む）	発行体が負担

産をバランスシートに抱え続け、オリジネーターが信用リスクを負担し続けるカバードボンドにおいては、モラルハザードの問題を惹起しにくい点が高く評価されている（図表1－22）。

ただし、カバードボンドはその投資家を強く保護する枠組みであり、発行体が預金金融機関の場合は、当該金融機関が破綻した場合に、担保資産がカバードボンドの投資家への弁済に充当されるために、預金者（を代位する預金保険機関）の権利を侵害することとなる（いわゆるStructural SubordinationないしはAsset Encumbrancesの問題）。

このため、新規に立法を検討しているアメリカや2011年に銀行規制が改正されたオーストラリア等では、カバードボンドの発行限度額を預金や資産規模の4～10％に限定する方向となっている。どの国でも既存の倒産法制との整合性が新規立法の最大の課題である。

なお、デンマークを除き、カバードボンドは満期一括償還債として発行される。このため、日本やアメリカのような、繰上償還違約金なしの長期固定金利型住宅ローンの資金調達手段とする場合は、ALMリスクが残存することになる。アメリカではファニーメイ廃止後の住宅金融制度を代替する手段として期待され、新規立法が提案されたものの、ヨーロッパとは住宅ローンの商品性が違い、アメリカの現実に照らすと代替困難という認識が深まり、2011年2月の米財務省の改革案でも否定的なコメントが付されている。

ただし、MBSとカバードボンドの境界線もあいまいになっ

てきている(図表1-23)。

アメリカでは、最大のMBS発行体であるファニーメイとフレディマックが2010年1月から会計基準の変更に伴いMBS信託を連結し、オンバランスでMBSを発行するようになってきている。機構MBSも、MBSと一般に呼ばれつつも、法的枠組みとしては、カバードボンドに近い構成となっている。これらは、満期一括償還債ではなく、パススルー債である。

なお、ヨーロッパの市場において、カバードボンドは金融危機の最中にも、相対的に安定したパフォーマンスを示したと評価されている。しかし、カバードボンドも、ECBによる購入プログラムで支援されていた事実は無視できない。ECBは2010年

図表1-23　MBSとカバードボンドの類型

		キャッシュフロー	
		満期一括償還	パススルー
バランスシート上の扱い	オンバランス	ファンドブリーフ(ドイツ) セデュラス・イポテカリアス(スペイン)	貸付債権担保住宅金融支援機構債券(日本) Særligt Dækkede Obligationer(デンマーク) ファニーメイMBS、フレディマックMBS(アメリカ) 　　　　　　　　2010年1月～
	オフバランス	オブリガシオン・フォンシエール(フランス) Obbligazioni Bancarie Garantite(イタリア)	ファニーメイMBS、フレディマックMBS(アメリカ) ジニーメイMBS(アメリカ) 民間MBS(アメリカ、日本ほか) ※サブプライムMBSもここに入る

7月から600億ユーロ、2011年11月から400億ユーロ、合計1,000億ユーロの枠でカバードボンドの購入プログラムを実施した。

アメリカでFRB（連邦準備制度理事会）がAgency MBSを1兆2,500億ドル購入したのと（そして、量的緩和第3弾＝QE3で更に毎月400億ドル買い増しているのと）比較すれば、絶対額としても、また、市場シェアから見ても、大きくはないが、市場の安定化のためには、一定の政策的バックアップも必要なことを物語っている。ECBのオペの担保適格要件やバーゼルⅢにおける流動性規制においてもカバードボンドは優遇されている。

9 世界の人口動態

日本は他国に例のないペースで高齢化が進行しているが、高齢化の進展そのものは日本だけの問題ではない。

高齢化の進展が住宅着工や住宅価格にどのような影響を及ぼすかは必ずしもコンセンサスがあるわけではないが、あまりポジティブには評価されていないように見受けられる。

日本のバブルや、今回の欧米の住宅バブルの時期が、いわゆる人口ボーナスのピークと重なったことはよく指摘される。人口ボーナスとは、生産年齢人口（15～64歳）の、それ以外（従属人口）の人口に対する比率が高い状態のことを指す。バブル

のピークが過ぎたあたりから、住宅価格が下落に転じているのが多くの国で観測される、という主張をよく見かける。しかし、たとえば、アメリカでは1980年代前半にも人口ボーナスが大きい時期があったが、その時に住宅バブルが発生したという事実はない。

　高齢者は一般的に持家率が高く、高齢者の比率が高まれば全体の持家率も高まることから、住宅の新規取得需要が減退することで、住宅価格には下押し圧力がかかるという考えもありうる。実際、アメリカの州別データを見ると、高齢者人口比率は、住宅価格と負の相関が観測される。

　しかし、アメリカも人口ボーナスは低下しつつも、人口そのものは増加を続けており、今回のバブル崩壊が一時的な現象な

図表1-24　主要国の人口ボーナス

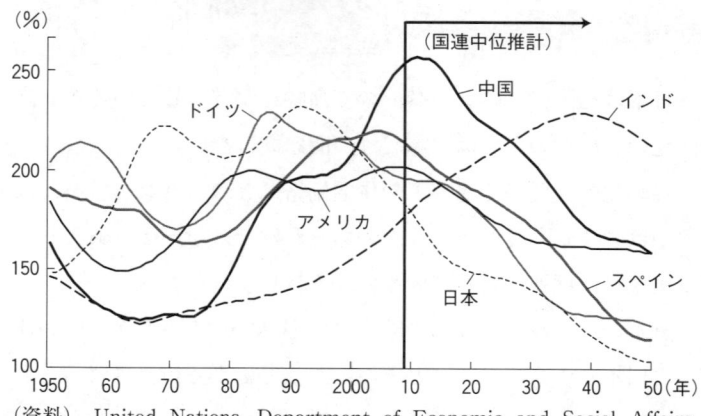

(資料) United Nations, Department of Economic and Social Affairs, Population Division. World Population Prospects : The 2010 Revision [June 2011].より

のか、構造的なものなのかは、なお判断するのがむずかしい。

もし人口ボーナスが住宅価格と関係するのであれば、中国は極めて危険な状態にあるという結論となってしまう。中国は1979年に一人っ子政策を導入しており、この人口構造を急激には修正できない。一方で、同じアジアの新興国ではインドがなおも人口ボーナスの上昇が向こう30年程度続くと国連は推計している（図表1-24）。

そのことが中国よりインドの方が魅力的な市場ということを直接的に意味するものではないが、人口動態と住宅市場の関係については、今後も研究が進む分野であると考えられる。

[参考文献]
Stephen G Cecchetti et al. "Interpreting TARGET2 balances" BIS Working Papers No 393, December 2012
ECBC "ECBC Fact Book" 2012
EMF "Hypostat 2011"
Erkki Liikanen "Recommendations of the High-level Expert Group on Reforming the Structure of the EU Banking Sector" 2 October 2012
FSB "FSB Principles for Sound Residential Mortgage Underwriting Practices" April 2012
IMF "Public Financial Institutions in Developed Countries—Organization and Oversight" 2007
IMF "Global Financial Stability Report" October 2012
Kiyohiko G. Nishimura, "Property Bubbles and Economic Policy", January 4, 2013
ジョセフ・スティグリッツ『世界の99％を貧困にする経済』徳間書店、2012年
国土交通省『市場機能を積極的に活用した住宅金融のあり方懇談会

報告書』平成14年4月12日
小林正宏『通貨の品格』中央公論新社、2012年
小林正宏「サブプライム問題とは何だったのか」日本評論社『経済
　セミナー』No.650、2009年
小林正宏「カバードボンドとMBS」住宅金融支援機構『季報住宅金
　融』2010年度秋号

第 2 章

日本

1 はじめに

　現在、住宅ローンは、金融機関にとって最も推進すべき取組みの1つとなっており、バブル崩壊後の国内銀行貸出の増加は個人向け融資がその大宗を占めている。

　住宅ローンが国内銀行の貸出に占める割合は、現在では約3割弱に達しており、この割合については年々高まる傾向にある。

　日本の産業金融や金融危機等については多くの書物があるが、住宅ローンに関する記述等については、雑誌等で断片的に論じられることが多く、金融経済環境の変化等を反映して記述されたものはほとんどなく、特に1994年の住宅ローン金利の自由化以降の変化についてまとめられたものはほとんど見当たらない。

　本稿では、金融経済の変化に伴い、日本の住宅ローン市場および住宅ローンがどのように推移してきたのかについて踏まえつつ、現状および今後の課題について整理することを目的としている。

　特に住宅ローン金利の自由化以降、民間金融機関の住宅ローンへの取組みは目覚しいものがあるが、その要因について大きな視点で把握することとし、少子高齢化等が進行する中で、将来に対する課題について指摘し、展望についてコメントしておきたい。

2 金利規制下における住宅ローン

(1) 戦後の住宅不足と住宅政策

終戦直後においては、空襲による住宅の焼失や戦時中の供給不足等により、420万戸もの住宅が不足していたといわれている。

当初、国の住宅政策は、このような住宅不足の解消が目的であった。そのような状況の中、1950年に住宅金融公庫が設立された。「住宅金融公庫法」(昭和25年5月6日法律第156号) 第1条によれば、住宅金融公庫の目的は、「国民大衆が健康で文化的な生活を営むに足る住宅の建設に必要な資金で、銀行その他一般の金融機関が融通することを困難とするものを融通すること」等とされていた。

なお、設立当時の融資金額の限度は建設費の75％、利率は年5.5％、返済期間は木造住宅で15年であった。

また、この年の5月には建築基準法が制定され、建築物の敷地、構造および用途等に関する最低基準が定められた。

住宅金融公庫設立の翌年1951年には「公営住宅法」(昭和26年6月4日法律第193号) が施行された。この法律に基づき、1952年度以降、「公営住宅建設三箇年計画」に基づき公営住宅が建設されることになった。

さらに、1955年には日本住宅公団が発足した。

これらの住宅政策等により、終戦から1960年の15年間に、631万戸の住宅が建設された。

にもかかわらず、この期間における人口の増加や老朽化した住宅の滅失等により、1960年度末においてなお、190万戸の住宅が不足していたといわれている。

人口増加等に伴い、都市化が進展したが、都市の住宅・生活環境施設の整備も立ち遅れ、住宅問題は社会問題として取り上げられるようになった。

このような状況を受けて、1966年に「住宅建設計画法」（昭和41年6月30日法律第100号）が制定された。この法律の第3条において、5箇年ごとに住宅建設目標「住宅建設五箇年計画」が定められることになり、公的資金住宅の1つとして、住宅金融公庫融資の事業量が定められることとなった。

1966～1970年度が第一期住宅建設五箇年計画として閣議決定され、「一世帯一住宅」が目標として定められた。その後も、第二期（1971～1975年度）～第八期（2001～2005年度）まで住宅建設五箇年計画が定められ、それぞれの計画において、住宅建設計画や居住水準の向上等の目標が定められた。

なお、「住宅建設計画法」は2006年8月に廃止され、住宅の質の向上等を目指した「住宅生活基本法」（平成18年6月8日法律第61号）が定められた。

(2) 高度経済成長期における民間住宅ローン

　最初の民間金融機関による住宅ローンは、1955年に会員向けの住宅融資を始めた東京労働金庫で、1960年には都市銀行が、1961年には長期信用銀行、信託銀行が民間住宅ローンを開始した。

　しかし、多くの民間住宅ローンは、「住宅積立預金」制度のもとで扱われ、どちらかといえば預金の獲得を主な目的としており、あるいは、特定の住宅販売会社との提携により、住宅販売会社の紹介によるものだけを対象としていた。

　また、当時の金利は一般産業向けの貸出金利よりも相当割高で、かつ、金利はアド・オン方式（所要資金額×利率×返済期間により、全期間の利息総額を算出し、（所要資金額＋利息総額）／（返済期間）により毎月の返済を行わせるもの）であり、更に返済期間も60カ月と短かった。

　当時の金融政策は、資金需要に対して貯蓄が圧倒的に不足していたことから、資金の供給に優先順位をつけるいわゆる傾斜配分方式をとっており、資金は優先的に産業資金に回されていた。このため民間金融機関における住宅ローンの実績はほとんどなかった。

　その後、日本は高度成長期（一般的には1954年12月～1973年11月といわれる）に入り、経済は急激に拡大した。

　これに伴い住宅着工戸数は急激に増加し、1967年度には100万戸を突破し、1972年度には186万戸となった（なお、年度の着

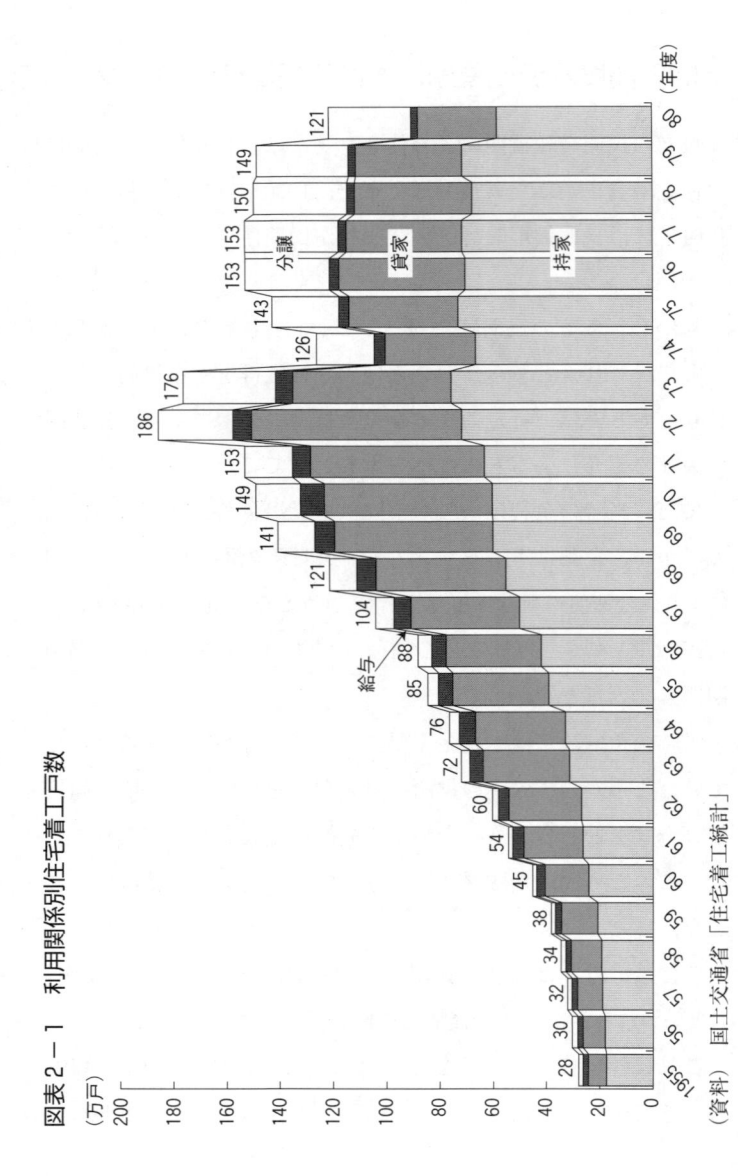

図表 2-1 利用関係別住宅着工戸数

(資料) 国土交通省「住宅着工統計」

工戸数としては、過去最多となっている（図表2-1））。

この時期の民間住宅ローンは、1965〜1966年の不況による産業資金需要の減退、国民の住宅取得需要の拡大および金融機関業務の機械化等が進み、拡大した。

さらに、団体信用生命保険付住宅ローン（1967年）の開始、住宅ローン保証会社（1969年）が逐次設立、銀行による住宅金融専門会社の設立（1971年）、損害保険会社による住宅ローン保証保険制度の創立（1971年）、個人信用情報センターの設置による審査体制の整備も、民間住宅ローンの拡大に貢献したとみられる。

また、1968年以降は、返済期間の長期化、限度額の拡大、金利引下げ等条件を緩和して特定の住宅販売会社の紹介によらない非提携方式住宅ローンの拡大が図られた。

1960年代後半には、融資額2,000万円、返済期間20年と条件面も充実し、信用補完制度の創設と相まって、民間金融機関による住宅ローンは国民に定着してきたが、金融機関によって金利にはバラツキが生じていた。民間住宅ローンの量的拡大を図るため、大蔵省の諮問機関である金融制度調査会では、住宅貸付金利の水準、改定の方法について討議を行い、1973年11月に「民間住宅ローンのあり方について」において以下のような内容の答申を行った。

「① 住宅ローン金利は、個々の金融機関が資金需給、資金コスト等の実情に応じて定めることが本来の姿であり、新規の住宅ローン金利の変動については住宅ローン金利も基本的に

は市場金利である以上、長期的には資金の需給の変化に応じてある程度変動することはやむをえない。
② ただし、個人の所得から支払われるものであり、一般の金利が上昇した場合であっても、なるべく安定的に推移することが望ましく、そのため政策上の配慮が要請される。
③ 民間住宅ローンの金利を引き上げるのは、当面、原則として定期預金金利と長期プライムレートが引き上げられた場合に限ることが妥当である。」

これを受けて民間住宅ローン金利は、長期プライムレート（当時は長期信用銀行が発行する5年物利付金融債の表面利率＋0.9％）に連動する固定金利型にほぼ統一された。

1972年度の金融緩和時には、住宅ローンが倍増したが、1973

図表2－2　住宅ローン新規貸出額（1966～1985）

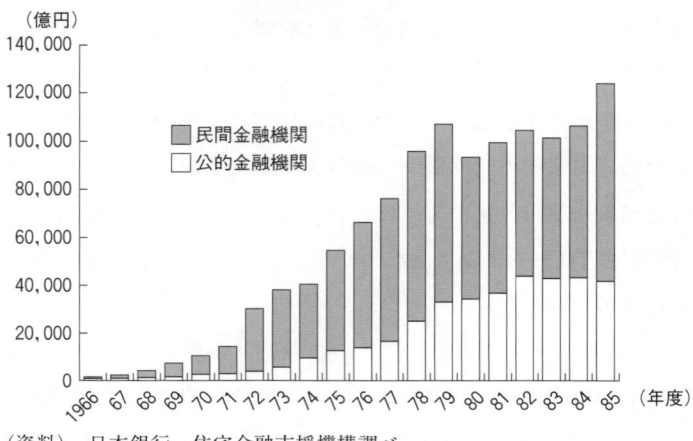

(資料)　日本銀行、住宅金融支援機構調べ

年には第一次オイルショックが発生し、民間住宅ローンは金融引締めの影響により、金利が急激に上昇したことから鈍化した（図表2－2）。

(3) オイルショック後の住宅ローン

1970年代に入り、2度にわたるオイルショックをきっかけとした高度経済成長期の終焉および国債の大量発行により、日本の金融環境に変化が生じてきた。

1973年の第一次オイルショックにより、日本の消費者物価指数は1974年には前年比で約23％上昇し、「狂乱物価」といわれた。インフレーション抑制のために公定歩合の引上げが行われ、その結果、1974年は戦後初めてのマイナス成長を経験し、高度経済成長が終焉した。

住宅着工戸数も、1973年度の176.3万戸から、1974年度は前年度比28.5％減の126.1万戸に減少した（減少率はリーマン・ショック時よりも大きい）。

第二次オイルショックは、1979年のイラン革命によりイランでの石油生産が中断したこと、また、1978年末にOPECが1979年より原油価格を値上げすることを決定し、原油価格が上昇した。しかし、第一次オイルショックでの経験をもとに、企業の合理化等の対応により、1980年の消費者物価指数の対前年比は約8％の上昇にとどまり、日本経済への影響は第一次オイルショックほどではなかった。

とはいえ、世界の景気は、その後スタグフレーションに悩ま

され、低迷が続いた。日本においても、1980〜1983年にかけてGDP成長率が低下し、実質GDP成長率は約3〜4％台で推移したため、5度にわたり公定歩合が引き下げられた。

一方、国債については1965年に景気の悪化により、税収が落ち込んだことから歳入不足となり、国債が発行されるようになった。70年代に入り国債の発行額が拡大するにつれて、流通市場が拡大整備され、国債市場において市場利回りが形成されるようになった。1977年には大蔵省により、国債の売却制限が段階的に緩和され、1978年には中期国債が発行されるなど、国債発行の増加および規制緩和等により、国債市場が次第に厚みを増し、国債市場を利用した資金の運用や調達が行われるようになった。

1983年には、大蔵省銀行局長通達「変動金利型住宅ローンの取扱いについて（昭和58年4月27日付蔵銀第954号）」が以下の内容で通知され、長期プライムレートに連動した変動金利型住宅ローンが導入された。

「①　従来の住宅ローンは固定金利制のみであったが、今般の新商品は変動金利制を採用することとしているので、その販売にあたっては、顧客が今般の新商品と従来の固定金利商品とをあくまでも自由に選択できるように十分に配慮すること。

　当該新商品をパンフレット等の媒体で広告・宣伝する場合には、変動金利制および固定金利制の特徴を明らかにするとともに変動金利制と固定金利制の選択はあくまでも顧客に委

ねられる旨を明記すること。
② 変動金利制住宅ローンの金利は、長期プライムレートを基準として各金融機関が自主的に決定することとされているが、その際、長期プライムレートに加算を行う場合には、その加算する率が過大となることのないよう十分配慮すること。」

具体的な金利水準や商品性については原則自由となっていたが、実際にはどの金融機関も同一の金利水準、商品性となっていた。

主な商品性は以下のとおりとなっている。

・金利の見直しルール

　3月1日および9月1日の長期プライムレートを基準日として、それぞれ基準日の1カ月後となる4月1日および10月1日より新金利を適用する。金利の変動幅は、長期プライムレートの変動幅×100%とする（ちなみに固定金利型については長期プライムレートの変動幅×60%）。

　なお、長期プライムレートが基準日の金利から0.5％以上変動した場合には、基準日にかかわらず、長期プライムレートの変動日を基準にして1カ月後に上記を適用する。

・毎月の返済額を5年間固定

　毎月の返済額は5年間変えず、この間の利率変動による過不足分は次の5年間の返済額で調整する。

・金利が上昇した場合の返済額の上限

　5年ごとの返済額の見直しに際しては、減額の場合は問題

ないが、増額となる場合には従前の返済額の125%を超えない範囲で見直しを行う。

(4) 内需拡大策と住宅政策

第二次オイルショック後の1981年以降、日本の自動車のアメリカへの輸出の急増したこと等により、アメリカでは貿易収支の赤字や失業問題が深刻となった。

一方、日本の貿易収支は黒字の拡大が続き、特にアメリカとの間に経済摩擦が生じた。

日米経済摩擦によるアメリカの対日強行圧力を打開するために、中曽根内閣によって設置された「経済構造調整研究会」によって、1986年4月に「国際協調のための経済構造調整研究

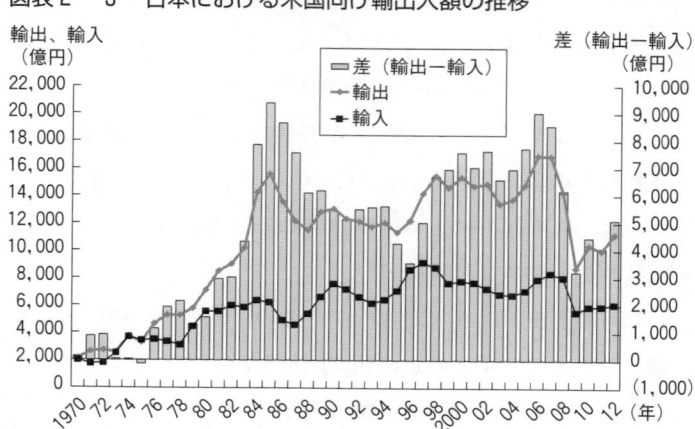

図表2-3　日本における米国向け輸出入額の推移

(資料)　財務省「貿易統計」

会」による報告書（通称「前川レポート」）が提出された。

　このレポートでは、日本の経済政策の目標として、経常収支の大幅な黒字を縮小しながら国民生活の質の向上を目指すことが提言されている。方策として内需拡大、市場開放、金融自由化などが柱になっており、内需拡大策として、「住宅政策の抜本的改革を図り、住宅対策を充実・強化する。特に、大都市圏を中心に、既成市街地の再開発による職住近接の居住スペースの創出や新住宅都市の建設を促進する。併せて都市機能の充実を図る」ことが提言された。

　内需拡大を基調としたこのレポートは、その後の経済対策にも影響を与えた。

3　金融の自由化およびバブルの発生と崩壊

(1)　金融の自由化

　戦後の日本の金融制度は、産業等に対して安定した資金の供給等が行えるよう、金融の安定が重視されており、金融機関に対しては預金や貸出などに多くの規制が存在した。

　規制のうち主たるものは、①預金や貸出の金利を規制する「金利規制」と、②資金の調達（長期金融と短期金融）や業務（銀行業務と信託業務、銀行業務と証券業務）などを規制する「業

務分野規制」などがあった。

これらの規制については、国債の大量発行に伴う金融環境の変化、通信技術の発達による金融取引の効率化等により、次第に実情に合わなくなってきた。また、金融取引が国際化するにつれて海外の金融機関からは、参入を防げるため不公平との批判を招くことになった。

このような背景を反映して、日本において金融の自由化が進行することになり、まずは預金金利の自由化が行われた。預金金利の自由化は1979年の譲渡性預金から始まり、大口定期預金の自由化、小口定期預金（CD）の自由化、流動性預金の自由化へと進み、1994年10月に完全に自由化された。

預金金利の自由化により、金融機関の貸出金利の設定方法は以下のように変化し、後に住宅ローンの金利にも反映された。

a　短期プライムレートの金利設定方法の変更（新短プラの導入）

短期プライムレートは、期限1年以内の短期貸出において、優良企業に対する最優遇金利をいう。

かつては公定歩合に信用リスクをカバーする分を上乗せして決めていたが、金利の自由化の進展に伴い、1989年以降は、各金融機関の譲渡性預金やコールレートなどの短期市場金利に応じて、各金融機関の実情に合わせて独自に金利を設定する方式（新短期プライムレート）となった。

b　新長期プライムレートの導入

もともと長期プライムレートは、長期信用銀行が発行する5

年物の利付金融債の表面利率に0.9%を上乗せした金利水準となっていたが、短期プライムレートが長期プライムレートを上回るなどの問題が生じた。

このため、1991年より、短期プライムレートを基準として、3年未満の貸出には0.3%、3年以上の貸出には0.5%を短期ププライムレートに上乗せした短プラ連動型長期貸出金利（「新長期プライムレート」）を導入し、独自の長期貸出金利を採用するようになった。

(2) 大企業の銀行離れ

1970年代の後半から社債の有担保原則が緩和されたことなどにより、大企業の社債発行による資金調達が活発化した。

1980年には外為法が改正され、対外取引が原則自由となった。1984年には、為替先物取引の実需原則が廃止となり、実需に基づかない取引も可能となり、取引が拡大した。

ほかにも、大企業による特定金銭信託等の運用等が行われた。企業や個人の間では、「財テク」と呼ばれる金融取引による資産運用が盛んとなり、一方、資金調達側の企業においては、株価上昇期待を背景に転換社債の発行による資金調達が盛んとなった。

この結果、資本市場からの調達が行われるようになり、次第に大企業による金融機関からの借入れが減少していった。

(3) バブル期における住宅と住宅ローン

　第二次オイルショックを比較的小さな影響で切り抜けた日本に対して、アメリカでは経常収支と財政赤字（いわゆる「双子の赤字」）が問題となっていた。

　この背景には、当時のレーガン大統領によるレーガノミクス（労働意欲向上のための減税や高金利によるインフレ抑制等）により、世界中の資金がアメリカに流れ込みドル高となっていた。これがアメリカにおける輸出の減少と輸入の増大をもたらし、経常収支赤字をもたらしていると考えられていた。

　このため、1985年9月に先進5か国蔵相会議（G5）が開催され、ドル安に向けての協調的な介入について合意がなされた（プラザ合意）。これを受けて、円／ドルレートは急激に円高となり、1985年9月の240円台から1986年9月には150円台に低下した。急激な円高による不況が懸念され、プラザ合意時に5％だった公定歩合は、1987年2月には2.5％に引き下げられた。

　それ以降、国内景気は、1988年半ばには上昇局面に転じた。これに伴い、円高による輸入原材料価格の低下により企業収益が増益となったこと、東京の国際化が進みオフィス需要が増大したこと、大企業の銀行離れに悩む金融機関が積極的に融資に応じたこと等から株価と地価が上昇し、次第にバブルとなっていった。

　また、最近では、人口動態において、生産年齢人口（15～64歳）の従属人口（14歳以下および65歳以上）に対する比率がこの

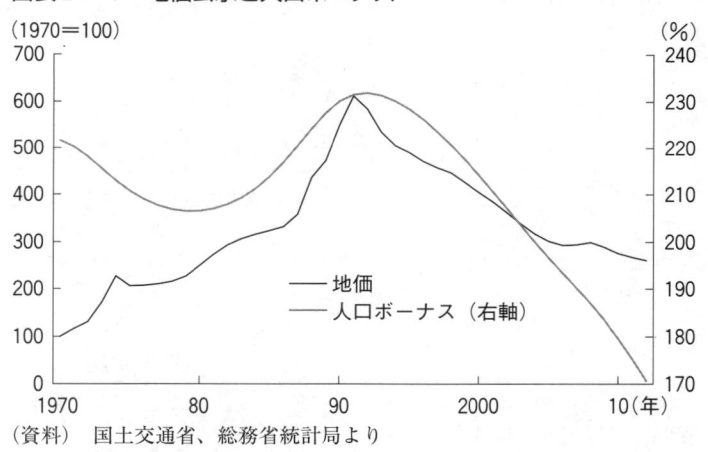

図表2−4　地価公示と人口ボーナス

（資料）　国土交通省、総務省統計局より

時期に高まり、いわゆる人口ボーナスの時期と重なったこと も、バブルの膨張を助長したとする分析も見られる。

　なお、バブル期においては、地価は主に商業地を中心とした 土地に対する不動産担保貸出を増やしていったが、住宅ローン もこの時期に増えていった（地価動向は、商業地から住宅地へ、 都市部から地方部へと上昇が伝播していった）。一方で、住宅金融 公庫の直接融資には融資限度額が設定されていたため、バブル 期には需要に応えることができず、シェアを落としていった。

　「バブル」のピークを特定するのはむずかしいが、日経平均株 価については、1989年12月の終値3万8,915円87銭が史上最高 値である。土地については、地価公示では1991年がピークとなっ ているほか、首都圏マンションの㎡単価は1991年5月がピーク

図表2−5　住宅ローン新規貸出に占める公庫のシェア

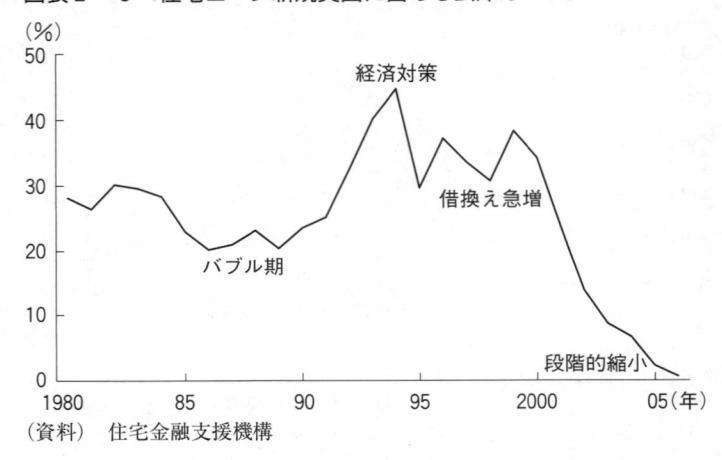

経済対策

バブル期

借換え急増

段階的縮小

（資料）　住宅金融支援機構

図表2−6　日経平均株価と首都圏マンション㎡単価

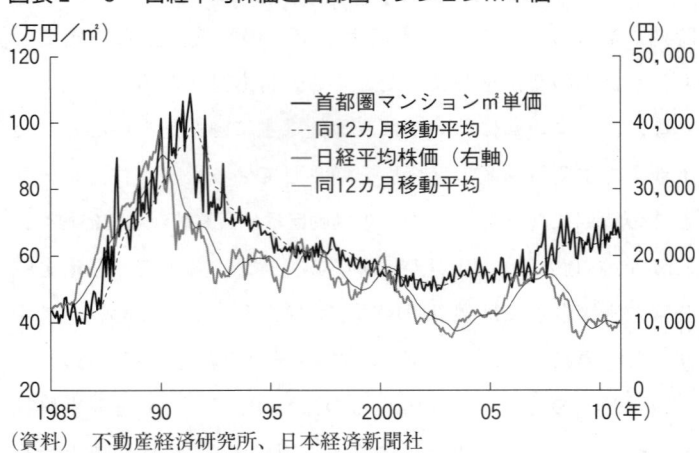

― 首都圏マンション㎡単価
--- 同12カ月移動平均
― 日経平均株価（右軸）
― 同12カ月移動平均

（資料）　不動産経済研究所、日本経済新聞社

で、株価に1年～1年半程度遅行している（図表2－6）。

(4) バブル崩壊

地価の高騰による住宅価格の上昇等の弊害が懸念されたこと等から、大蔵省銀行局長通達「土地関連融資の抑制について」（平成2年3月27日付蔵銀第555号）が出され、不動産融資の伸び率を総貸出の伸び率以下に抑える等の行政指導がなされた（ただし、住宅金融専門会社は規制の対象とならなかった）。一方、日本銀行は1989年6月から1990年8月にかけて公定歩合を5回にわたって引き上げた。この結果、地価上昇は沈静化したもの

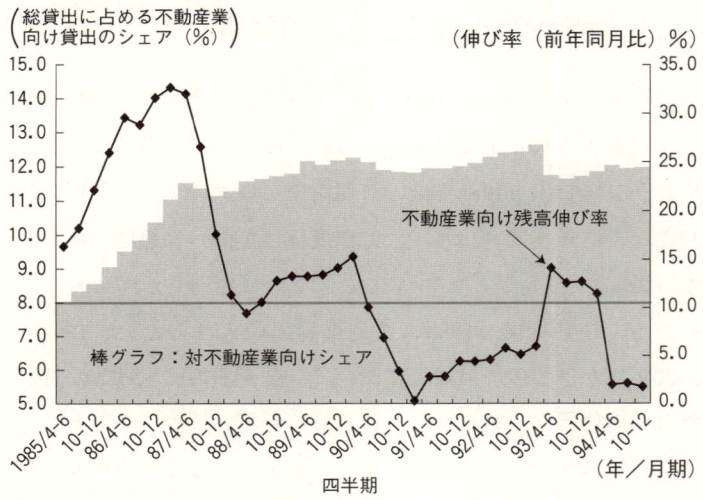

図表2－7　不動産業向け貸出残高

（資料）　日本銀行「日本銀行統計」

の、景気は大きく後退し、「バブル崩壊」といわれた。

バブル崩壊後、株価や地価の下落により、金融機関の貸出先の企業の経営が大幅に悪化した。

当時の融資の多くが、地価の上昇を背景とした不動産担保に依存し、また、不動産業などに貸し込んでいたこと等が不良債権の増加に影響し、金融機関の経営を圧迫していった（図表2－7）。

住宅金融専門会社も同様に多額の不良債権を抱えることとなり、大半が経営破綻となった。

この時期、日本銀行は1991年7月～1995年9月にかけて公定歩合を引き下げ、公定歩合の水準は0.5％で推移した（2001年1月まで続いた）。

(5) 住宅金融公庫による経済対策

バブル崩壊後の景気の悪化等により、金融機関は多額の不良債権に悩まされるようになり、このため民間金融機関による住宅ローンの貸出も1989年度の21兆円をピークに、1990年度は約17兆円、91年度は約13兆円、92年度は11兆円へと急激に減少した（図表2－8）。

一方、住宅金融公庫は、住宅市場の底入れのため、1992～2000年にかけての経済対策において、融資額の引上げ等が行われ融資の伸張が求められた。これらの経済対策等により、住宅着工戸数は1991～1996年度にかけて増加するなど一定の成果が見られた（図表2－9、2－10）。

図表2−8　民間機関と公的機関の住宅ローン新規貸出額

(億円)

□ 公的金融機関
■ 民間金融機関

1985　86　87　88　89　90　91　92　93　94　95(年度)

(資料)　日本銀行、住宅金融支援機構調べ

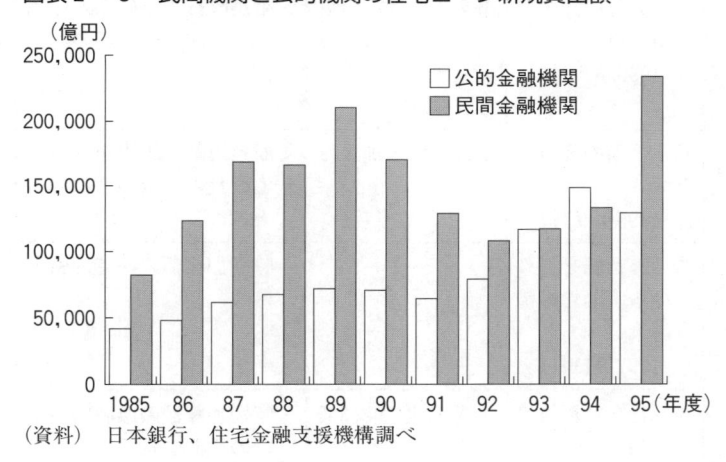

図表2−9　住宅金融公庫の主な経済対策

バブル崩壊後の 経済対策名 (閣議決定年月)	事業計画の追加	主な制度の拡充等
① 総合経済対策 (1992年8月)	事業計画追加1万戸	・大型住宅(155㎡超240㎡以下)の融資限度額の引上げ ・特別加算額の引上げ
② 新総合経済対策 (1993年4月)	事業計画追加5万戸	・貸付金利の引下げ ・基本融資額の引上げ ・特別加算額の引上げ
③ 緊急経済対策 (1993年9月)	事業計画追加10万戸	
④ 緊急経済対策 (1994年2月)	事業計画追加7万戸	

⑤ 緊急円高・経済対策 (1995年4月)	事業計画追加（災害復興住宅融資等貸付分として）7,076億円	・耐震改修工事に係る住宅改良の融資限度額の引上げ
⑥ 当面の経済対策 (1995年9月)	事業計画追加3万戸	・断熱構造化工事を伴う住宅改良の融資限度額の引上げ
⑦ 21世紀を切りひらく緊急経済対策 (1997年11月)		・特別加算額の臨時的引上げ
⑧ 総合経済対策 (1998年4月)	事業費追加2,360億円	・特別加算額の臨時的引上げの期間延長
⑨ 緊急経済対策 (1998年11月)	事業費追加3,113億円	・貸付金利の引下げ ・生活空間倍増緊急加算の創設 ・政策誘導型住宅改良の融資限度額の引上げ
⑩ 経済新生対策 (1999年11月)	事業計画追加10万戸	・耐震性または耐久性の向上に資する修繕工事に係る融資限度額の引上げ ・生活空間倍増緊急加算措置の延長 ・特別加算額に係る臨時的増額措置の延長
⑪ 日本新生のための新発展政策決定 (2000年10月)	事業計画追加5万戸	

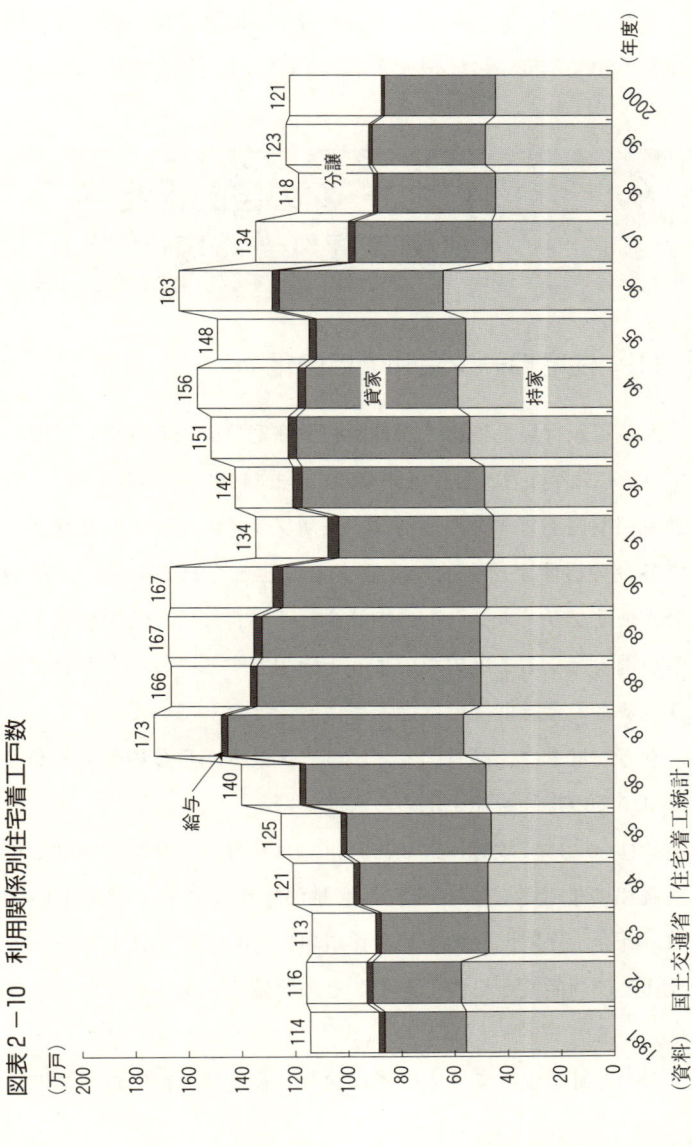

図表2−10 利用関係別住宅着工戸数

(万戸)

年度	戸数
1981	114
82	116
83	113
84	121
85	125
86	140
87	173
88	166
89	167
90	167
91	134
92	142
93	151
94	156
95	148
96	163
97	134
98	118
99	123
2000	121

給与／貸家／分譲／持家

(資料) 国土交通省「住宅着工統計」

第2章 日本 59

また、住宅金融公庫融資の新規貸出の増加に伴い、残高も増加し、2000年度末には個人系融資で68.3兆円にまで達した。

4　住宅ローンの自由化と金融を取り巻く変化

(1)　住宅ローン金利の自由化

　大蔵省銀行局長通達「変動金利型住宅ローンの取扱いについて（昭和58年4月27日付蔵銀第954号）」(46ページ参照)は、「変動金利型住宅ローンの金利は、長期プライムレートを基準として各金融機関が自主的に決定することとされているが、その際、長期プライムレートに加算を行う場合には、その加算する率が過大となることのないよう十分配慮すること」とされており、多くの金融機関では金利等は同一となっていた。

　一方、日本は、諸外国とりわけアメリカから金利や金融商品についての規制緩和を求められていた。

　これを受けて政府により1994年7月5日に「今後における規制緩和の推進等について」の閣議決定がなされ、その中の金融・証券・保険関係の規制緩和事項に対しては「住宅ローンの金利及び商品性が自由であることの明確化を図る」こととされた。

　この方針を受けて、大蔵省は銀行局長通達「住宅ローンの取

扱いについて」(平成6年7月29日付蔵銀第1583号) を発出し、1983年 (昭和58年) の通達を廃止した。これに伴い民間金融機関は、「固定金利期間選択型住宅ローン」や「変動金利型住宅ローン (短期プライムレート連動)」等の新商品を発売した。

これらについて簡単に紹介する。

a　固定金利期間選択型住宅ローン

1994年2月に、三和銀行が最初に発売した。発売時、長期プライムレートに連動していた固定金利型住宅ローン (年5.46%) に比べて低利 (年4.93%) であったことから話題となった。金利スワップを活用し、固定期間は10年間で、10年後は固定金利、変動金利の選択が可能となっていた。

b　変動金利型住宅ローン (短期プライムレート連動)

1994年8月に、複数の都市銀行が取扱いを始めた。

「3年超の長期変動貸出基準金利」(新長期プライムレートという) を基準金利として用いている。なお、都市銀行では新長期プライムレートは、「短期プライムレート+0.5%」となっており、取扱開始時の適用金利は4.0〜4.1%で、長期プライムレートを基準とする金利より低く設定できた (図表2−11)。

このため、変動金利型住宅ローンは、1995年には住宅金融公庫の基準金利を下回るようになった。その結果、公庫融資の期限前償還を行い、民間金融機関の住宅ローンに借換えを行う人が増加し、1995年度の任意繰上償還額は約10兆円にまで達した (図表2−12)。一方、同年度の民間金融機関の新規貸出は前年度比75.2%増の23.4兆円となった。

図表2-11　住宅ローン金利の推移

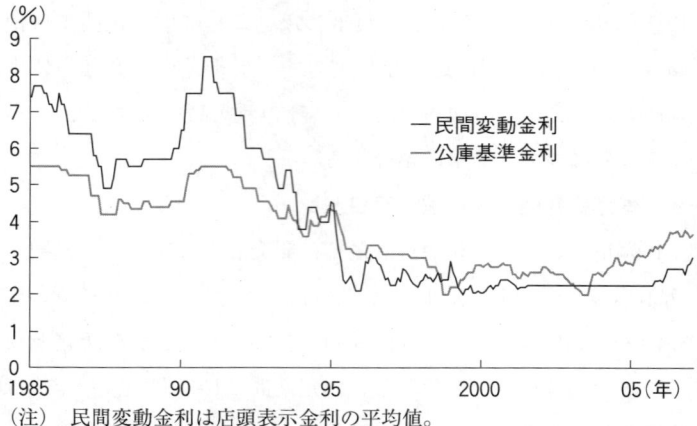

(注)　民間変動金利は店頭表示金利の平均値。
(資料)　住宅金融支援機構

図表2-12　公庫融資の繰上償還額と金利

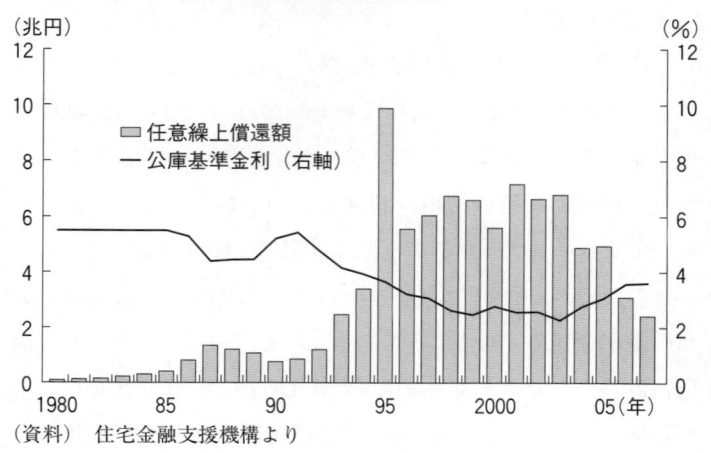

(資料)　住宅金融支援機構より

(2) 金融危機

1990年代後半においても、バブル崩壊後の後遺症による不良債権は金融機関の経営を圧迫し、多くの金融機関の経営が行き詰まった。

特に1997年7月にはアジア通貨危機が発生し、11月3日には三洋証券が会社更生法を申請し、証券会社として戦後初の倒産となった。これを受け、インターバンク市場であるコール市場でデフォルトが発生したため、インターバンク市場に混乱が生じた。

この余波を受けて、北海道拓殖銀行が1997年11月15日に経営破綻、続いて24日には四大証券の1つである山一證券が自主廃

図表2－13　国内銀行総貸出の平均残高伸び率と寄与度

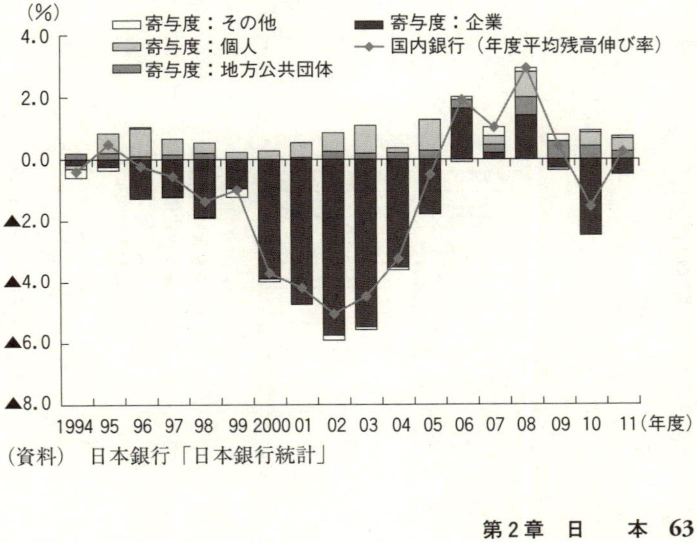

(資料)　日本銀行「日本銀行統計」

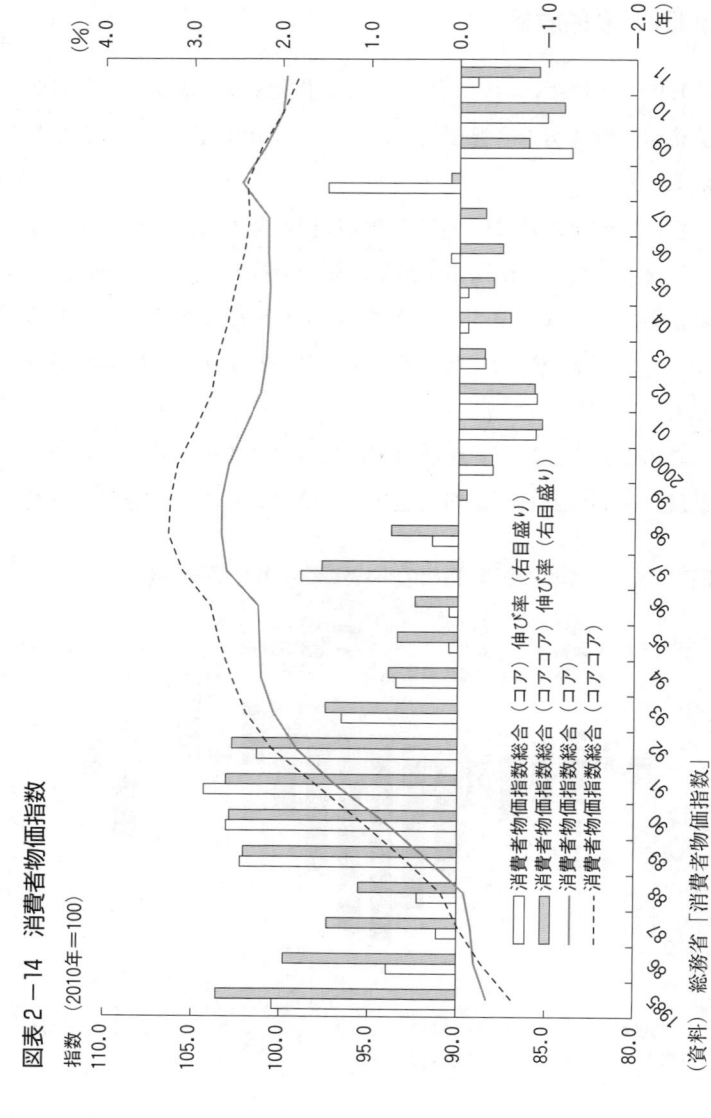

図表 2－14　消費者物価指数

指数　(2010年=100)

凡例:
- 消費者物価指数総合（コア）伸び率（右目盛り）
- 消費者物価指数総合（コアコア）伸び率（右目盛り）
- 消費者物価指数総合（コア）
- 消費者物価指数総合（コアコア）

（資料）総務省「消費者物価指数」

業することになり、翌年には日本長期信用銀行、日本債券信用銀行も経営破綻し、金融危機のリスクが高まることとなった。

また、1997年以降は、企業向け貸出が減少となり（年次経済報告等では「貸し渋り」ともいわれている）、雇用や収入等にも影響し、景気を更に悪化させた。消費者物価指数は2000年以降前年比マイナスとなり、デフレが続いた（図表2－13、2－14）。

(3) 民間金融機関の住宅ローンへの取組みとその背景

1994年以降の住宅ローンの自由化により、民間金融機関における新たな商品開発が活発となった。たとえば、信用リスクの計量化により返済能力を評価し、担保価値以上に融資を行える住宅ローンや、勤務先の倒産等による失業等に対して、一定期間返済を支援する「所得補償保険（返済支援保険）付き住宅ローン」などが開発され、低金利と相まって住宅ローンの推進が積極化した。こうした背景について住宅金融公庫（現住宅金融支援機構）による民間金融機関へのアンケート調査結果を見てみることにする。

まず住宅ローンの推進については、80％以上の金融機関が積極的に推進をしており、借換えについても70％を超えていた。

借換えは、利用者に対して、現在借りている住宅ローンの金利よりも手続に要する費用等をカバーできるような低金利を提供する必要があるが、一方、過去の住宅ローンの返済履歴により、精度の高い審査が行えることから、推進に力を入れる金融

図表2－15　住宅ローンを積極的に推進すると回答した金融機関

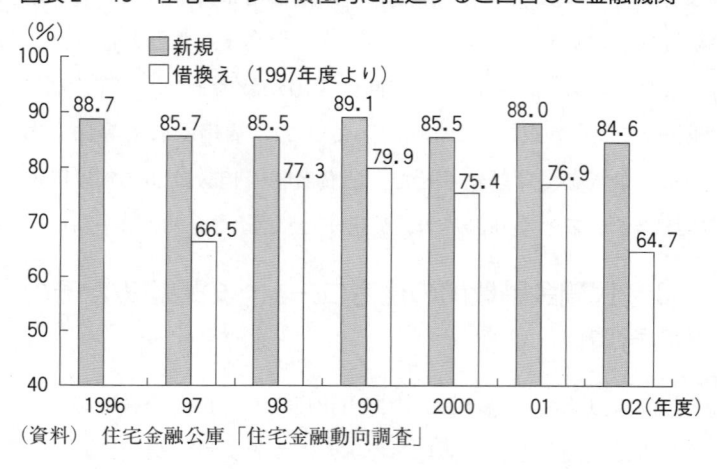

(%)
- 新規
- 借換え（1997年度より）

年度	新規	借換え
1996	88.7	
97	85.7	66.5
98	85.5	77.3
99	89.1	79.9
2000	85.5	75.4
01	88.0	76.9
02	84.6	64.7

（資料）　住宅金融公庫「住宅金融動向調査」

機関の割合が上昇したと考えられる（図表2－15）。

　次に住宅ローンを積極的に推進する理由について見てみると（図表2－16）、1997年度においては、「家計取引の向上」が88.1%で、最も高い割合となっていた。住宅ローンの返済口座をメイン口座とすることで、給与振込口座や公共料金の引落し口座の獲得等を目的としたものと考えられる。

　ところが、この割合は次第に低下し、一方で「企業向け貸出の減少」が増加し、2002年度には75.9%で同じ割合となった。

　65ページで述べたように、この時期は企業向けを中心に貸出が減少傾向にあったことから、貸出の増加にウェイトが置かれた可能性が高く、アンケート結果はそうした状況を反映したものと考えられる。

図表2-16　住宅ローンを推進する理由（複数回答）

〈住宅ローンを積極的に推進すると回答した金融機関〉

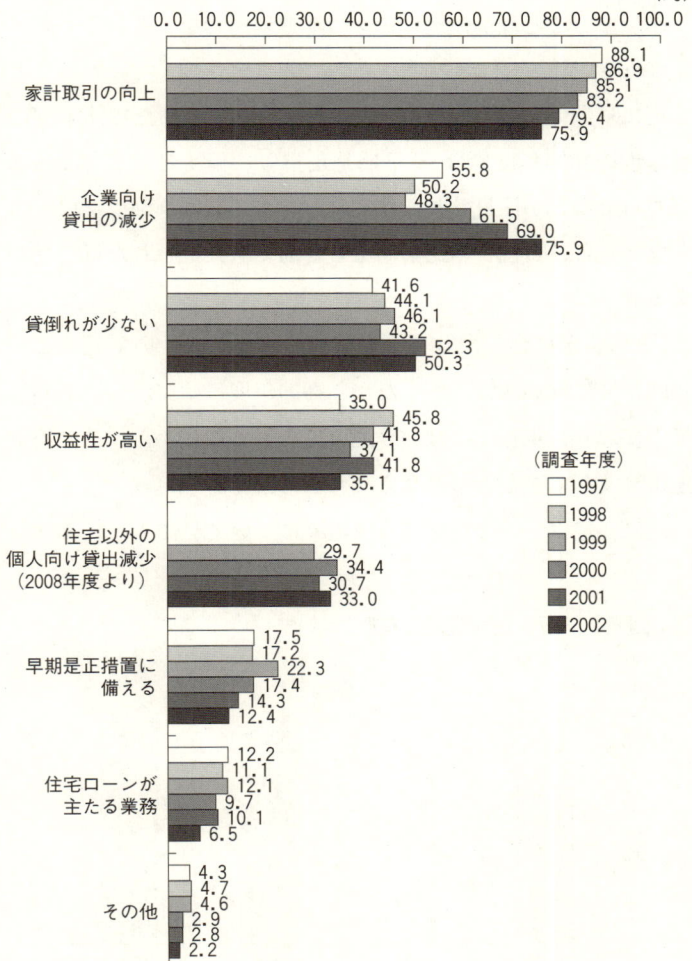

（％）

理由	1997	1998	1999	2000	2001	2002
家計取引の向上	88.1	86.9	85.1	83.2	79.4	75.9
企業向け貸出の減少	55.8	50.2	48.3	61.5	69.0	75.9
貸倒れが少ない	41.6	44.1	46.1	43.2	52.3	50.3
収益性が高い	35.0	45.8	41.8	37.1	41.8	35.1
住宅以外の個人向け貸出減少（2008年度より）			29.7	34.4	30.7	33.0
早期是正措置に備える	17.5	17.2	22.3	17.4	14.3	12.4
住宅ローンが主たる業務	12.2	11.1	12.1	9.7	10.1	6.5
その他	4.3	4.7	4.6	2.9	2.8	2.2

（資料）　住宅金融公庫「住宅金融動向調査」

また、「貸倒れが少ない」も2001年度では52.3%に上昇しており、経済が悪化する中で、企業向けの融資に比べて信用リスクが少ないことも、住宅ローンの推進理由となっているものと見られる。

　更に早期是正措置（73ページ参照）が導入された1998年度の翌年度の1999年度には、「早期是正措置に備える」が22.3%に高まったことが注目され、住宅ローンが「貸倒れが少ない」ことなどから、自己資本比率向上の目的でも推進された可能性がある。

　「取引状況に応じた金利優遇措置の有無」について見ると、1996年度には26.9%であったが、1999年度には34.9%に上昇してきており、現在ではほぼ普通に見られることから、その後急速に普及してきたものと考えられる（図表2-17）。

　次に住宅ローンの具体的な取組みについて見てみる。

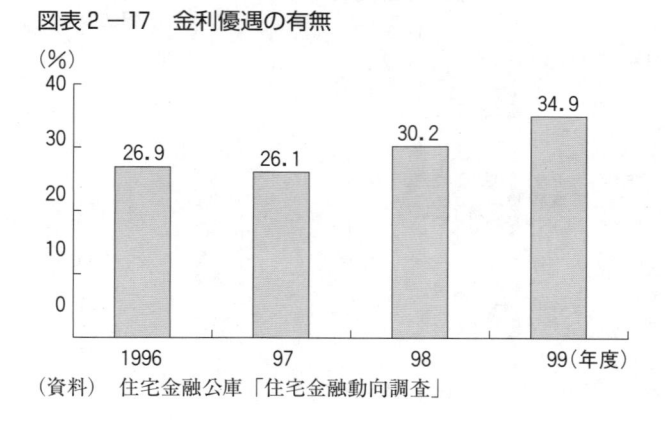

図表2-17　金利優遇の有無

年度	割合(%)
1996	26.9
97	26.1
98	30.2
99	34.9

（資料）　住宅金融公庫「住宅金融動向調査」

他機関との差別化を図るポイントについて、「審査期間の短さ」が最も高い割合となっているが、1999年度には44.6%に低下している。一方、「優良顧客に対する金利優遇」「金利の低さ」「融資割合」および「借換え利用者への優遇」などが上昇しており、住宅ローンの獲得競争が金利優遇等による金利競争に移ることを予期させる結果となっていた（図表2－18）。

図表2－18　他機関の商品との差別化を図るポイント
〈住宅ローンを「積極的に推進する」と回答した金融機関〉

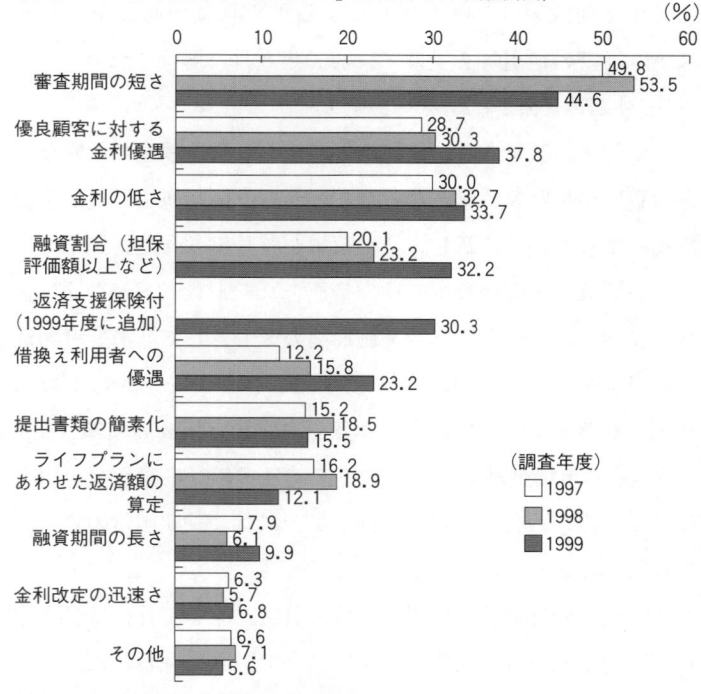

項目	1997	1998	1999
審査期間の短さ	49.8	53.5	44.6
優良顧客に対する金利優遇	28.7	30.3	37.8
金利の低さ	30.0	32.7	33.7
融資割合（担保評価額以上など）	20.1	23.2	32.2
返済支援保険付（1999年度に追加）	-	-	30.3
借換え利用者への優遇	12.2	15.8	23.2
提出書類の簡素化	15.2	18.5	15.5
ライフプランにあわせた返済額の算定	16.2	18.9	12.1
融資期間の長さ	7.9	6.1	9.9
金利改定の迅速さ	6.3	5.7	6.8
その他	6.6	7.1	5.6

（資料）　住宅金融公庫「住宅金融動向調査」

(4) ゼロ金利政策から量的緩和政策へ

 物価の下落が続く中で、日本銀行は1998年9月にコールレートの誘導目標を0.5%から0.25%に引き下げた。

 また、1999年2月には、「当初0.15%前後を目指し、その後市場の状況を踏まえながら、徐々に一層の低下を促す」という、いわゆるゼロ金利政策が導入され、「デフレ懸念の払拭が展望できるような情勢になるまで」継続することとされた。

 ゼロ金利政策は、ITバブルによる世界景気の回復や金融システム不安の後退等を受けて、2000年8月に解除された（コールレート誘導目標を0.25%へ引上げ）。

 しかし、2001年3月には、海外経済の急激な減速の影響などから景気が足踏み状態となったことから、いわゆる「量的金融緩和政策」という、新しい金融政策が打ち出された。

 同政策は、①金融政策の操作目標をコールレートから「日銀当座預金残高」へ変更、②実施期間のメドとして「消費者物価指数（全国、除く生鮮食品）の前年比上昇率が安定的にゼロ%以上となるまで」継続、③日本銀行当座預金残高の増額（5兆円程度）と市場金利の一段の低下、④日本銀行当座預金を円滑に供給するため必要と判断される場合には、長期国債の買入れを増額すること、からなっていた。

 その後③の目標は順次引き上げられ、2004年1月には日本銀行当座預金残高は、30兆〜35兆円にまで引き上げられた。

 同政策を物価上昇率が安定的にゼロ以上となるまで継続する

ことをコミットしたことで、政策の継続による期待から、長めの金利の低下をも狙いとしていた。この政策は消費者物価指数が前年比でプラスに転じた2006年3月まで続いた。

また、2006年7月にはコールレートの誘導目標を0.25%に引き上げてゼロ金利政策を終了し、2007年2月には、コールレートの誘導目標を0.5%に引き上げた。

デフレを反映して、金融政策はゼロ金利や量的緩和政策が続き、住宅ローン金利も非常に低い水準が続くこととなった。

(5) 金融システム改革（日本版金融ビッグバン）

1996年11月に橋本内閣は、日本が21世紀の高齢化社会においても活力を保っていくためには、金融システムについても、21世紀の日本経済を支える優れたものへと変革することが不可欠とし、また、グローバリゼーション、情報・通信の技術革新等が進展するなか、わが国金融市場の空洞化を防ぐためにも、市場機能を活性化させることが急務として、金融システムの改革を打ち出した。この計画は、イギリスでの「ビッグバン」にならって、「日本版金融ビッグバン」と呼ばれている。

市場の透明性・信頼性を確保しつつ、大胆な規制の撤廃・緩和をはじめとする金融市場の改革を行うことにより、マーケットメカニズムが最大限活用され、資源の最適配分が実現される金融システムを構築することとされ、参入や規制の緩和が行われた。

具体的には、持株会社の設立、不動産投資信託（J-REIT）等

の投資信託商品が多様化、不動産等に対する資産担保証券(ABS)の発行等による、新たな会社の形態や商品開発が進んだ。

また、この時期には、インターネット等の通信技術の進歩により、2000年には、インターネットによる取引を中心とするジャパンネット銀行が設立され、「新たな形態の銀行業」に分類される銀行が設立されるようになった。

(6)　金融行政の見直し

金融ビッグバンの期間中、金融行政についても見直しが行われた。

1998年に大蔵省の金融行政・監督部門を分離して、金融監督庁が設置された。2000年7月には、金融監督庁は大蔵省に残されていた機能を統合して、金融庁に改組された。

金融庁は、金融庁設置法に基づき、日本の金融の機能の安定を確保し、預金者、保険契約者、有価証券の投資者その他これらに準ずる者の保護を図るとともに、金融の円滑を図ることを任務として設置された。

バブル崩壊以降、金融機関の経営は厳しいものとなったが、特に1997年後半～1998年にかけては、銀行等の破綻が相次ぎ、金融システムの安定に向けた政策が必要とされていた。

(7)　プルーデンス政策

金融機関の経営に影響を与えるリスクとしては、信用リスク、流動性リスク、市場リスク、システミックリスク、オペ

レーショナルリスクなどがある。

　金融機関は、業務の特性上どうしても上記のリスクが存在したため、金融機関が健全な経営の維持を図り、金融システムに影響を及ぼさないようにする政策が必要となる

　このような政策のことをプルーデンス政策といい、その中で核となるのが、バーゼル合意に基づく「自己資本比率規制」と自己資本比率に対応した「早期是正措置」である。

　バーゼル銀行監督委員会による、銀行が保有すべき自己資本の量に関する指針のことを、一般にBIS規制と呼んでおり、BIS規制は1992年度末から適用が開始された。

　自己資本比率は、以下の式で求められる。

　　自己資本比率＝自己資本（TierⅠ＋TierⅡ＋TierⅢ－控除項目）／（リスクアセット）×100

　このうち「リスクアセット」は、資産の種類ごとに「リスクウェイト」を乗じて計算される。たとえば中小企業以外の事業法人向け融資の場合はリスクウェイトが100％のため、そのまま分母に計上されるが、抵当権付きの住宅ローンの場合はリスクウェイトが50％のため、融資額×50％が分母に計上される。

　2007年3月期からは、バーゼルⅠを精緻化したバーゼルⅡ（新BIS規制）が適用されたが、住宅ローンのリスクウェイトは35％に引き下げられ、自己資本比率の算定上更に有利となった。

　また、金融機関の早期破綻を防ぎ、経営の健全性を確保するため、1998年度に「早期是正措置」が適用されることとなっ

た。これは自己資本比率が基準を下回った金融機関に対して、金融庁が業務の改善を図るための措置である。

早期是正措置の導入により、金融機関は自己資本比率の確保に注力する必要が生じ、前述したように自己資本比率算定上有利となる住宅ローンへの推進に取り組む要因の１つとなったと考えられる。

(8) 公的金融改革

「公的金融」は、郵便貯金などのかたちで集めた資金を、財政投融資計画に基づき、政府系金融機関等を通じて、企業や個人への政策目的に基づく融資などで活用されてきた。

しかしながら、金融の自由化等が進展する中で、金融機関等から「民業圧迫」との声が生じて、資金の調達側と資金の貸出側の両面にわたり、公的金融の改革が行われることとなった。

(9) 財政投融資改革

2001年に資金の調達側の改革として財政投融資改革が行われた。従来財政投融資は、郵便貯金や年金積立金等などの資金を、資金運用部に預託させ、政府系金融機関の財投機関に資金を供給し、財投機関ではそれぞれの目的に応じた融資等を行っていた。

財投機関には、受動的に資金が流入し、効率的な資金調達が行えない等との批判があり、調達についての改革が行われた。

具体的には、資金運用部を廃止し、政府系金融機関等は、

「財投機関債」等を発行して資金調達をする。あるいは国が「財投債」を発行し、市場から資金調達を行うこととなった。

住宅金融公庫においても自ら証券を発行することとなり、後の証券化支援業務へとつながる要因の１つとなった。

⑽　住宅金融公庫の廃止と住宅金融支援機構の設立

2001年12月には、「特殊法人等整理合理化計画」が策定された。住宅金融公庫は、経済対策等により住宅ローンの新規貸出額が1994年度には12.6兆円となるなど、個人向け住宅ローンの約45％を占めるなど、高いシェアとなっていた。

一方、民間金融機関は金融の自由化の進展等により住宅ローンの拡大を目指しており、民にできることは民にとのかけ声のもと、「民業圧迫」との批判が生じ、「５年以内の廃止および住宅金融公庫が先行して行う証券化支援業務を行う独立行政法人の設置」が決定された。

これを受けて住宅金融公庫では2003年10月から民間金融機関との提携により、証券化支援業務を開始した。

2007年４月には、証券化支援業務を主とする住宅金融支援機構が設立された。

証券化支援業務については、MBS（住宅ローン担保証券）を発行し、金融機関から住宅ローン債権を買い取るための資金を調達する仕組みとなった（「５日本の証券化市場⑶機構MBSの概要」参照）。MBSの発行条件は、10年物利付国債の新発債利回

りをベンチマークとして、投資家がそれにスプレッドを上乗せする方法で決定することとなった。

2006年12月には、民間金融機関が融資する長期固定金利の住宅ローンに対して住宅融資保険を引き受け、当該住宅ローンを担保として発行された債券等について、投資家への元利保証を行う仕組み（保証型）を開始した。

住宅金融支援機構の証券化支援業務の開始に伴い、資金調達を預金によらず証券化のスキームを利用して住宅ローンを融資する、モーゲージバンクが参入することとなった。

モーゲージバンクの出資者には、大手ハウスメーカーや不動産業者等があり、住宅に関するサービスの拡大や業務の多角化等に貢献したものと見られる。

なお、モーゲージバンクは、2012年12月現在で24社が証券化支援業務に参入している。

5 日本の証券化市場

(1) 日本の住宅ローン証券化の歴史

日本における住宅ローン証券化の歴史を振り返ると、先史的には、1931年の抵当証券法の施行、1973年の住宅ローン債権信託の取扱開始、1974年の住宅抵当証券制度の導入といった事例もあるが、ある程度の流動性を伴った今日の証券化市場と連続

性のある広範な制度改正が措置されたのは1990年代に入ってからといえる。

バブル崩壊後の1990年代には、「総量規制」により銀行借入れが困難となったノンバンクの資金調達手段の多様化の観点から、リース・クレジット債権等の流動化が関心を集め、1993年に特定債権法（「特定債権等に係る事業の規制に関する法律」）が施行された（2004年12月に廃止）。また、1998年には証券化対象債権を拡大したSPC法（「特定目的会社による特定資産の流動化に関する法律」）や債権譲渡の対抗要件を簡素化した債権譲渡特例法（「債権譲渡の対抗要件に関する民法の特例等に関する法律」）が施行された。さらに、1999年にはサービサー法（「債権管理回収業に関する特別措置法」）も成立している。ちなみに、SPC法は、2000年法改正以降は資産流動化法（「資産の流動化に関する法律」）と称されることが多くなった。

これらの動きは、アメリカの証券化が住宅ローンの金利リスク移転を契機に拡大したのと異なり、流動化という言葉に象徴されるとおり、資産をオフバランス化し、当該資産の信用力を背景に、より低利の資金調達を行うことを目的としてきた。また、BIS規制の導入による自己資本比率対策や、益出しといった観点からの案件も散見されると同時に、銀行の不良債権問題への解答の1つとして促進された側面もある。

住宅ローンに関していえば、日本初の発行事例は1997年の北海道拓殖銀行のアパートローンの証券化とする説もあるが、発行直後に同行が破綻し、全額買入償却されたことから、1999年

の三和銀行による証券化を最初のケースとする説もある。

　民間による住宅ローン証券化においては、信託受益権方式による発行が支配的で、社債による発行は1～2割にとどまっている。信託受益権は証券取引法上の有価証券として規制の対象となるが、民商法上の有価証券として流通するわけではなく、指名債権譲渡の方式によるため、公社債と比較すれば相対的に流動性は低い。しかし、満期保有を前提とする生命保険会社のような長期の投資家の中には流動性を多少犠牲にしてでも高い利回りを求める傾向があったことや、信託という枠組みの安定性に対する信頼感から、少なくとも金融危機までは特段の問題なく消化されてきた。市場規模の順調な拡大により、証券化商品は日本の金融市場において一定の地位を占めるに至った。

　MBSの発行残高については、日本証券業協会が2012年3月

図表2-19　証券化商品の残高（2011年度末）

（金額：億円）

	残高	残存件数	発行額累計
合計（住宅金融支援機構債券を除く）	85,345	558	283,154
うちRMBS（住宅金融支援機構債券を除く）	47,201	241	100,278
住宅金融支援機構債券	99,413	137	148,534
RMBS計	146,614	378	248,812
証券化商品総計	184,758	695	431,688

（注）　2004年3月以降発行分のみ。
（資料）　日本証券業協会より

19日に『証券化市場の残高(「証券化市場の動向調査」ベース)について』を公表している(図表2－19)。

　同調査は、報告が任意のものであること、2004年4月以降に発行された商品を対象としていること等の制約要件はあるものの、タイプ別の証券化市場の残高規模を把握する1つの指標として貴重である。当調査によれば、2011年度末時点において、証券化商品の残高は18兆4,758億円となっており、機構MBSを除く民間の証券化案件の残高が8兆5,345億円、うちRMBSが4兆7,201億円となっている。住宅ローンを担保とした債券は原債権の満期が長いことから、発行額累計に比して残高が多く出る傾向がある点は留意する必要がある。

(2)　金融危機後の状況

　日本における証券化商品の発行は今世紀に入りいっそう活発となり、日本証券業協会の統計によれば、2006年度の発行額は9兆8,385億円と、10兆円に迫る勢いであった(図表2－20)。住宅金融支援機構RMBSの発行も2005年度には1兆円の大台を突破したが、2006年度にかけての証券化市場の拡大を牽引したのは、民間の証券化案件であった。

　しかし、2007年8月のパリバ・ショック、そして2008年9月のリーマン・ショックを経て、日本の証券化市場にも大きな影響が出始めた。いうまでもなく、日本の証券化商品はアメリカのようなサブプライム・ローンを担保資産に組み入れていたわけではない。にもかかわらず、日本の証券化市場は、機構

図表2-20　日本の証券化商品の発行額

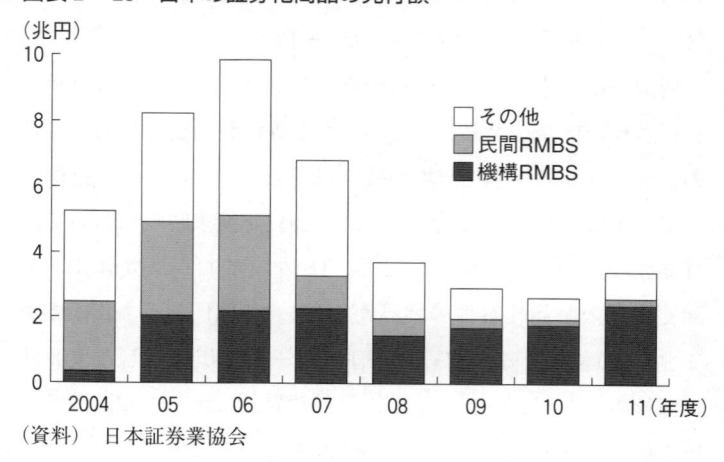

(兆円)

凡例：□ その他　■ 民間RMBS　■ 機構RMBS

(資料)　日本証券業協会

MBSを除き、低迷している（図表2-21）。

その理由として、日本証券業協会・証券化商品に関するワーキング・グループ（以下「証券化WG」という）は、以下の理由をあげている。

① 実体経済の低迷等を背景とする裏付資産の伸び悩み
② 資金調達のアベイラビリティの増加
③ 高リスク商品としてのイメージの広まり
④ 投資コストの増大

このうち、①については、「オートローン債権やリース料債権を担保としたABSや民間RMBSなどは、投資家の需要は旺盛とみられるが、裏付資産の積み上がりが緩やかであることが一因」とし、②については、「銀行融資や普通社債といった他の

図表2-21 担保資産別証券化商品の発行額　　（金額：億円）

	2006年度	2011年度	差	増減率
RMBS	51,215	25,806	-25,409	-49.6%
うち民間	29,425	2,098	-27,327	-92.9%
うち機構	21,790	23,708	1,918	8.8%
CMBS	15,097	1,850	-13,247	-87.7%
CDO	3,115	125	-2,990	-96.0%
リース	7,149	969	-6,180	-86.4%
消費者ローン	2,863	670	-2,193	-76.6%
ショッピング・クレジット	2,647	1,634	-1,013	-38.3%
売掛金・商業手形	452	709	257	57.0%
その他	15,848	2,300	-13,548	-85.5%
総計	98,385	34,063	-64,322	-65.4%

（資料）　日本証券業協会より

手段による資金調達が十分可能な状況」という、いずれも外部要因に基づくものと分類されるのに対し、③と④は、「改善の余地のある課題」としている。

　③については、アメリカのサブプライム・ローン証券化商品の風評被害という側面もあるものの、日本固有の問題として、CMBS市場において、アレンジャーの撤退やノンリコースローンのデフォルト時の扱いをめぐる混乱等が指摘されている。また、流通市場が未発達なため、売却可能性（＝流動性）が低いこともリスクが高いと認識する要素と分析している。

④については、安易な格付依存から脱却する上で、投資家サイドにおいて、信用リスク管理等のための情報の取得や分析にかかるコストが上昇していると分析している。また、多くの証券化商品が私募形式で発行されていることから、流通市場で購入する場合や証券化商品購入後のモニタリング（時価評価等）に際し、十分な情報が入手できない点も指摘されている。

また、BISの自己資本比率規制において、バーゼルⅡの導入に伴い、証券化商品の劣後部分について、標準的手法を適用した場合は資本控除となり、原債権をオフバランス化することにより資本効率を改善するというインセンティブが大きく低下した。

(3) 機構MBSの概要

日本におけるRMBS市場のベンチマーク的存在となっているのが貸付債権担保住宅金融支援機構債券、一般的に「機構MBS」と呼ばれる証券である。

機構MBSの前身である貸付債権担保住宅金融公庫債券（同じく「公庫MBS」）は、2001年3月に第1号債が発行され、10年以上の歴史を持つに至っている。2011年度末には発行残高も10兆円を超えたが、そこに至るまでの道のりは平坦ではなかった。

住宅金融公庫にMBSの発行権能が付与されたのは、2000年公庫法改正においてである。当時、財政投融資（財投）改革の議論の中で、財投利用額が最大であった住宅金融公庫にも、独自の資金調達の試みとして、財投機関債の発行の必要性が高まっていた。一方で、1990年代後半からの繰上償還の急増に対す

るALMリスクのヘッジ手段として、パススルー債方式による発行が望まれた。そのような環境の中で、2001年3月に、最初の財投機関債ともなった第1回債500億円がローンチされた。当時はまだ公庫融資債権を担保としており、公庫にとっては資金調達手段の多様化という側面が強く、ファニーメイ等が実施していた住宅ローン債権の売買を目的とする第二次市場（流通市場）の創設を目指したものではなかった。

　一方、前述のように、公庫の直接融資に対する民業圧迫批判の高まりから、2001年12月の閣議決定「特殊法人等整理合理化計画」において、公庫の直接融資は段階的に縮小・廃止とされ、証券化支援事業を中心とする組織に改編することが決定された。そこで、2003年10月から証券化支援事業（買取型）を開始し、その資金調達手段としてもMBSが選ばれた。証券化支援事業は特殊法人改革の流れの中で、民間金融機関による長期固定金利タイプの住宅ローンの供給を促進する目的で導入されたものであるが、資金調達手段として、財投改革の流れで導入されたMBSと結合することとなった。証券化支援事業の導入当初は、スキームに対する認知度の低さ等もあり、必ずしも十分な金額が確保できない懸念から、公庫の直接融資債権と混合することで発行ロットを確保するアプローチがとられた。

　証券化支援事業（買取型）を通じて民間金融機関が融資する住宅ローン商品はその後、「フラット35」という愛称がつけられたが、歴史的な超低金利の金融環境が続く中で、金利先高感がなかなか高まらず、フラット35の利用も顕著には増えなかっ

た。一方で、フラット35の民間金融機関に対する卸値に該当する提示金利は直近に発行されたMBSの利回りをベースに算定されることとされており、金利変動リスクを極小化するため、四半期に1度のように間隔を空けることなく、毎月発行することとされた。このため、公庫MBSの発行額のサイズは2003年12月から300億円と小型化した。

　証券化商品に限らず、発行額の多寡は有価証券の流動性に一定に影響を及ぼす。発行額・残高が大きいほど、売買頻度の高まりにより価格発見機会が増え、価格の透明性が向上することから、流動性も向上する。MBS市場の発展という観点からは、公庫MBSの発行額と発行残高の拡大が望まれた。このような観点から、2005年8月に、「S種MBS」の第1号債2,000億円が発行された。

　機構（公庫）MBSには、証券化支援事業（買取型）で買い取った住宅ローン債権等を担保として発行する「月次債」MBSに加え、直接融資債権を流動化する「S種」の2種類がある。いずれも、パススルー債である点、機構（公庫）が元利払い保証をする点等の基本的な商品性に差異はないが、S種の担保資産は公庫時代を通じて積み上がった潤沢な直接融資債権であり、月次債のように発行ロットを確保するのに汲々とするには及ばなかった。このS種MBSの発行により調達した資金は財投資金の繰上償還に充当されることとなった。従来は、財投に繰上償還する場合は一定の違約金を支払う必要があったが、人員・経費削減等の経営改善計画の遵守を条件に、違約金免除で財投

に繰上償還することが認められた。このことにより、日本の証券化市場に厚みが加わった。

　S種は2005年8月～2009年12月に合計28銘柄、5兆4,000億円が発行された。平均ロットは1,929億円である（図表2－22）。

　その後、フラット35の認知度の高まりもあったが、フラット35Sの導入により、買取額は飛躍的に増加し、月次債の発行ロットもコンスタントに1,000億円の大台に乗せるようになった。しかし、リーマン・ショック後の金融市場の混乱の中、機構MBSについても、2009年1月は発行を見送ることとなった。翌2月は1,170億円を発行したが、条件決定時における対10年国債スプレッドは105bp（1.05％）と過去最大となった。

　2011年3月の東日本大震災後も、市場環境にかんがみ、発行

図表2－22　機構（公庫）MBSの発行額（暦年）

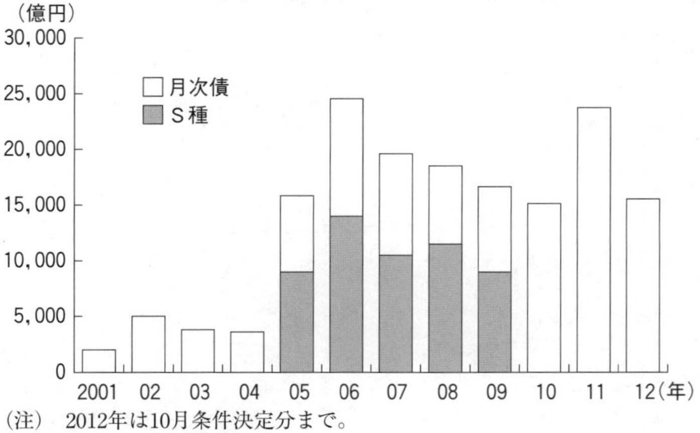

(注)　2012年は10月条件決定分まで。
(資料)　住宅金融支援機構より

額を抑制したが、一般的に、年度末は竣工物件の引渡しが集中することから、資金需要が非常に強く、結果的に2011年4月の第48回機構債の発行額は5,143億円と、国内の公社債市場での発行額の記録を更新する巨額起債となった。これだけの巨額起債にもかかわらず、年度当初の投資家需要の強さも相まって、対10年国債スプレッドは67bpにとどまった。本稿執筆時点における最新の回号である2012年12月第66回債は、発行額が1,454億円、利回りは1.12％、対10年国債スプレッドは34bpとなっている（図表2－23）。

なお、機構MBSはパススルー債として発行されているが、民間MBSのように、担保資産が発行体のバランスシートから切り離される（＝オフバランス化される）わけではない。これは、

図表2－23　機構（公庫）MBSの表面利率とローンチスプレッド

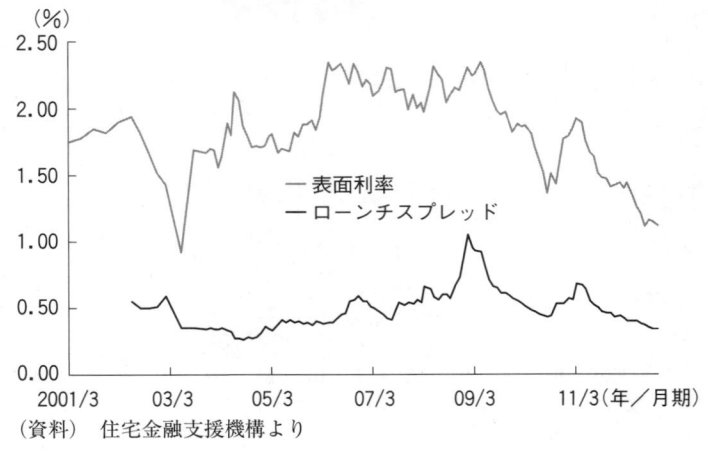

（資料）　住宅金融支援機構より

公庫時代の1998年から開始された返済困難者対策（「新特例」と呼ばれる）を実施するにあたり、オフバランス化して公庫が「真の債権者」でなくなると（譲渡先の信託やSPC等が債権者となると）、柔軟な条件変更を提供して債務者のデフォルトを回避することが困難になると考えられたためである。そのような懸念はまさにサブプライム・ローンを担保としてアメリカで組成された民間の証券化商品（Private Label Securities：PLS）で具体化しており、今日に至ってもなお、アメリカの差押問題が深刻な課題であり続けている現状にかんがみれば、先見性のある制度設計であったという評価も可能であろう。

とはいえ、オンバランスで担保資産を抱えることにより、万一機構が破綻した場合、他の債権と混合（コミングル）するリスクが残る。これを回避するために、機構が破綻するあるいは会社更生法の適用対象となる法人形態に組織改正がされる場合等（これを「受益権行使事由」と呼ぶ）には、担保資産が信託に真正譲渡され、機構のバランスシートから切り離される。当該資産は機構のバランスシートからオフバランス化された後は、否認権の及ぶ範囲から外れることになると解されている。

このようなスキームは、ドイツのファンドブリーフ債における資産分離（Asset Segregation）のプロセスと酷似している。このため、機構MBSは、証券化商品よりも、カバードボンドに近い法的構成を持っているのではないかと見る向きもある。債券の信用力の源泉について、発行体が健全なうちは発行体の信用力に依拠し、発行体が破綻した後は担保資産からのキャッ

シュフローに依拠するという意味では、たしかに機構MBSはファンドブリーフ債に似ている。ただし、ファンドブリーフ債の場合は、発行体破綻後に担保資産からのキャッシュフローが投資家への支払に満たない場合、その他の資産に対しても遡及できること（Dual Recourse）が法律上明記されているのに対し、機構MBSの場合は、担保資産からのキャッシュフローが十分でなかった場合に、その他の資産に遡及する権利は民法上当然に残るにしても、制度的に担保されているわけではない（図表2-24）。

〈受益権行使事由〉
(1) 本機構債の債務を承継する者が法令で定められず、機構を解散する法令が施行され、これにより機構が解散した場合
(2) 本機構債の債務を承継する者を、株式会社とする法令または会社更生法（平成14年法律第154号、その後の改正を含む）もしくはこれに類似する倒産手続の適用が法令により認められる法人とする法令が施行され、法令により機構が解散した場合
(3) 本機構債の債務者を、株式会社とする法令または会社更生法もしくはこれに類似する倒産手続の適用が法令により認められる法人とする法令が施行され、これにより本機構債の債務者がかかる法人となった場合
(4) 本機構債に係る機構の支払債務またはその他機構が発

行もしくは承継した債券に係る機構の支払債務について、その支払をなすべき日において未履行であり、かつ、その状態が7日以内に治癒されなかった場合

図表2−24　機構MBSのスキーム
〈通常時〉
【フラット35】

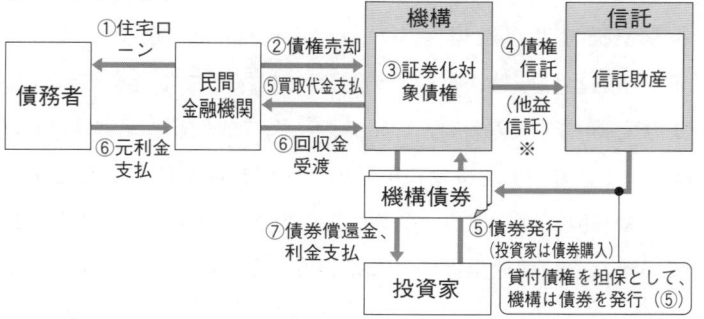

①住宅ローン
②債権売却
③証券化対象債権
④債権信託（他益信託）※
⑤買取代金支払
⑥元利金支払
⑥回収金受渡
⑦債券償還金、利金支払
⑤債券発行（投資家は債券購入）

債務者 → 民間金融機関 → 機構 → 信託（信託財産）
機構債券 → 投資家

貸付債権を担保として、機構は債券を発行（⑤）

※他益信託……委託者以外のものを受益者とする信託

〈受益権行使事由発生後〉

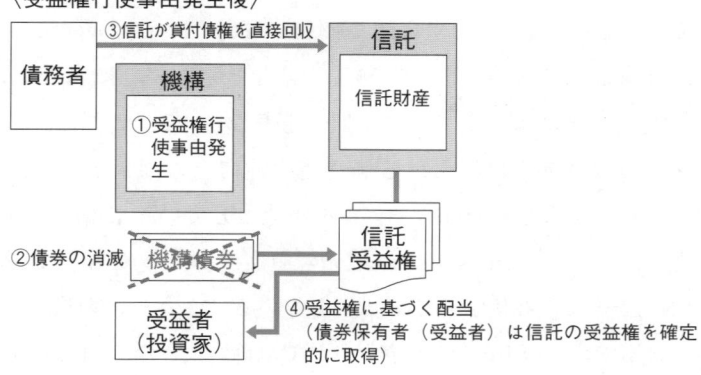

①受益権行使事由発生
②債券の消滅
③信託が貸付債権を直接回収
④受益権に基づく配当
（債券保有者（受益者）は信託の受益権を確定的に取得）

債務者　機構　信託（信託財産）　信託受益権　受益者（投資家）

ここで、万一、受益権行使事由が発生した場合、担保資産からのキャッシュフローのみで元利金が償還できる確率がどの程度あるかが問題となる。住宅ローンは統計的に一定割合でデフォルトする。最長35年にわたる長期の返済期間において、失業や病気等で返済が困難になるリスクは、融資時にいかに厳格な審査を実施しても、完全に回避することはできない。そのため、受益権行使事由が発生した後にも、ある程度の原債権のデフォルトが発生しても投資家への元利金支払が果たせるよう、機構MBSでは超過担保（Overcollaterelization）が積まれている。超過担保率は、毎回号のMBSの担保となる資産の属性により変動する。フラット35Ｓが導入されて以降、（可能性は低いにしても、万一）当初金利が低いうちに機構が破綻等した場合に、金利引下げ分の補助金等が確保できないリスクも考慮されているため、超過担保率は2割程度へと上昇している（図表2－25）。

　なお、機構MBSの期限前償還率について、日本証券業協会では一定の要件を満たす会員より任意でPSJ（Prepayment Standard Japan）予測値（標準モデル）の報告を受け、集計したものをPSJ予測統計値として月に2回、発表している。これは、アメリカのMBS市場における価格透明性向上の動きとして、1985年に導入されたPSAモデルを源流としている。PSAは当時のPublic Securities Associationの頭文字をとったもので、BMAを経て現在はSIFMAに改組している（147ページ参照）。

　日本では、PSJモデルが導入されて以降、大きな金利上昇局

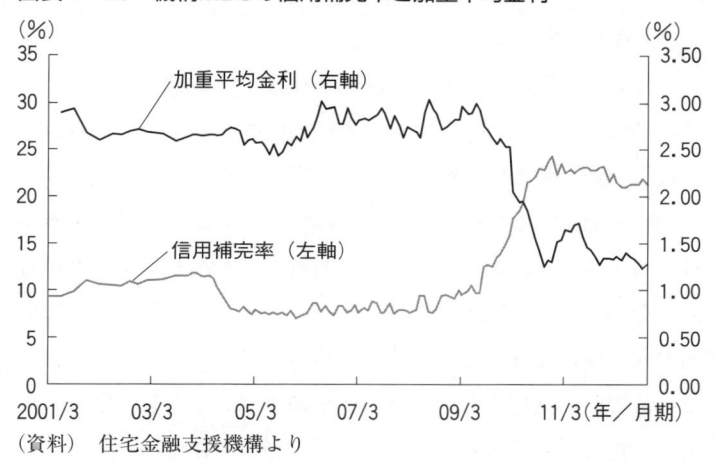

図表2−25　機構MBSの信用補完率と加重平均金利

(資料)　住宅金融支援機構より

面を経験しておらず、繰上償還の波がどの程度正確に予測できるのか、今後の統計値の積重ねが必要になってくるが、市場の透明性向上に資するのは間違いない。

(4) カバードボンド導入に向けた動き

日本においては、2008年に新生銀行がストラクチャード・カバードボンドの発行を計画し、格付も取得し、発行直前まで漕ぎ着けたが、市場環境の悪化もあり、発行には至らなかった。その後、韓国の国民銀行が2009年にストラクチャード・カバードボンドを発行し、「アジア初」のカバードボンド発行は韓国に先を越された。韓国では、韓国住宅金融公社（KHFC）が2009年に設立準拠法の改正で法定カバードボンドを発行した

が、ヨーロッパのように一般法に基づくカバードボンドではなく、本稿執筆時点において、一般法としてのカバードボンド法制定に向けた議論が進行中の状況となっている。

日本は韓国とカバードボンド市場創成の競争をしているわけではないが、金融危機後の証券化市場の現状を踏まえ、証券化を代替・補完する金融手法としてのカバードボンドに対する注目が高まった。2009年には経済産業省が「カバードボンド検討会」を開催し、2009年12月に「カバードボンドに関する欧米事例と我が国における導入可能性の検討」と題する報告書を取りまとめている。同報告書では、欧米の事例を紹介し、欧米の事例から得られる示唆を踏まえながら、わが国にカバードボンドを導入する際に必要とされる制度的手当てについて検討し、それを踏まえて、求められる市場のあり方を論じている。

担保資産の適格要件については、「ある程度厳格に規定しておく必要があろう。投資家の視点からは、担保資産の質の低下が起こりにくいよう制度的にサポートされている方が、流動性が高い市場の形成にも資する」と論じている。

カバードボンド債権者の保護については、「オリジネーターの破綻時に、カバードボンド債権者について担保資産に関する権利行使等に関して倒産手続上の制約を受けないような措置が新規立法を通じて導入することが望まれる」とされ、「倒産法制上の原則と異なる例外的取扱いを認める必要性、（仮にそのような例外的取扱いを認めることとした場合でも）当該例外的取扱いを許す範囲や条件の設定の仕方について、今後より踏み込

んだ検討がなされる必要がある」と論じている。

　その後、この報告書がカバードボンド法制導入につながることはなかったが、日本政策投資銀行を中心とした民間金融機関のグループが翌2011年7月に「カバード・ボンド研究会とりまとめ（わが国へのカバード・ボンド導入へ向けた実務者の認識の整理と課題の抽出）」を発表し、市場関係者の期待が再点火した。

　2012年7月の内閣府「成長ファイナンス推進会議」の報告書において、カバードボンドの導入について、

・カバードボンドの導入の必要性について、民間金融機関や投資家のニーズや国際的な議論、預金者保護や預金保険制度への影響も踏まえて検討する（2012年度中）
・特に、日本政策投資銀行によるカバードボンドの発行については、発行コストの低減が期待できるか等のフィージビリティーを2012年中に検討する

と明記された。日本でもカバードボンド法制導入に向けた検討が進むものと見られるが、具体化の段階でどのような法的枠組みとなるか、注目される。

6 リーマン・ショック以降の住宅ローン市場

(1) リーマン・ショックと住宅市場への影響

 日本国内の景気は2008年2月から後退局面に入り、リーマン・ショックが発生した2008年の実質GDPが▲1.0％でマイナス成長となり、2009年には▲5.5％で大幅な減少となった。

 この影響により、2009年度の住宅着工戸数は、対前年度比▲25.8％の77.5万戸に減少した。77.5万戸というのは、46年前の1964年度の水準にほぼ等しく、「100年に1度」といわれる経済へのショックは、決してオーバーとはいえない水準であった。

 これを受けて、2009年12月に政府は「明日の安心と成長のための緊急経済対策」を閣議決定し、住宅エコポイントや住宅金融支援機構が民間金融機関と提携して提供している長期固定金利住宅ローンであるフラット35のうち、耐震性能や断熱性能等の優れた住宅に対する優良住宅取得支援制度による金利の当初10年間、1％引下措置等を実施した。

 これにより住宅着工戸数は、2010年度には81.9万戸に持ち直したが、現在でも住宅着工戸数は依然80万戸台で推移している（図表2－26）。

 この要因として、リーマン・ショック以降、証券化による資金調達が困難となったことや、今後、日本の生産年齢人口が減

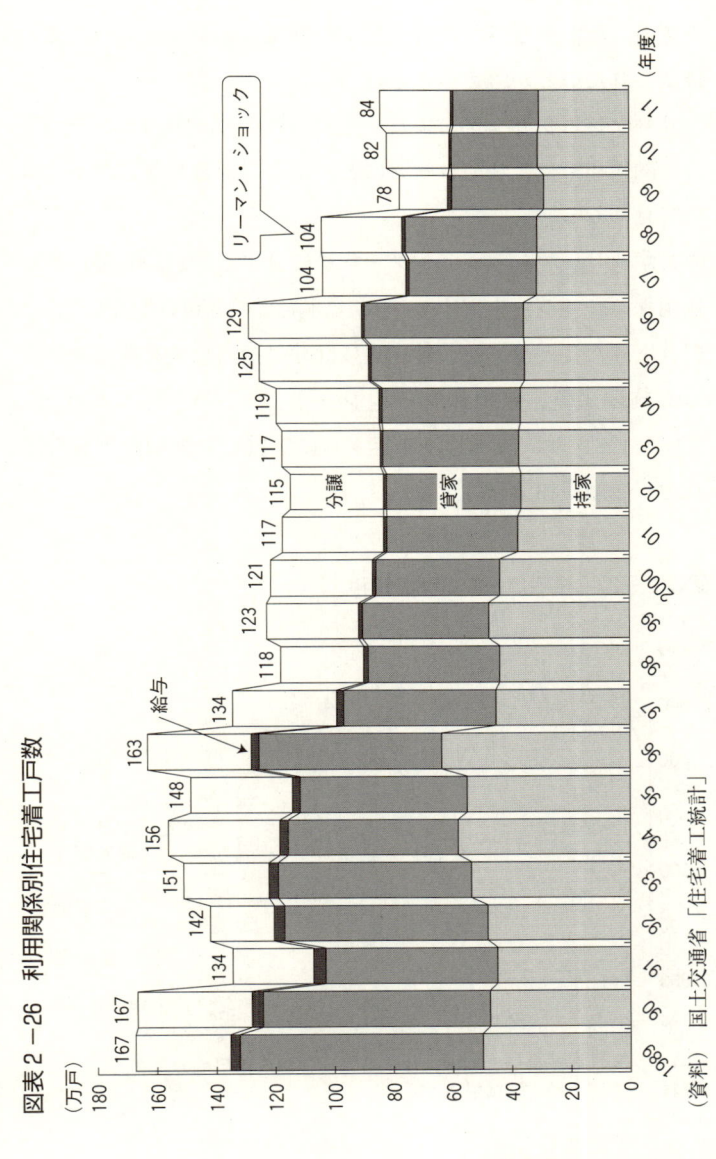

図表2-26 利用関係別住宅着工戸数

(万戸)

年度	1989	90	91	92	93	94	95	96	97	98	99	2000	01	02	03	04	05	06	07	08	09	10	11
戸数	167	167	134	142	151	156	148	163	134	118	123	121	117	115	117	119	125	129	104	104	78	82	84

区分：分譲／貸家／持家／給与

リーマン・ショック

(資料) 国土交通省「住宅着工統計」

少することが予想され、貸家および分譲マンションへの投資が控えられたことが考えられる。

リーマン・ショックによる住宅着工戸数の減少およびその後の金融緩和策は、住宅ローンにどのような影響を与えたかについて見てみる。

まず、リーマン・ショックを背景に日本銀行が2008年12月に無担保コールレート（オーバーナイト物）の誘導目標を0.1％に引き下げたことや、2010年10月には「包括的な金融緩和政策」の実施により、無担保コールレート（オーバーナイト物）を0～0.1％程度に誘導し、4年ぶりに実質ゼロ金利政策を行うなど、金融緩和策を採用した。

図表2-27　住宅ローン金利の推移

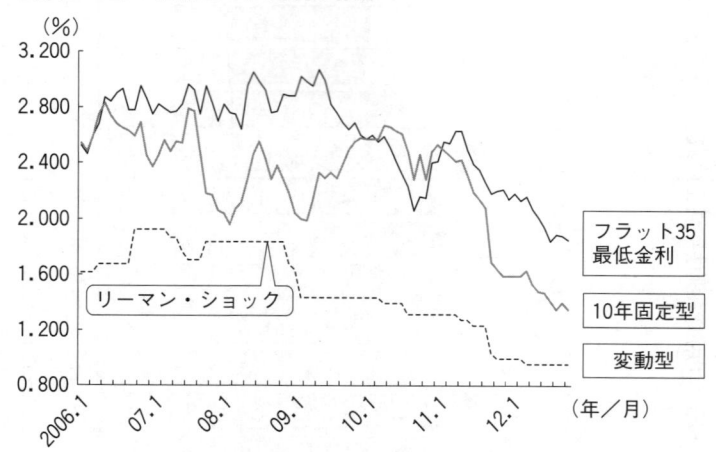

（注）　フラット35最低金利は、住宅取得支援制度適用前の金利。
（資料）　住宅金融支援機構調べ

これにより、住宅ローン金利は低下し、特に足下の最も低い変動金利型住宅ローンについては、年1％を下回るような水準のものが現れるようになった（図表2－27）。
　また、住宅着工戸数が落ち込んだことから、民間金融機関は借換えへの取組みを強化し、住宅ローンをめぐる競争が激化した。

(2) 住宅ローンの現状

　バブルが崩壊し、1994年に住宅ローンの金利が自由化されてから現在の金融機関を取り巻く環境の変化を端的に示すと図表2－28のようになると考えられる。
　この図では、時期の違いや影響度合いを明示できるものではないものの、民間金融機関が住宅ローンの推進に取り組むようになった要因が多岐にわたることが示されている。

図表2－28　金融機関を取り巻く金融経済環境の変化と住宅ローン

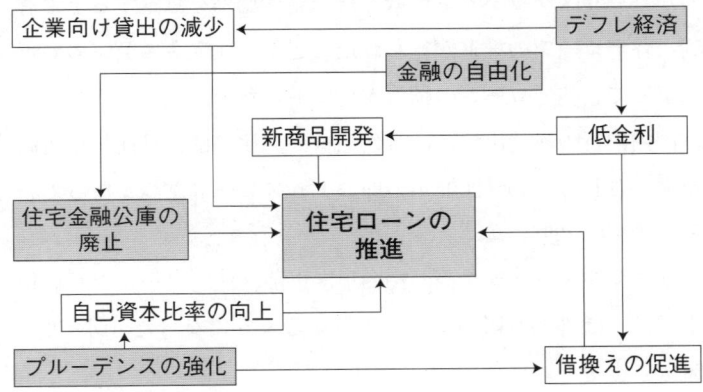

図表2−29　国内銀行の住宅ローン残高と総貸出に占める割合

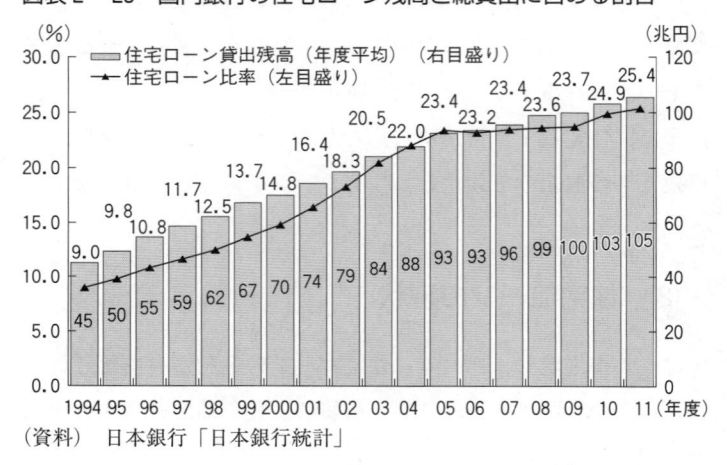

年度	住宅ローン比率（％）	住宅ローン貸出残高（兆円）
1994	9.0	45
95	9.8	50
96	10.8	55
97	11.7	59
98	12.5	62
99	13.7	67
2000	14.8	70
01	16.4	74
02	18.3	79
03	20.5	84
04	22.0	88
05	23.4	93
06	23.2	93
07	23.4	96
08	23.6	99
09	23.7	100
10	24.9	103
11	25.4	105

（資料）　日本銀行「日本銀行統計」

金利等の自由化はデフレ経済による金利の低下と相まって、低利の新しい住宅ローン商品を開発させ、また企業向け貸出の減少は住宅ローンの推進に影響を与えたと見られる。

更に早期是正措置の導入により、自己資本比率の向上が必要となり、リスクウェイトが低く自己資本比率を算定する上で有利な住宅ローンの推進が行われたことや、住宅金融公庫の廃止によって、住宅ローンの拡大が更に進んだ。

国内銀行の総貸出に占める住宅ローン比率は、早期是正措置が導入された1999〜2005年の間の上昇スピードが高くなっている（図表2−29）。

リーマン・ショック後の2009年度以降、住宅ローンの新規貸出額は、ほぼ20兆円の水準で推移するようになった（図表2−30）。

図表2-30 業態別・住宅ローン新規貸出額

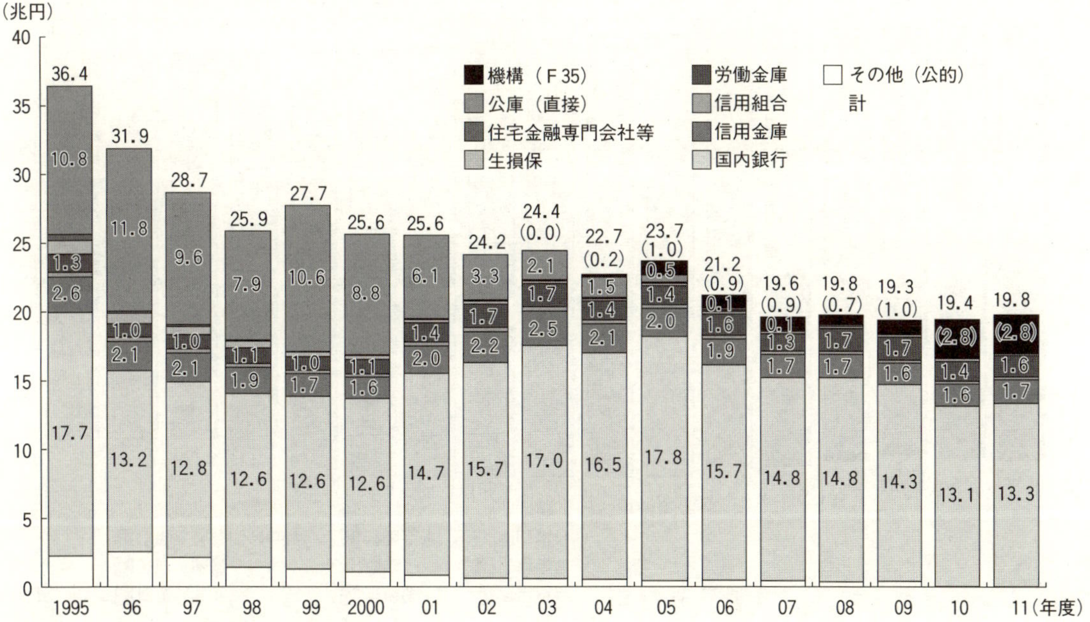

(兆円)

凡例:
- 機構（F35）
- 公庫（直接）
- 住宅金融専門会社等
- 生損保
- 労働金庫
- 信用組合
- 信用金庫
- 国内銀行
- その他（公的）
- 計

年度	計	公庫（直接）	住宅金融専門会社等	生損保	国内銀行	その他(公的)
1995	36.4	10.8	1.3	2.6	17.7	
96	31.9	11.8	1.0	2.1	13.2	
97	28.7	9.6	1.0	2.1	12.8	
98	25.9	7.9	1.1	1.9	12.6	
99	27.7	10.6	1.0	1.7	12.6	
2000	25.6	8.8	1.1	1.6	12.6	
01	25.6	6.1	1.4	2.0	14.7	
02	24.2	3.3	1.7	2.2	15.7	
03	24.4	2.1	1.7	2.5	17.0	(0.0)
04	22.7	1.5	1.4	2.1	16.5	(0.2)
05	23.7	0.5	1.4	2.0	17.8	(1.0)
06	21.2	0.1	1.6	1.9	15.7	(0.9)
07	19.6	0.1	1.3	1.7	14.8	(0.9)
08	19.8		1.7	1.7	14.8	(0.7)
09	19.3		1.7	1.6	14.3	(1.0)
10	19.4		1.4	1.6	13.1	(2.8)
11	19.8		1.6	1.7	13.3	(2.8)

(資料) 日本銀行、住宅金融支援機構

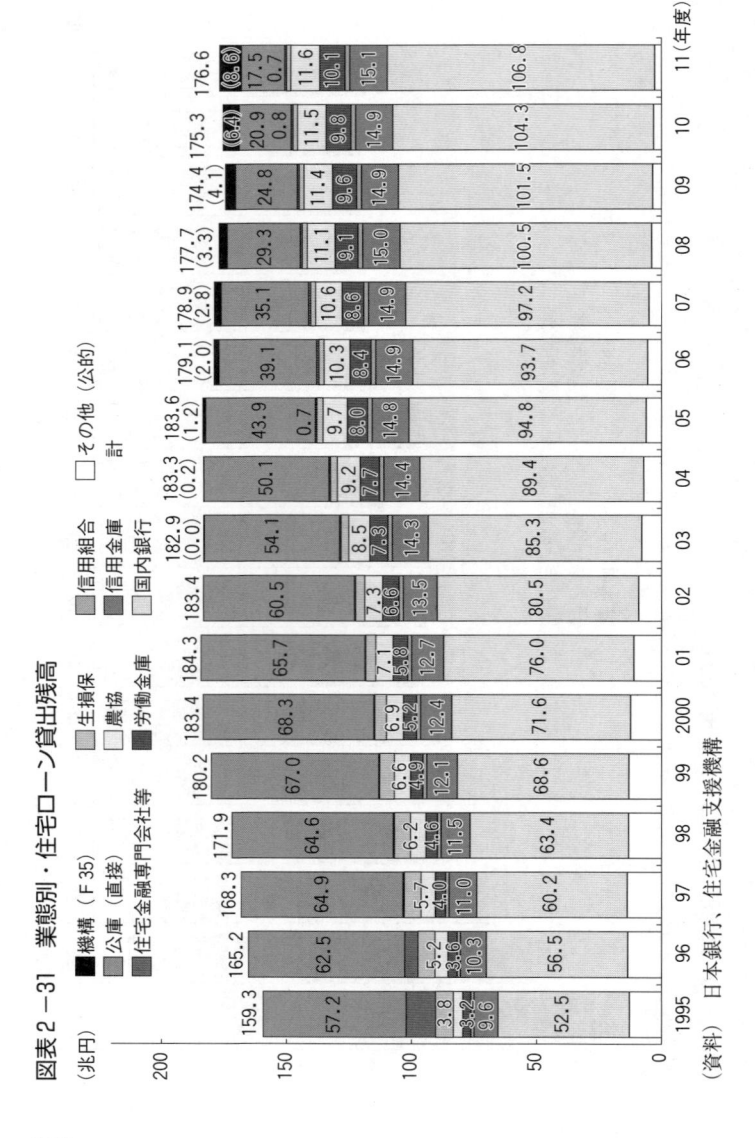

図表2-31 業態別・住宅ローン貸出残高

(兆円)

年度	計	機構(F35)	公庫(直接)	住宅金融専門会社等	生損保	農協	労働金庫	信用組合	信用金庫	国内銀行	その他(公的)
1995	159.3		57.2	3.8	3.2	9.6				52.5	
96	165.2		62.5	5.2	3.6	10.3				56.5	
97	168.3		64.9	5.7	4.0	11.0				60.2	
98	171.9		64.6	6.2	4.6	11.5				63.4	
99	180.2		67.0	6.6	4.9	12.1				68.6	
2000	183.4		68.3		6.9	5.2	12.4			71.6	
01	184.3		65.7		7.1	5.8	12.7			76.0	
02	183.4		60.5		7.3	6.6	13.5			80.5	
03	182.9	(0.0)	54.1		8.5	7.3	14.3			85.3	
04	183.3	(0.2)	50.1		9.2	7.7	14.4			89.4	
05	183.6	(1.2)	43.9		0.7	9.7	8.0	14.8		94.8	
06	179.1	(2.0)	39.1			10.3	8.4	14.9		93.7	
07	178.9	(2.8)	35.1			10.6	8.6	14.9		97.2	
08	177.7	(3.3)	29.3			11.1	9.1	15.0		100.5	
09	174.4	(4.1)	24.8			11.4	9.6	14.9		101.5	
10	175.3	(6.4)	20.9	0.8		11.5	9.8	14.9		104.3	
11	176.6	(8.6)	17.5	0.7		11.6	10.1	15.1		106.8	

(資料) 日本銀行, 住宅金融支援機構

一方、貸出残高も2007年度以降は170兆円台後半で推移するようになった（図表2－31）。

　銀行等が融資する住宅ローンの金利タイプ別構成比は、リーマン・ショック以降、変動金利型住宅ローンの割合が増加し、2010年度には約6割を占めている（図表2－32）。

　この背景として、①リーマン・ショック等による景気悪化により、勤労者の収入が減少し、低金利志向が強まったこと、②低金利が長期にわたって継続したことで、住宅ローン利用者の金利上昇に対するリスク認識が弱まったこと、③金融機関にとって変動金利型住宅ローンが目先の金利を最も低く設定でき、

図表2－32　民間住宅ローン新規貸出の金利タイプ別構成比（借換え含む、フラット35含まない）

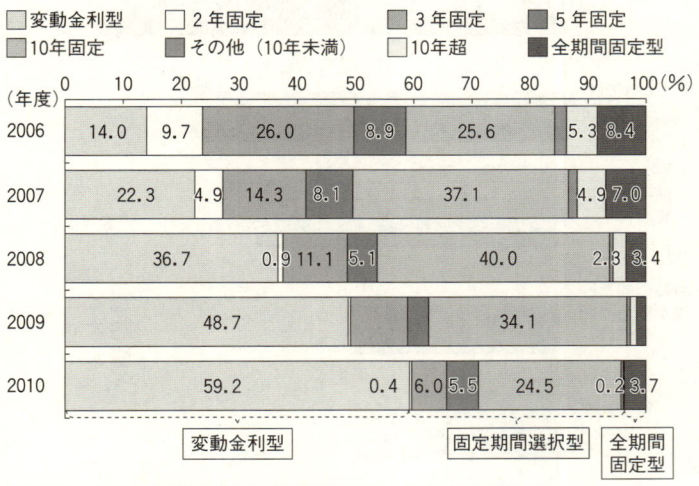

年度	変動金利型	2年固定	3年固定	5年固定	10年固定	その他（10年未満）	10年超	全期間固定型
2006	14.0	9.7	26.0	8.9	25.6		5.3	8.4
2007	22.3	4.9	14.3	8.1	37.1		4.9	7.0
2008	36.7	0.9	11.1	5.1	40.0		2.3	3.4
2009	48.7				34.1			
2010	59.2	0.4	6.0	5.5	24.5		0.2	3.7

（資料）　住宅金融支援機構「民間住宅ローン金融動向調査」

借換推進等も含めて営業戦略上有利であると考えられること、④リーマン・ショックによって証券化市場が縮小し、フラット35を除く独自の固定金利型の住宅ローンを提供することが困難となったこと等が挙げられる。

金融機関が住宅ローンに積極的に取り組む理由を、住宅金融支援機構による民間金融機関への調査(「23年度民間住宅ローンの貸出動向調査」)によると、「貸出残高の増強」の割合が増加し、2011年度では74.1%になっている(図表2-33)。

ちなみに2002年度の調査(67ページ)では、「家計取引の向

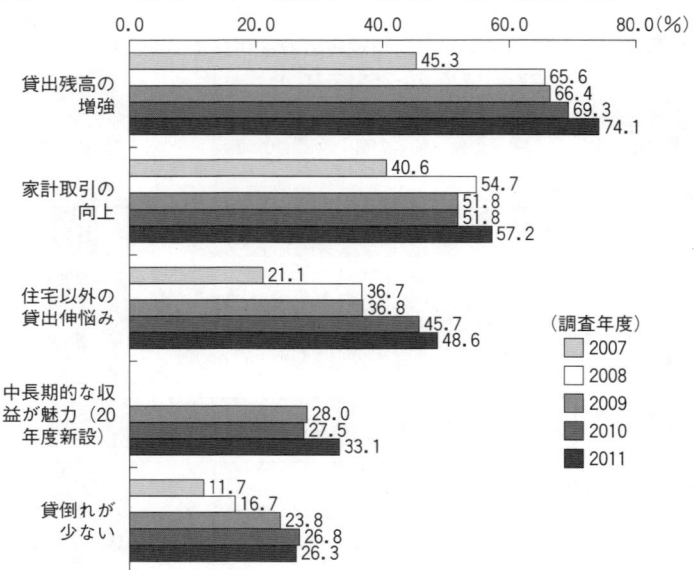

図表2-33 住宅ローンを積極的に取り組む理由(複数回答)

理由	2007	2008	2009	2010	2011
貸出残高の増強	45.3	65.6	66.4	69.3	74.1
家計取引の向上	40.6	54.7	51.8	51.8	57.2
住宅以外の貸出伸悩み	21.1	36.7	36.8	45.7	48.6
中長期的な収益が魅力(20年度新設)			28.0	27.5	33.1
貸倒れが少ない	11.7	16.7	23.8	26.8	26.3

(資料) 住宅金融支援機構「民間住宅ローン金融動向調査」

上」の割合が「企業向け貸出の減少」と並んで最も多かったが、2011年度では57.2%となっており、かなりの差が生じている。また、2002年度の調査では「貸倒れが少ない」が約5割を占めていたのに対して、2011年度調査では26.3%となっている。

さらに「中長期的な収益が魅力」が33.1%となっており、図には掲載されていないが、「短期的に収益獲得が可能」は約3％しかなかった。

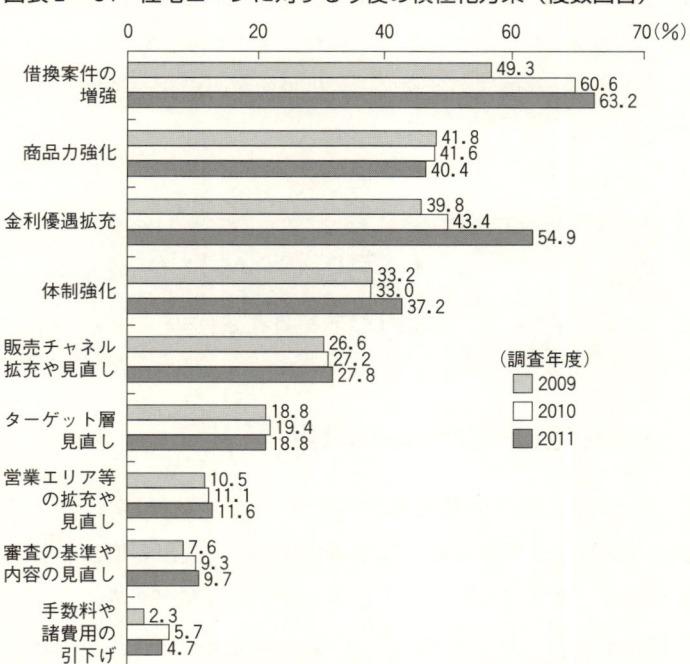

図表2−34　住宅ローンに対する今後の積極化方策（複数回答）

項目	2009	2010	2011
借換案件の増強	49.3	60.6	63.2
商品力強化	41.8	41.6	40.4
金利優遇拡充	39.8	43.4	54.9
体制強化	33.2	33.0	37.2
販売チャネル拡充や見直し	26.6	27.2	27.8
ターゲット層見直し	18.8	19.4	18.8
営業エリア等の拡充や見直し	10.5	11.1	11.6
審査の基準や内容の見直し	7.6	9.3	9.7
手数料や諸費用の引下げ	2.3	5.7	4.7

（資料）　住宅金融支援機構「民間住宅ローン金融動向調査」

したがって、目先の利鞘よりも残高の増強が重視されていると考えられる。この背景としては、2002年度の調査時点に比べると、不良債権等の処理が進んで比較的経営内容が安定しているものの、リーマン・ショックの影響等で企業の設備投資や住宅着工が減少し、回復に至っていないことから、貸出の増強が最も重要視されているものと考えられる。

　貸出の増強が必要な状況下で、どのような方策をとっているのかについて見ると、2011年度では「借換案件の増強」が63.2%で最も多くなっている。次に多いのは、「金利優遇拡充」で54.9%を占めている。リーマン・ショック以降の低金利を背景に、金利優遇の拡充による借換競争の激化が予想される（図表2－34）。

7 住宅ローンの今後の課題と展望

(1) 住宅ローン市場の課題

　以上より、民間金融機関の住宅ローンへの取組みについては、借換えと金利優遇拡充による住宅ローン貸出の増強となっているが、これについては、以下のような課題がある。

　住宅取得の主たる年齢層は20～40歳代であるが、20～40歳代の人口数と住宅着工戸数には高い相関がある。長期的には少子

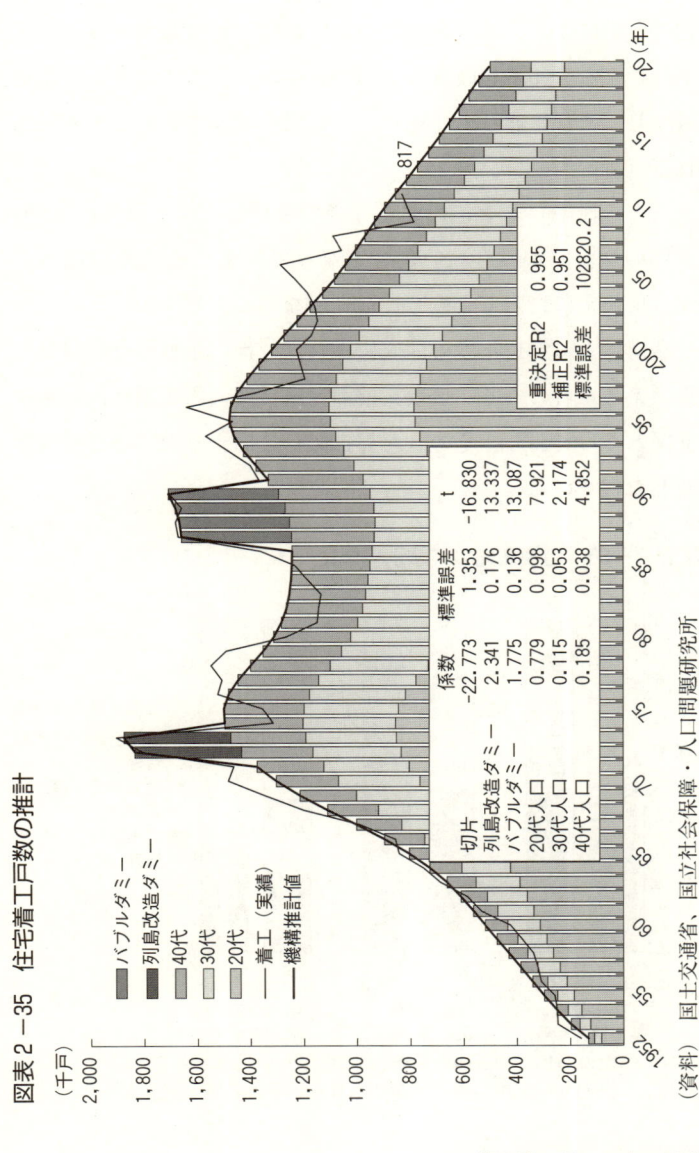

図表2-35 住宅着工戸数の推計

	係数	標準誤差	t
切片	-22.773	1.353	-16.830
列島改造ダミー	2.341	0.176	13.337
バブルダミー	1.775	0.136	13.087
20代人口	0.779	0.098	7.921
30代人口	0.115	0.053	2.174
40代人口	0.185	0.038	4.852

重決定R2	0.955
補正R2	0.951
標準誤差	102820.2

(資料) 国土交通省、国立社会保障・人口問題研究所

化の影響により、20～40歳代の人口数は急激に減少することが予想される。20～40歳代の人口の減少によって住宅着工戸数も減少し、これに伴って住宅ローン貸出も減少することが予想される（図表2－35）。

一方、住宅ローンに対する今後の積極化方策として、「借換案件の増強」が最も高い割合となっていることは先に述べたが、借換えについて今後も推進可能なのであろうか。

機構による2012年度の調査によれば、都市銀行等を利用して借換えした者のうち、借換え前の金融機関の約7割は民間金融機関となっており、そのうち都市銀行等同士での借換えは約半数となっている。

図表2－36　借換え先の業態別構成比

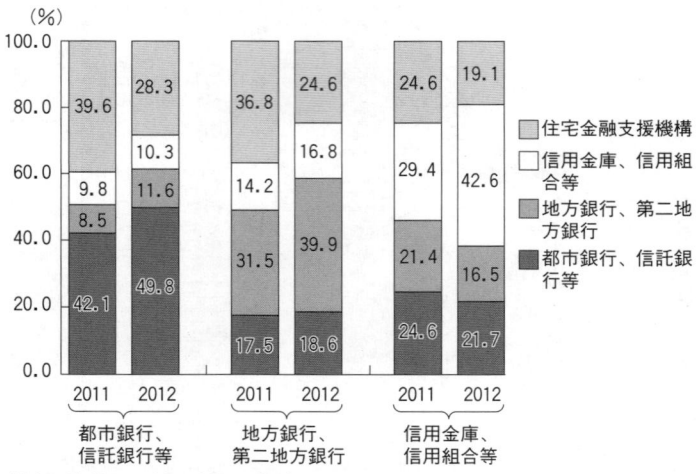

	都市銀行、信託銀行等		地方銀行、第二地方銀行		信用金庫、信用組合等	
	2011	2012	2011	2012	2011	2012
住宅金融支援機構	39.6	28.3	36.8	24.6	24.6	19.1
信用金庫、信用組合等	9.8	10.3	14.2	16.8	29.4	42.6
地方銀行、第二地方銀行	8.5	11.6	31.5	39.9	21.4	16.5
都市銀行、信託銀行等	42.1	49.8	17.5	18.6	24.6	21.7

（注）　端数の関係で内訳の合計が100にならない場合がある。
（資料）　住宅金融支援機構「民間住宅ローン借換の実態調査」

地方銀行や第二地方銀行においても、同じまたは近い業態からの割合が約4割を占めており、同じ業態内において住宅ローン残高の取合いが行われていると考えられる（図表2－36）。

一般的に借換えにあたっては、借換え前の住宅ローンとの金利差が重要であり、借換え前の住宅ローンよりも低い金利を提供する必要がある。

したがって、借換えを促進すれば、より低利の住宅ローンが増加することとなり、民間金融機関同士による借換え促進による住宅ローン残高の取合いは、お互いの収益を減らす可能性がある。

図表2－37　民間住宅ローン残高の金利タイプ別構成比（借換え含む、フラット35含まない）

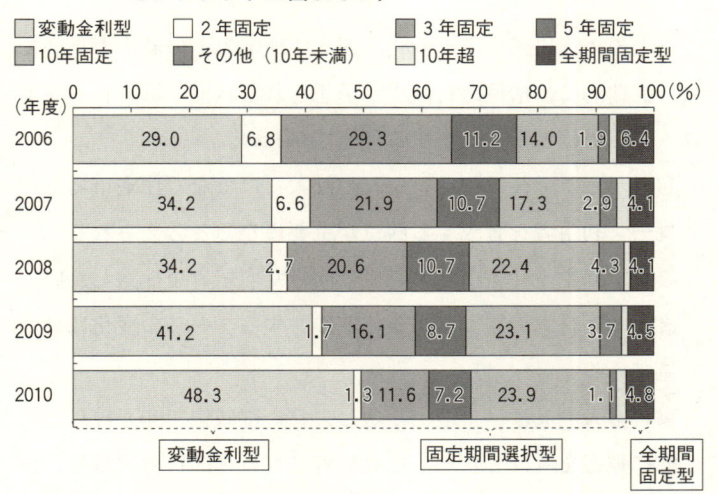

年度	変動金利型	2年固定	3年固定	5年固定	10年固定	その他（10年未満）	10年超	全期間固定型
2006	29.0	6.8	29.3	11.2	14.0		1.9	6.4
2007	34.2	6.6	21.9	10.7	17.3		2.9	4.1
2008	34.2	2.7	20.6	10.7	22.4		4.3	4.1
2009	41.2	1.7	16.1	8.7	23.1		3.7	4.5
2010	48.3	1.3	11.6	7.2	23.9		1.1	4.8

（資料）　住宅金融支援機構「民間住宅ローン金融動向調査」

また、住宅ローンの残高に占める変動金利型の割合は2010年度末で約5割に増加した(図表2-37)。

変動金利型の住宅ローンは、金利リスクを利用者に転嫁できることから、他の金利タイプの住宅ローンよりも低い金利にできると考えられる。このことから変動金利型住宅ローンの利用者から借換えを促進することは、借換えを促すような低い金利を提示する必要があるため他の金利タイプよりも困難と考えられる。

したがって変動金利型住宅ローンの割合の増加が続けば、借換えの対象となる他の金利タイプが減少し、長期的には借換えも次第に減少する可能性が高いと見られる。

(2) 今後の展望

以上のように、少子高齢化を迎えて住宅着工の減少が見込まれ、長期的には借換えも減少が予想される状況では、将来住宅ローン市場はさらに縮小する可能性が高い。

したがって今後は住宅ローンの拡大だけでなく住宅市場や住宅ローン利用者を育成する観点が重要になると考えられる。

ここでは中古住宅市場の育成に向けた取組みを提案したい。

まず、東日本大震災による住宅に対するニーズの変化について見てみる。

東日本大震災は、全壊、半壊および一部破損で90万棟以上の住宅に被害を及ぼしたが、それ以外にも首都圏における電力供給と地盤の液状化問題が住宅市場に影響を及ぼした。

具体的には、震災により首都圏の電力供給がストップした場合の超高層マンションやオール電化住宅の生活への懸念、埋立地の住宅に対する液状化への風評被害などが生じた。

　こうした震災の影響が、住宅購入予定者の住宅に対するニーズにも影響を与えたと考えられる。住宅金融支援機構が行っている「平成24年度民間住宅ローン利用者の実態調査【民間住宅ローン利用予定者編】（第2回）」では、住宅取得予定者に対し、住宅取得時に特に重視するものについて、震災前と震災後における意識の変化について訊ねている（3問まで複数回答可）。このアンケートの結果によると、「耐震性能」が震災前の19.1％から震災後は56.4％に上昇した。また、「立地（災害などに対する安全性）」については、14.7％から26.8％に、「省エネ性能」が14.1％から23.3％に、「耐久性」が11.5％から21.7％にそれぞれ上昇した（図表2－38）。

　この結果から、住宅取得予定者は、震災前よりも安心・安全、かつ、エネルギー効率が高いなど、安心で快適に住める住宅へのニーズが高まったと見られる。

　一方、2010年の国民経済計算による日本の住宅（土地を除く）の資産評価額は約350兆円で、1955～2010年の住宅投資の累計約713兆円に対して半額以下となっている（図表2－39）。これに対してアメリカでは、約12.5兆ドルの住宅投資の累計に対して、約14兆ドルの資産評価額となっており、住宅が投資額以上の資産となっている。現状では、日本の住宅は約20年が経過すると価値は半額以下となり、資産としての評価が低い。

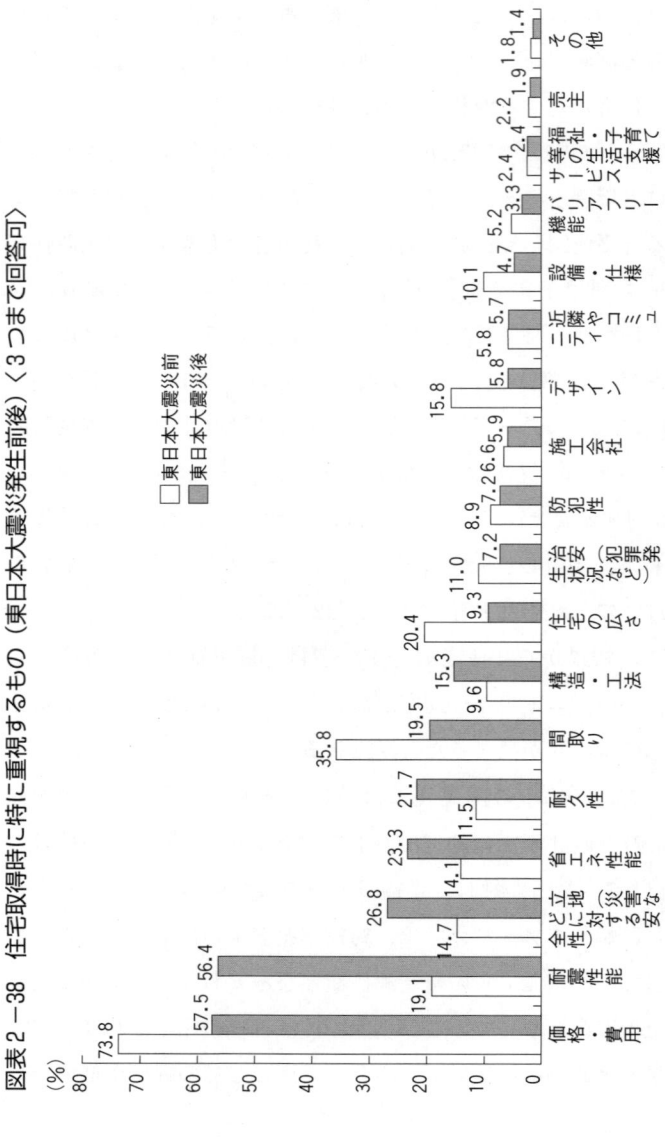

図表2-38 住宅取得時に特に重視するもの（東日本大震災発生前後）〈3つまで回答可〉

項目	東日本大震災前	東日本大震災後
価格・費用	73.8	57.5
耐震性能	19.1	56.4
立地（災害に対する安全性）	14.7	26.8
省エネ性能	14.1	23.3
耐久性	11.5	21.7
間取り	35.8	19.5
構造・工法	9.6	15.3
住宅の広さ	20.4	9.3
生活状況（犯罪など治安）	11.0	7.2
防犯性	8.9	7.2
施工会社	6.9	6.5
デザイン	15.8	5.8
近隣コミュニティや景観	5.8	5.7
設備・仕様	10.1	4.7
機能バリアフリー	5.2	3.3
サービス付の生活支援・福祉・子育て等	2.4	2.3
売主	2.2	1.9
その他	1.8	1.4

（資料）住宅金融支援機構「民間住宅ローン利用者の実態調査［民間住宅ローン利用予定者編］（第2回）」

図表2-39　日米の住宅投資額の累計と住宅の時価（土地を除く）

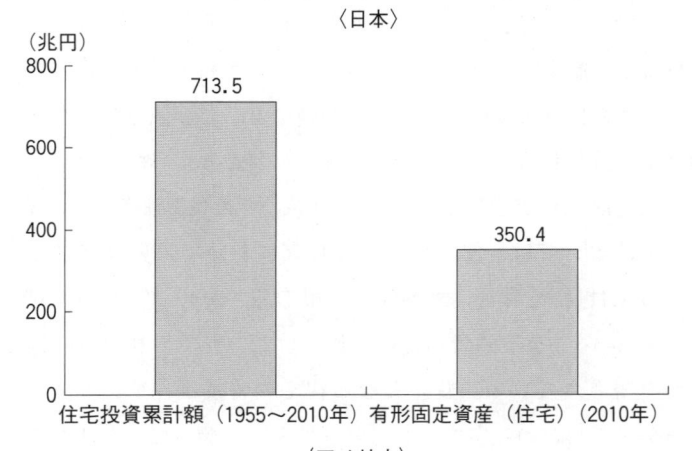

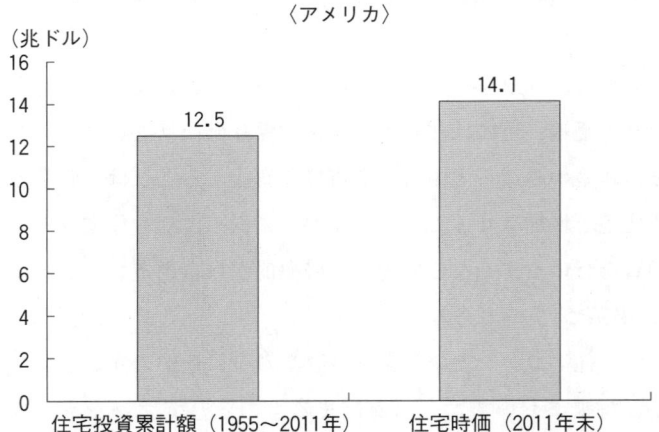

〈日本〉

(兆円)

- 住宅投資累計額（1955〜2010年）: 713.5
- 有形固定資産（住宅）（2010年）: 350.4

〈アメリカ〉

(兆ドル)

- 住宅投資累計額（1955〜2011年）: 12.5
- 住宅時価（2011年末）: 14.1

（資料）　内閣府「四半期GDP速報」、同「国民経済計算確報」等より住宅金融支援機構にて推計

このことから日本では、良質な住宅が資産として流通するような市場に改善できる余地が多く残されていると推測される。

　東日本大震災以降良質な住宅へのニーズが高まる中、良質な住宅が中古住宅市場において良質な資産として評価され、高い価格で売買されるような市場の育成が重要と考えられる。

　住宅金融支援機構による調査(「平成23年度民間住宅ローン貸出動向調査」)では、住宅ローンの審査において重要度が増している項目は、「職種、勤務先、雇用形態」が49.8％なのに対して、「担保となる融資物件の時価」は22.4％で、利用者の属性が重視されている。資産となる住宅の普及は、リバース・モーゲージなどの住宅ローン需要を拡大する機会にもなるだろう。

　このため、リフォーム一体型住宅ローンや良質な住宅に対する金利の優遇、更には住宅の性能を担保評価に反映させる等により、新築のみならず中古住宅市場を育成することは、資産となる住宅を増加させることにつながり、従来よりも住宅ローンの融資を行いやすくなる環境を金融機関が自ら創造することにつながると考えられる。

　また、住宅ローンというよりも事業資金に近いのかもしれないが、将来においてニーズが高まるものとしてマンションストックの大規模修繕が挙げられる。全国にあるマンションストックは、2010年末で約580万戸が存在すると推測される。このうち新耐震法施行前に建設されたマンションストックは100万戸以上あり、それ以降に建てられたマンションにおいても、

建替えや大規模な修繕等へのニーズが今後は更に出てくるものと考えられる。

現状では、マンションの管理組合には法人格がないところも多いため、金融機関が修繕資金の融資に二の足を踏むケースも多いようであるが、こうしたニーズへの対応が今後は重要になるのではないだろうか。

最後に、頭金を積み立てるための貯蓄と住宅ローンをセットとした商品開発を進めるなど、長期的な観点から住宅ローン利用者の育成を視野に入れた取組みが必要と考えられる。

[参考文献]
池尾和人編『バブル／デフレ期の日本経済と経済政策第4巻　不良債権と金融危機』慶應義塾大学出版会、2009年
上杉純雄「民間金融機関の住宅ローン戦略」住宅金融普及協会『住宅金融月報1998年6月号』
江川由紀雄『サブプライム問題の教訓　証券化と格付けの精神』商事法務、2007年
大垣尚司『ストラクチャード・ファイナンス入門』日本経済新聞出版社、1997年
大類雄司・格付投資情報センターSF本部『住宅ローン証券化のすべて』日本経済新聞社、2006年
翁百合『金融危機とプルーデンス政策』日本経済新聞出版社、2010年6月
金融財政事情研究会『銀行局現行通達集昭和58年版』
楠本博「金融ビッグバンと住宅金融」住宅金融普及協会『住宅金融月報1998年6月号』
倉橋透・小林正宏『サブプライム問題の正しい考え方』中央公論新社、2008年
経済企画庁『平成11年度年次経済報告—経済再生への挑戦—』1999

年
経済産業省『カバードボンドに関する欧米事例と我が国における導入可能性の検討　報告書』カバードボンド検討会、2009年
国民生活センター編『金融ビッグバンと消費者―あなたの資産は守られるか―』大蔵省印刷局、1998年
鹿野嘉昭『日本の金融制度　第2版』東洋経済新報社、2006年
島村髙嘉・中嶋真志『金融読本　第28版』東洋経済新報社、2011年
清水俊夫「積極的な住宅ローンへの取り組み〜住宅金融動向調査の結果から〜」住宅金融普及協会『住宅金融月報1999年3月号』
住宅金融公庫企画調査部業務計画課「住宅金融の歴史」住宅金融普及協会『住宅金融月報1993年9月号』
住宅金融公庫企画調査部業務計画課「民間住宅ローンの新局面」住宅金融普及協会『住宅金融月報1994年12月号』
住宅金融公庫住宅金融グループ編『日本の住宅金融』住宅金融普及協会、1993年
住宅金融問題研究会報告『金融構造の変化と住宅金融の新たな展開』住宅金融普及協会、1987年
高野義樹「我が国の住宅金融の歩み」住宅金融普及協会『住宅金融月報2000年12月号』
長田訓明「マンション販売に見る住宅ローン市場の現況」住宅金融普及協会『住宅金融月報2004年2月号』
日本政策投資銀行『カバード・ボンド研究会とりまとめ（わが国へのカバード・ボンド導入へ向けた実務者の認識の整理と課題の抽出）』カバード・ボンド研究会、2011年
日本証券業協会『わが国の証券化市場の現状と課題　市場活性化の観点から（証券化商品に関するワーキング・グループの当面の検討課題）』証券化商品に関するワーキング・グループ、2011年
細田隆『転換期の金融システム　グローバル・スタンダードと日本版金融ビッグバン』金融財政事情研究会、1998年
本田伸孝・三森仁『住宅ローンのマネジメント力を高める　攻めと守りを実現する住宅ローンのビジネスモデル』金融財政事情研究会、2012年

前田努「わが国銀行業における貸し出し伸び悩みについて—「貸し渋り」論に関する考察と実証分析—」大蔵省財政金融研究所『フィナンシャル・レビュー第39号』1996年3月

宮川努「金融環境の変化と設備投資行動」大蔵省財政金融研究所『フィナンシャル・レビュー第42号』1997年6月

吉川洋編『バブル／デフレ期の日本経済と経済政策第2巻 デフレ経済と金融政策』慶應義塾大学出版会、2009年

渡部和孝「日本の金融規制と銀行行動」財務省財務総合政策研究所『フィナンシャル・レビュー平成22年第3号』2010年7月

第3章

アメリカ

1　はじめに

　アメリカの住宅価格は2006年夏頃にピークを打ち、そこから3割程度低い水準で推移している。このアメリカの住宅バブルの崩壊が今般の世界金融危機の震源となったのは周知の事実であるが、その後の住宅市場、ならびに住宅金融市場には大きな変化が表れている。

　2012年暦年ベースでの新築住宅着工戸数は78.0万戸（一次速報）となり、前年から32.9％増加した。前年比増は3年連続だが、4年連続で100万戸の大台を割っている。

　月次データ（季節調整済年率換算値）を見ると、2012年12月は95.4万戸（速報値）と大きく伸びており、トレンド的には回復基調にある。しかし、米商務省の統計が開始された1959年以降の平均にはなお遠い水準である（図表3－1）。

　今回の住宅着工の回復は戦後のどの景気回復局面と比較しても圧倒的に遅い。かつては、住宅着工が景気回復局面の早い段階で景気全体を押し上げる効果が観測されたのが、今回は逆に住宅着工が景気回復の足かせとなっている。

　このような調整の遅れの背景には、住宅価格の低迷が挙げられる。ほぼ戦後初めてといってよい全米での大規模な住宅価格の下落は、住宅が有利な投資先であるというアメリカ人の意識に変化を及ぼしている可能性がある。一方で、住宅価格の下落は差押え（Foreclosure）等による投売り（Fire Sale of Dis-

図表3−1 アメリカの新築住宅着工戸数(季節調整済年率換算値)

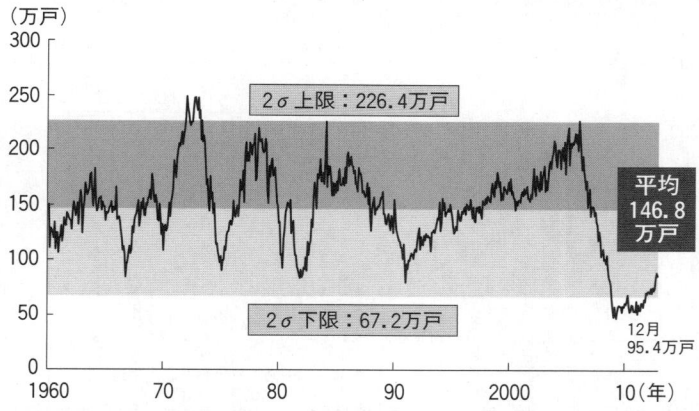

(万戸)

2σ上限:226.4万戸
2σ下限:67.2万戸
平均 146.8万戸
12月 95.4万戸

(注) グラフの表示は1960年からとしているが、数値は1959年からのもの。
(資料) 米商務省

tressed Property)の影響も色濃く受けている。当局としては、差押えの抑止が最大の政策課題となるが、これまでのところ、効果は限定的であった。また、超金融緩和も相まって、住宅ローン金利は史上最低水準にあり、住宅価格の下落とあわせ、住宅を取得する環境としては好条件がそろっている。いわゆるAffordability(住宅取得能力)は過去最高水準にある。にもかかわらず、住宅取得が進まない理由の1つに、信用収縮(Credit Crunch)も指摘されている。そうした中、ファニーメイ、フレディマックの両GSE(Government Sponsored Enterprise:政府支援企業)に対する依存が強まっている。

更に、住宅価格の下落は、単なるショックや循環的要因によるものだけではなく、人口動態という構造的な要因も寄与して

図表３−２　日米のバブル前後の住宅価格推移

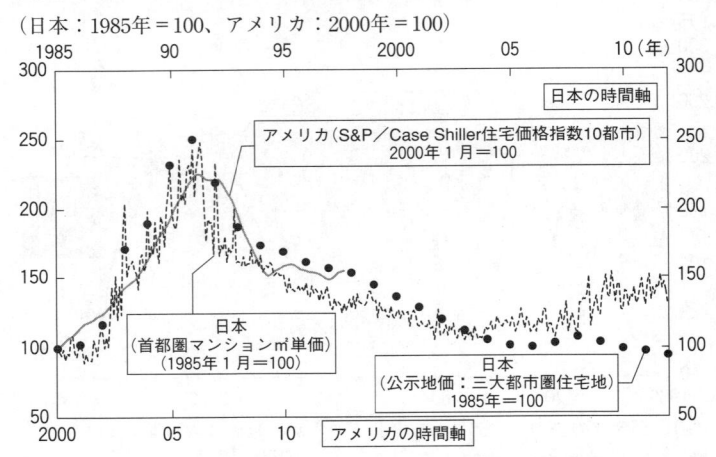

(日本：1985年＝100、アメリカ：2000年＝100)

アメリカ(S&P／Case Shiller住宅価格指数10都市)
2000年1月＝100

日本
(首都圏マンション㎡単価)
(1985年1月＝100)

日本
(公示地価：三大都市圏住宅地)
1985年＝100

日本の時間軸
アメリカの時間軸

(資料)　国土交通省「地価公示」、不動産経済研究所「首都圏マンション供給動向調査」、Standard & Poor's

いる可能性がある。そうであれば、アメリカも日本同様に長期的な低迷を続け、「失われた10年」に突入していくのだろうか。あるいは、アメリカはなおも人口が増え続けているので、日本とは違う道を歩むのだろうか（図表３−２）。

　本章においては、主に金融危機後のアメリカの住宅市場の動向と政策対応を俯瞰し、2011年２月に米財務省が公表した住宅金融市場改革の行方とあわせて、今後のアメリカの住宅市場の行方を分析したい。

2　アメリカの住宅市場

(1) 戦後からの着工動向

アメリカの着工について、戦後のトレンドを見ると、150万戸をベースに±80万戸程度のレンジで推移してきており、このレンジから乖離すると、トレンドに回帰する傾向があった。人口が減少に転じた日本とは異なり、アメリカでは現在も年間250万人程度、人口が増加を続けており、世帯数も100万以上増加を続けてきたので、その程度の着工は必要というコンセンサスがあった。

しかし、今回は従来のレンジから長期間乖離しているのが特徴であり、2012年12月までに、100万戸を割った月はすでに54カ月連続となっている。今回のアメリカの住宅着工の低迷は、過去の不況期と比較しても、異例の長さとなっている。

また、戦後の景気回復局面では、回復の初期段階に住宅投資が強く牽引する役割を果たしていたが、今回は住宅部門が逆に景気の足を引っ張っている。2000年代のバブルの後遺症が続いている。

(2) 2000年代の住宅バブル

アメリカの住宅市場が今回の世界金融危機の震源地となった背景には、2000年代前半の持家取得促進政策が指摘される。ア

メリカの住宅価格は、戦後ほぼ一貫して上昇し、住宅は有利な投資先であるという認識が広がっていった。特に、1990年の移民法改正後、マイノリティーの人口増加が顕著となる中、移民も家を持てば国家への帰属意識が強まるという発想から、ブッシュ政権のOwnership Societyに代表されるように、アメリカン・ドリームの象徴であるマイホームの取得がいっそう促進された。

　そうした中、2000年のITバブル崩壊ならびに2001年9月11日の同時多発テロで米景気の冷え込みが懸念され、当時のFRBのグリーンスパン議長は、政策金利であるFederal Funds Rate（FF金利）の誘導目標水準を大胆に引き下げた。

　一方で、冷戦終了後、旧共産圏諸国が市場経済に統合され、低賃金をテコに中国等の新興国からアメリカへの輸出も急増した。結果的に、アメリカの経常収支が赤字に、中国等の経常収支が黒字となり、そのような世界的な経常収支の不均衡（グローバル・インバランス）が継続する中で、主に米国債を通じてアメリカに資金が流入し、金融緩和と相まって、過剰流動性が発生し、それが住宅バブルに火をつけた。「世界的な貯蓄過剰（Global Savings Glut）」の議論である（図表3－3）。

　今回の住宅バブルがFRBの金融政策の過ちによるものなのか、それ以外の要因に由来する部分が大きいのかは、議論が分かれている。昨今では、人口動態で説明する向きが増えているが、それは後者に分類できよう。

図表3－3　住宅価格と経常収支の関係

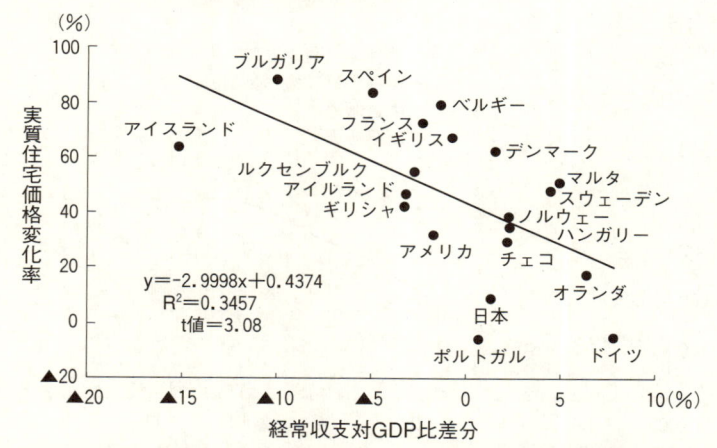

(注)　住宅価格は2000年から2006年への伸び率をCPIで実質化、経常収支
　　／GDPは2000年と2006年の差。
(資料)　EMF、IMF、FRBより

(3)　新築住宅と中古住宅の競合

　アメリカでは日本ほど新築志向が強くなく、市場規模としては中古住宅の方が圧倒的に大きい。新築は建築規制が強いことに加え、周辺住民や教育環境を重視する向きにはコミュニティーが成立している中古の方が好まれる。結果的に、新築住宅は中古住宅と競合することとなる。住宅バブル崩壊後、新築住宅の販売在庫は着工の減少に伴い史上最低の水準まで調整が進んでいるが、差押物件が供給圧力となり、中古在庫が新築市場の頭を抑えてきた（図表3－4）。

　足下では、新築住宅の中古住宅に対する割高感が強まってお

図表3－4　住宅販売戸数と差押件数

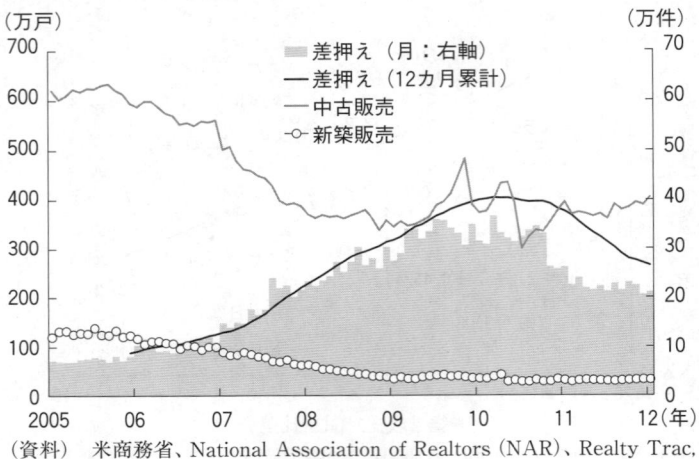

（資料）　米商務省、National Association of Realtors（NAR）、Realty Trac, Inc.

図表3－5　新築住宅と中古住宅の相対価格とシェア

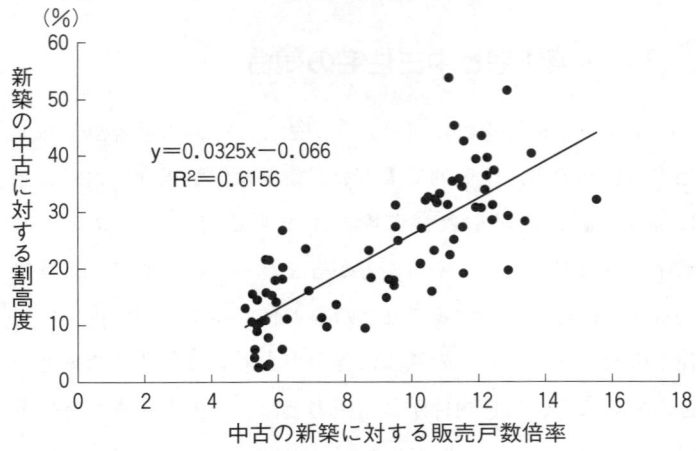

$y=0.0325x-0.066$
$R^2=0.6156$

（資料）　米商務省、NARより

り、おおむね3割程度高い水準で推移している。これが新築の中古に対する価格競争力の低下を招いている（図表3－5）。

　新築住宅の価格競争力が相対的に不利になっている要因としては、建設費の高騰がある。米労働省の卸売物価指数（PPI）における居住用建設（Residential Construction）と、米商務省の住宅価格と床面積から算出される㎡単価を比較すると、住宅価格の下落にもかかわらず、建設費は高騰を続けている。新興国との資源獲得競争の中、原材料費は国内の需給にかかわらずコストアップしつつ、それを価格に転嫁しにくい構造があり、その影響を受けない中古住宅は価格優位性が高まり、結果的に新築よりも中古の回復が先になる、という構図が描ける。

(4) 新築は賃貸主導の回復

　更に、低迷する新築着工の中でも、足下で多少なりとも回復に貢献してきたのは主に賃貸住宅である。

　アメリカの着工統計においては、構造別（Structure）の内訳は公表されているが、利用関係別（持家か貸家か）のデータは直接は存在しない。ただし、竣工（Completion）データに利用関係別統計があり、一戸建て以外のおおむね7～8割が賃貸となっている。構造別の一戸建て（1 Unit）とそれ以外のもの（共同建て等）の着工戸数について、2005年1月＝100として指数化すると、共同建て等は8割近くまで回復しているのに対し、一戸建ては3分の1程度の水準に低迷している（図表3－6）。

図表3-6　建て方別の着工（季節調整済年率換算値）

(2005年1月＝100)

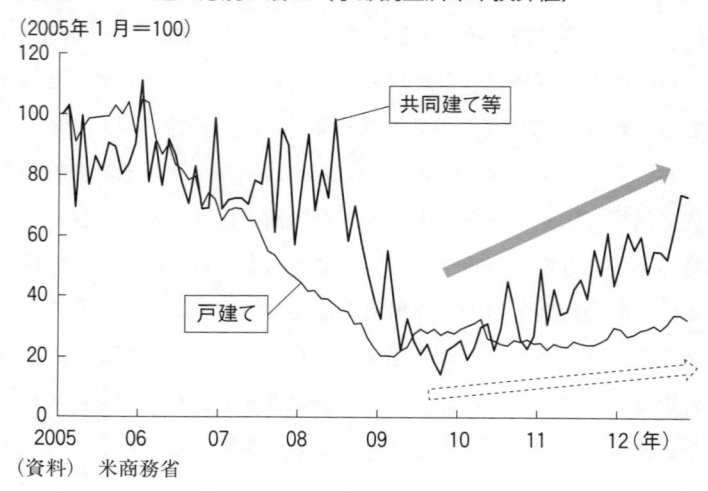

（資料）　米商務省

図表3-7　賃料と割賦金

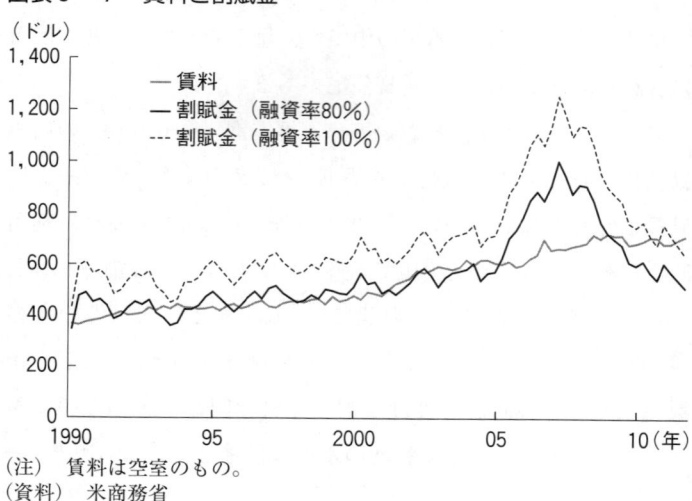

（注）　賃料は空室のもの。
（資料）　米商務省

賃貸の回復が早いのは、バブル期を通じて住宅価格が高騰し、割賦金との比較で賃貸した方が有利だったことと（図表3－7）、差押えにより家を失い行く先がなくなった家族が賃貸に入ることで、実需面でも後押しがあったためと考えられる。実際、持家率が低下を続ける一方で、賃貸の空室率は低下基調にある。ただし、住宅価格が大きく下落した結果、足下では賃貸住宅の価格優位性が低下しており、いずれ賃貸住宅が供給過剰となるリスクも懸念される。

(5) 差押問題

　アメリカの持家率は2005～2006年頃にかけて69％前後まで上昇した後、2011年には66％を挟む展開にまで低下している。人口が3億人を超えるアメリカで持家率が3％低下することは、1,000万人近い人が（戸数でなく人数ベースで）家を失ったことを意味する。

　バブル崩壊後のアメリカの住宅市場は、差押えで投売りされる物件の増加が市場の需給関係を悪化させ、住宅価格の下落を引き起こし（図表3－8）、それが逆資産効果となって個人消費を抑制し、景気の低迷で失業が増えて、失業することでローンの返済ができない債務者が延滞してデフォルトに至るという悪循環にあった。その意味では、悪循環の起点にある差押えをいかに抑制するかが、政策課題であった。

　バブル崩壊後は、住宅価格が下落するに従い、差押件数が増える傾向が観測される。因果関係としては、差押えが増えるこ

図表3-8 住宅価格と差押件数（2006〜2010年）

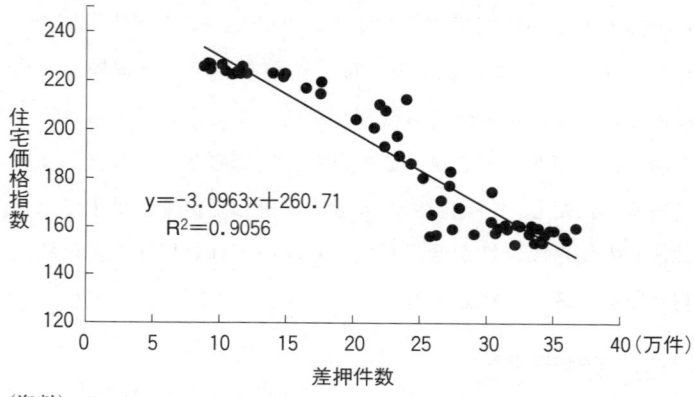

$y = -3.0963x + 260.71$
$R^2 = 0.9056$

（資料） Realty Trac, Inc.、S&P

とにより需給関係が悪化して住宅価格が下落する、という方が素直な解釈であるが、アメリカでは、一部の州では住宅ローンが実質的にノンリコース（Non-recourse）となっているために、住宅価格が下落して住宅ローン残高の方が大きくなった場合（UnderwaterとかNegative Equityと呼ばれる状態）、住宅ローン返済を継続するよりも、住宅を放棄して債務はデフォルトしたほうが合理的な場合がある。一般的に戦略的デフォルト（Strategic Default）と呼ばれる現象である。この観点からは、住宅価格の下落が差押えの増加を引き起こす、という一般通念とは逆の因果関係もありうることになる。

(6) ロボ・サイナー問題

2010年をピークに差押えが減少に転じたのは、失業率がピー

クアウトして延滞のパイプラインが抑えられるようになったこ
とと後述する政策対応に加え、「ロボ・サイナー（Robo-Signer）
問題」と呼ばれる特殊要因もあった。

　家を失うことは一般の家計にとっては非常に重大な結果をも
たらすことから、抵当権を実行するには当然ながら慎重な手続
の確認が求められる。しかしながら、膨大な書類の確認には時
間と労力を要することから、十分に書類を確認せずに──ロボ
ットのように──自動的に右から左に書類にサインをして抵当権実
行に持ち込む事例が2010年秋頃から裁判で争われるようになっ
た。抵当権実行上の手続上の瑕疵を理由にした、差止請求が
個々に提訴されたが、そのような業界の不正な慣行に対し、州
の司法長官（Attorney General）が調査を開始し、全米規模で
の問題へと発展した。

　このロボ・サイナー問題が沸騰する中で、大手金融機関は自
主的に差押えを一時的に凍結した。そのことが統計上の差押件
数の低下となって表れたが、係争が解決すればそれらの「影の
在庫（Shadow Inventory）」が市場に放出されるという懸念か
ら、住宅市場には不透明感がかえって強まっていた。

3 金融危機までの住宅金融市場

(1) 大恐慌後の政策展開

　大恐慌前のアメリカの住宅ローンはバルーン（Balloon）償還が一般的であった。満期は5〜10年程度で、満期時には残額を一括で償還する必要があったが、住宅価格が上昇している間は次のローンへの乗換えで対応可能であったものの、大恐慌で住宅価格が暴落して借換えができなくなると、返済に行き詰まって家を失う債務者が続出した。

　このため、1930年代に、割賦償還（Amortization）方式に基づく長期の資金供給を可能とするため、いくつかの連邦政府機関が設立された。まず1932年には12の連邦住宅貸付銀行（Federal Home Loan Banks：FHLBs）が設立され、主に貯蓄貸付組合（Savings and Loan Association：S&L）に資金供給を行った。また、1934年には連邦住宅庁（Federal Housing Administration：FHA）が設立され、住宅ローンを供給する金融機関に対して融資保険（Mortgage Insurance）を提供し、債務者が債務不履行となって損失が発生した場合の補てんを行う制度が確立した。そして、1938年にはファニーメイが設立され、住宅ローンの第二次市場（Secondary Market）が整備されていくことになる。1944年には退役軍人庁（Veterans Administration：後に省に格上げ）のVAローンも導入された。

ファニーメイは1934年国家住宅法で設置が決まったが、当初想定していた民間からの出資が集まらず、ルーズベルト大統領のニューディール政策の一環として設立された復興金融公庫（Reconstruction Finance Corporation：RFC）の出資により1938年に設立された。その後、1960年代のベトナム戦争の戦費による財政赤字拡大のため、連邦政府予算からのオフバランス化が検討され、1968年に政策的要素が強い部分はジニーメイ（Government National Mortgage Association：GNMA；政府抵当金庫）に分離され、1970年には株式がニューヨーク証券取引所に上場された。ただし、その際にも、住宅市場へ流動性を供給するための重要な政策的意義にかんがみ、財務省による緊急融資枠や、役員の大統領任命枠が設定された。一部の税金免除や証券取引法の適用除外等の特典とあわせ、上場企業といえども、連邦政府との密接な関連があることから、政府支援企業（GSE）と呼ばれるようになった。この、株式が上場されて営利を追求する民間企業としての側面と、政策目的に縛られる公的側面という矛盾を抱えた組織形態が、後に問題とされるようになる。

　なお、1970年にはファニーメイと同じ内容の設立準拠法を持つフレディマックが設立された。フレディマックは当初、FHLBｓの出資により設立されたが、1988年に株式が上場された。ファニーメイと類似の組織をつくったのは、競争を促進するためであったとされるが、それぞれ独自のシステムを構築したため無駄なコストが生じたという批判もある。

(2) S&L危機

　貯蓄貸付組合（Savings and Loan Association：S&L）は、イギリスのBuilding Society（建築組合）に由来する、当初は組合員相互の扶助を目的として設立された組合組織であったが、現在は多くが株式会社形態に転換している。

　主な業務は、組合員から集めた預金・出資金をもとに住宅ローンを貸し出すことで、業務規制の見返りとしての優遇措置もあり、1980年頃までは全米の住宅ローンの半分はS&Lが担っていた。端的には、S&Lのビジネスモデルは3－6－3（3％で預金を集め、6％で貸し出し、3時にはゴルフ場）と揶揄されていた。

　しかしながら、1960年代〜70年代にかけての金融自由化の流れの中で、MMF等の新しい高利回り商品に預金が流出するようになり、貸出原資が枯渇するDisintermediation（ディスインターミディエーション：直訳すれば金融仲介機能不全）が進行し、シェアも低下していった（図表3－9）。

　1980年代初頭には財政赤字と貿易赤字のいわゆる「双子の赤字」によりアメリカでは二桁インフレ（Double Digit Inflation）が進行、住宅ローン金利も20％に迫る水準に達した。その後、急速に金利が低下する中で繰上償還が急増するが、この間の劇的な金利変動によりALMリスクが拡大し、多数のS&Lが経営危機に瀕した。

　これを救済しようと、1981年にガーン・セントジャーメイン

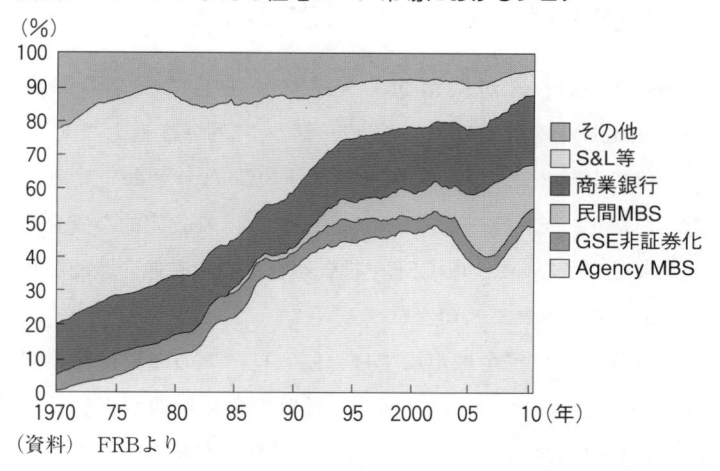

図表3−9 アメリカの住宅ローン市場におけるシェア

(資料) FRBより

凡例: その他／S&L等／商業銀行／民間MBS／GSE非証券化／Agency MBS

法が制定され、S&Lの規制緩和を推進して事業の多角化が進められたが、商業用不動産やジャンク債への投資に傾注して、逆にS&Lの経営危機に拍車がかかった。あまりに多くのS&Lが破綻したため、破綻したS&Lの預金者保護のための預金保険機構であったFSLIC（Federal Savings and Loan Insurance Corporation）自体が1989年に破綻するに至った。

破綻したS&Lの整理のため、整理信託公社（Resolution Trust Corporation：RTC）が設立され、バルクセールや証券化による資産の売却を行い、預金保険については連邦預金保険公社（Federal Deposit Insurance Corporation：FDIC）が引き継いだが、最終的には公的資金が投入された。

⑶ モーゲージバンクとGSEの拡大

1990年代、S&Lが凋落する一方で、住宅ローンの融資（Origination）業務では、モーゲージバンクが躍進していった。その代表格がカントリーワイド（Countrywide）であった。ただし、モーゲージバンクは預金のような安定的な資金調達手段を有さないため、GSEや投資銀行等の金融仲介機能が必要であった（図表3−10）。

アメリカの住宅金融市場では、住宅ローンの融資は商業銀行、S&L、モーゲージバンク等、民間の金融機関が実施しており、公的機関の関与は、信用補完や流動性供給といった第二

図表3−10 アメリカの住宅市場とプレーヤー

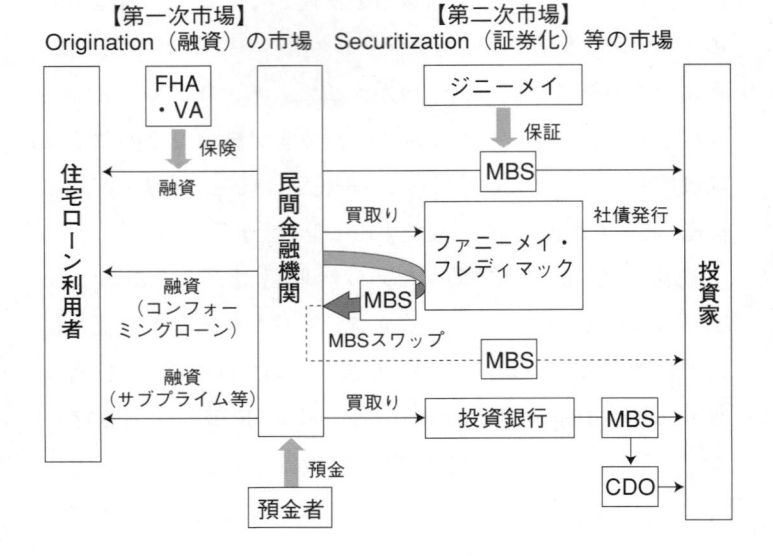

次市場業務（Secondary Market Operation）に限定されている。この中で、特に重要な役割を果たしているのがファニーメイとフレディマックであり、両社は、10兆ドルの残高規模のある住宅ローン市場の約半分、5兆ドルの資金を供給してきた。

しかし、2000年代半ばの住宅バブル崩壊、そしてサブプライム問題に端を発した金融危機の影響により、両社とも経営が悪化し、2008年9月に公的管理（Conservatorship）下に置かれ、以後、2012年第3四半期までに1,895億ドルの公的資金を注入されている。両社の問題は後述する。

市場のセグメントとしては、低所得者層は連邦政府機関であるFHAの融資保険等が付保されたローン、中低所得者はGSEの買取基準に合致したローン（コンフォーミング・ローン）、高額所得者は民間金融機関のローン（ジャンボ・ローン）といった分類がされてきた。FHAローンの多くは証券化され、同じく連邦政府機関であるジニーメイの連邦政府保証のついたMBSとして投資家に販売されていた。

GSEの対象であるコンフォーミング・ローンは、GSEが買い取ってそのままバランスシートに保有する場合（ポートフォリオ投資事業）と、証券化して投資家に販売される場合（MBS信用保証事業）がある。両方とも、債務者がデフォルトした場合の信用リスクはGSEが負担するが、金利変動・繰上償還に伴う資産・負債のミスマッチに係るALMリスクは、ポートフォリオ投資事業においてはGSEが負担するのに対し、MBS信用保証事業においては投資家に転嫁される。MBSの投資家は、そ

のリスク見合いのプレミアムを要求するので、GSEにとっての資金調達コストはポートフォリオ投資事業よりも高くなりがちであった。ちなみに、GSEのMBSは両社が直接投資家に販売するのではなく、住宅ローンを債権譲渡したもとの民間金融機関にMBSを交付して住宅ローンと交換（スワップ）し、民間金融機関が自分で投資家を見つけてきて販売する、という流れとなっている（GSEが仲介する場合もある）。ファニーメイ、フレディマック、ジニーメイのMBSを総称してAgency MBSと呼ぶ。ファニーメイとフレディマックのMBSには厳密な意味での連邦政府保証は付与されていないが、投資家はジニーメイMBSと同等の信用力があるとみなしてきた。その状況は、両社が実質的に破綻した後も変わらない。

　また、ジャンボ・ローンやサブプライム・ローンは、GSEの買取り対象となっていないので、民間金融機関が預金等で独自の資金調達を行うか、投資銀行等に売却して証券化されていた。民間の証券化商品は、一般的にはPLS（Private Label Security）と呼ばれる。金融危機後、PLSの市場はほぼ壊滅状態が続いている。結果的に、現在のアメリカの住宅市場では9割が公的ローンとなっており、これを是正するための改革案が2011年2月に発表されている（詳細は後述）。

　コンフォーミング・ローンについては、融資率（LTV）は原則80%（第三者の信用補完が付される場合を除く）、返済負担率（DTI）は36%といった基準があった。実際の融資率や返済負担率は平均で見ればそれぞれ70%、20%前後であったが、住宅

バブル崩壊に伴い、2006年前後の融資時には70％程度だった融資率が、足下で時価評価すると100％を超えるようなケースも出てきている。これが、GSEの経営危機に直結した。

(4) サブプライム問題

アメリカで住宅価格が上昇する中、従来は持家を取得できなかった階層にも、新規の住宅ローンが利用できるようになった。サブプライム（Subprime）・ローンである。サブプライムとは、プライムの基準に満たない、という意味だが、具体的には、過去にクレジットカードの支払に延滞履歴があるなど、信用力の劣る債務者に対する融資である。

本来、そのような債務者は債務不履行（デフォルト）となる可能性が高いので、信用リスクを考慮すれば、融資するなら高い金利とすべきであった。しかし、住宅価格が上昇していたので、仮に延滞しても、最後は担保物件を処分すれば債権を回収できると判断した金融機関の中には、リスクを軽視して融資に踏み切る場合もあった。

更に、サブプライム・ローンでは、利用された住宅ローン商品にも特徴があった。プライム・ローンの利用者は圧倒的に30年固定を選択する傾向にあるが、サブプライム・ローンでは変動金利タイプ、特に2年固定（2／28）の利用が多かった。アメリカでは住宅ローンの償還期間は30年が一般的であり、2年固定の場合は当初2年間固定で、残りが28年間となることから、Two-Twenty Eightと呼ばれる。2年固定は、当初2年間

は固定の優遇金利（Teaser Rate）で返済負担が軽いが、2年の固定期間終了後は、その時点の市場金利に連動して金利が見直される（リセット）。

債務者の側にも、当然、リセット後の金利が上昇すれば、返済額が急増するというリスクの認識があった人もいる。しかし、その場合は、新しいローンに借り換えて、もう一度、低利の優遇金利が利用可能という思惑もあった。逆に、一部のブローカーの中には、そのようなリスクを顧客に十分に説明せずに、自らの手数料稼ぎのために、あえて危険なローンに誘導したようなケースも多々あった。略奪的貸付（Predatory Lending）ともいわれる。

サブプライム・ローンは、2004～2006年にかけて、1兆7,000億ドル超が融資され、住宅ローンの新規貸出におけるシェアは2割を超えた。その2004年6月から、FRBは金融を引締めに転じ、2年固定のリセット時期の2006年頃には、市場の短期金利は4％程度高くなっていた。当時、グリーンスパン氏はFF金利を引き上げても長期金利が感応しないことを「Conundrum（謎）」と呼び、住宅バブルについては、「BubbleではなくFroth（泡）」だと表現していた。

一方、アメリカの住宅価格は2006年にはピークアウトし、下落に転じた。すると金融機関は、手のひらを返したように融資の審査を厳しくし、サブプライム・ローンの借換えには応じなくなった。

そこに金利上昇による返済額の急増＝ペイメントショックが

顕在化し、サブプライム・ローンのデフォルトが急増した。カリフォルニア等、一部の州では、住宅ローンが実質的にノンリコースであったために、住宅価格の下落により支払能力があるにもかかわらず住宅を放棄する「戦略的デフォルト」も起こった。デフォルトが増える一方で、住宅価格の下落により担保物件を処分した後の損失率も拡大した。デフォルトした債務者の住宅の抵当権を実行することで、市場には中古住宅の供給が増え、それが需給関係を悪化させ、住宅価格を更に下落させた。デフォルト確率（Probability of Default）とデフォルト時損失（Loss Given Default）が相乗的に悪循環を生じる、歯車の逆回転（Adverse Feedback Loop）が始まった（図表1－17参照）。

(5) GSE破綻

ファニーメイとフレディマックの両GSEは、住宅バブルの時期に民間にシェアを奪われたものの、おおむね10兆ドルの残高規模があるアメリカの住宅ローン市場において、その半分の5兆ドルをこの2社が占めていた。両社は直接債務者に資金を融資するわけではなく、法律により、民間金融機関が融資した住宅ローンを買い取る第二次市場業務で、市場に流動性を供給している。

2007年以降、景気の減速に伴い失業率も上昇し、サブプライムほどではないにしても、プライム層の延滞率も上昇していった。更に、住宅価格の下落により、かつては9割近かった差押物件からの回収率が急激に低下していった（ファニーメイの決

算資料では、2005年の87%から2011年には55%まで低下)。そうした中、2008年7月に両社の経営危機説が流布し、両社の株価が急落した。両社の突然死は世界的な金融危機の引き金になると懸念したブッシュ政権は、急遽7月30日に「住宅経済復興法 (Housing and Economic Recovery Act of 2008：HERA)」を成立させ、同法に基づき、9月6日に両社を公的管理下に置いた。

　両社が公的管理下に置かれると同時に、経営陣は追放され、株主の権利は停止された。米財務省はシニア優先株購入契約を通じ、債務超過に陥らないように各決算期末の欠損相当額について公的資金を注入することとなっており、2012年第3四半期までに累計で1,895億ドルの公的資金が注入された。納税者への負担が高まるにつれ、共和党を中心に両社の廃止を求める声が強まり、2011年2月に米財務省は、両社の段階的縮小・廃止を柱とする住宅金融市場の改革案を提出した。ちなみに、米財務省からの両社への資本注入枠は2012年末までは無制限、2013年以降は4,000億ドルから2009年末までに支出した金額と2012年末の純資産額を控除した額となる。管財人である連邦住宅金融庁（FHFA）は、2010年秋に、両社への資本注入は最大3,630億ドルとする報告書を提出している（その後、下方修正された）。

　GSEが破綻したのは、ベアー・スターンズやリーマン・ブラザーズのようにサブプライム関連商品への投資が主たる原因ではない。また、ポートフォリオ投資事業におけるALMリスクが顕在化したものでもない。2000年代前半、FRBはGSEのポートフォリオ投資事業がシステミックリスクにつながる点を強く

懸念していたが、両社が破綻したのは信用関連損失の拡大が主たる要因である。これはFHFAが明確に述べている。

また、両社が住宅バブルを煽ったという批判も事実に反する（この点は、ノーベル経済学賞を受賞したクルーグマン教授やスティグリッツ教授も強く主張している）。バブル期に両社のシェアは大きく低下した。その間、シェアを伸ばしたのは民間の証券化であった。

住宅ローン残高の対GDP比と住宅価格の動きを見ると、民間の相関が強いことがわかる。Agencyは2004年頃までは民間と同じ動きをしていたが、バブルが昂進する時期にはAgency

図表３－11　住宅ローン残高の対GDP比と住宅価格（2000〜2011年第３四半期）

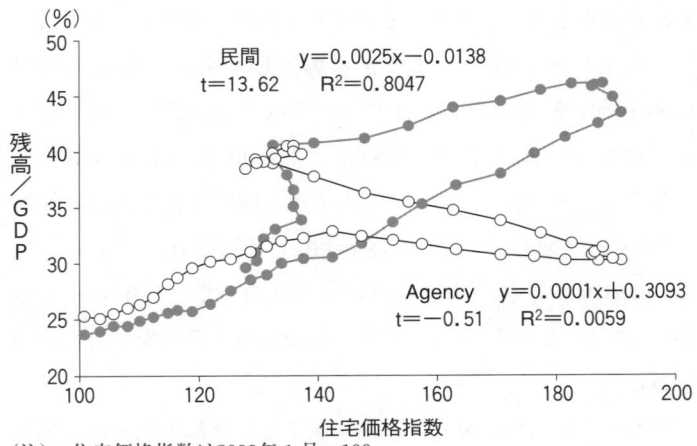

民間　　$y=0.0025x-0.0138$
$t=13.62$　　$R^2=0.8047$

Agency　$y=0.0001x+0.3093$
$t=-0.51$　　$R^2=0.0059$

（注）　住宅価格指数は2000年１月＝100。
（資料）　FRB、FHFA

のシェアは逆に低下しており、相関が薄れていった。このことから、Agencyはバブルの犯人ではなく、被害者であったという見方もできる（図表3－11）。

それでも、「利益は株主と経営陣に、損失は納税者に」というインセンティブのゆがみを抱えた従来のGSEという組織形態には根本的な問題があり、両社が現在のままのGSEとして存在し続けることに対しては厳しい批判がある。いつまでも公的管理下に置いていくわけにもいかないので、両社の将来像を含めた住宅金融市場の抜本的な改革が待たれている。

(6) ノンリコースローンをめぐる議論

一般的なアメリカの住宅ローン契約書（Promissory Note）に、「住宅を処分した後に債務の不足分があったとしても返済義務は免除される」と明記されているわけではない。契約書上は、住宅ローンはあくまで個人の債務であり、住宅は担保（Collateral）にすぎない。日本でいう抵当権設定契約書に該当するのがMortgage DeedやDeed of Trustと呼ばれる文書で、これらはPromissory Noteに随伴する。債権譲渡の際の随伴性について、「Mortgage follows deed.」と呼ばれるゆえんである。これらの文書の様態は州により異なるが、住宅ローンは「人」に貸すものであり、「住宅」に貸すものではないのは共通である。

にもかかわらず、カリフォルニアなど、一部の州では、抵当権を実行した後に不足があったとしても、欠損判決（Deficiency Judgment）が条件によっては禁止され、事実上、個人の資産に遡及できなくなっている。

その他の州においても、今世紀初頭までは住宅価格が継続的に上昇してきたので、欠損が生じるケースが少なかったことに加え、高い訴訟費用を負担してまで欠損判決を獲得しても、住宅ローンをデフォルトするような債務者が金塊やヨットのような高額の個人資産を保有していることは稀有であるなどの実務上の理由から、事実上のノンリコースの扱いとなってきたにすぎない。今回の金融危機後、リコースが可能な州においてはリコースを強化する動きが出てきている。

FHFAの監察官（Office of Inspector General）による調査では、ファニーメイは38州とDC、フレディマックは17州とDCでリコースを実施しており、更に強化すべきと勧告している。リコースを実施するための2社による欠損判決申請件数は2011年で3万5,231件とされる。

(7) リバース・モーゲージ市場の動向

通常の住宅ローンは、住宅を購入するために債務者が負債を負って、長い年月をかけて利息と元本を償還していく、割賦償還（Amortization）方式をとる。これに対し、高齢者を中心として、老後の生活資金確保のために、住宅を担保に借入れを行い、債務者が死亡した後に物件を処分する等して借り入れた総額を弁済する仕組みがリバース・モーゲージ（Reverse Mortgage：直訳すれば「逆抵当融資」）である。リバース・モーゲー

ジが普及すれば、高齢者の社会保障費に係る国庫負担を軽減でき、持続可能性を高めることで、個人消費も刺激されるのではないかという期待を持つのは自然な流れであろう。リバース・モーゲージは、住宅という流動性の低い資産をキャッシュフローに転換するところに意義があり、その意味では、「Asset Rich、Cash Flow Poor」な世帯がターゲットのセグメントとなる（図表3-12）。

リバース・モーゲージは、定義上、ノンリコースローンである。それが、アメリカではある程度普及していても、ヨーロッパではあまり普及していなかった1つの要因でもある。ただし、アメリカにおける代表的なリバース・モーゲージ商品であるFHAのHome Equity Conversion Mortgage（HECM）の2011会計年度（2010.10-2011.9）における承認件数は7万3,098件と、2年度連続で減少している（図表3-13）。

FHAは、①保証料率の引上げ、②取扱金融機関の撤退、③

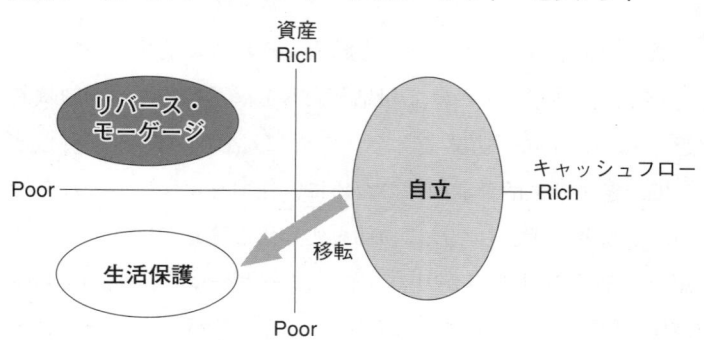

図表3-12　リバース・モーゲージのターゲット・セグメント

図表3-13　HECMの承認（Endorsement）件数

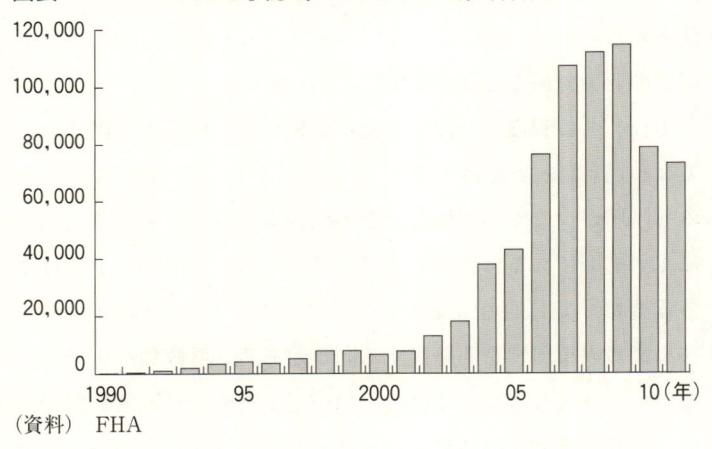

(資料)　FHA

図表3-14　日本の年齢階層別収入と資産

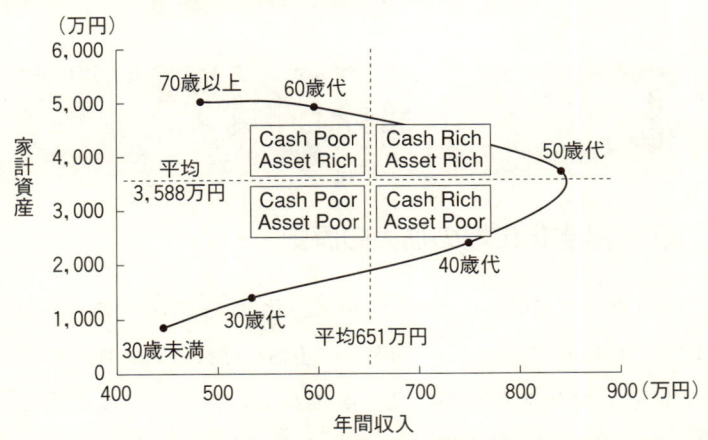

(資料)　総務省統計局「平成21年全国消費実態調査」表2　世帯主の年齢階層別1世帯当たり家計資産（2人以上の世帯）より

住宅価格の下落、が減少の要因と分析している。このことは、住宅価格の上昇が続くことがリバース・モーゲージの普及の不可欠の要素であることを如実に物語っている。

更に、ある程度社会保障制度が整備されている先進国においては、「資産を多く持ちながら、キャッシュフローに困窮する」階層が少なく、制度設計上の問題よりも、需要が顕在化しにくい構図にある（図表3－14）。リバース・モーゲージに対する需要は一定に存在するであろうが、アメリカでもFHAの当該事業の累積赤字を問題視する向きがある。財政負担を軽減するために導入した制度で財政負担が増えたのでは本末転倒であろう。制度設計については、コストとベネフィットの分析を慎重に行う必要があると思料される。

4　証券化市場

(1) 証券化市場の拡大の歴史

アメリカにおける住宅ローンの証券化は、1970年代にさかのぼる。1970年にジニーメイ保証のMBSが発行され、1971年にフレディマックがMBSの発行を開始し、1977年には民間のBank of Americaによる証券化も始まった。1981年にはファニーメイも証券化を開始し、同年、全米証券業協会（Public Securities Association：PSA）がファニーメイ、フレディマック、

ジニーメイのいわゆるAgency MBSの決済に関する統一慣行（Uniform Practice）を制定し、TBA（To Be Announced）市場が創設され、MBSの流動性が飛躍的に上昇した。TBAとは、証券が実際に投資家に届く（Delivery）一定期間（48時間）前まで、個別銘柄の担保となる資産の情報が開示されない、プール未指定での取引のことである。また、PSAは1985年に繰上償還速度を横並びで比較できるようにPSAモデルを導入した。その結果、Agency MBSの売買頻度は米国債に匹敵する規模となった。ちなみに、PSAは後にBond Market Association（BMA）、そしてSecurities Industry and Financial Markets Association（SIFMA）へと改組していったが、現在もPSAモデルという言葉は残っている。日本では、これにならい、PSJモデルが導入されている。

　なお、2010年1月から会計基準の変更（FAS 166、167）があり、従来オフバランスとされたファニーメイとフレディマックのMBS信託の大部分がバランスシートに連結されることとなった。これに伴い、従来のFRB（連邦準備制度理事会）の資金循環勘定（Flow of Funds Accounts of the United States, Z 1）における統計上、Agency-and GSE-backed mortgage poolsとして分類されていたAgency MBS（ファニーメイ、フレディマック、ジニーメイ）の残高が2009年第4四半期から2010年第1四半期にかけて一気に4兆ドルほど減少した。

　しかしながら、これは会計基準の変更と、それに伴う統計上の分類の問題であり、実体的に、従来のMBSが消滅したわけ

図表3－15　Agency MBSの残高の推移

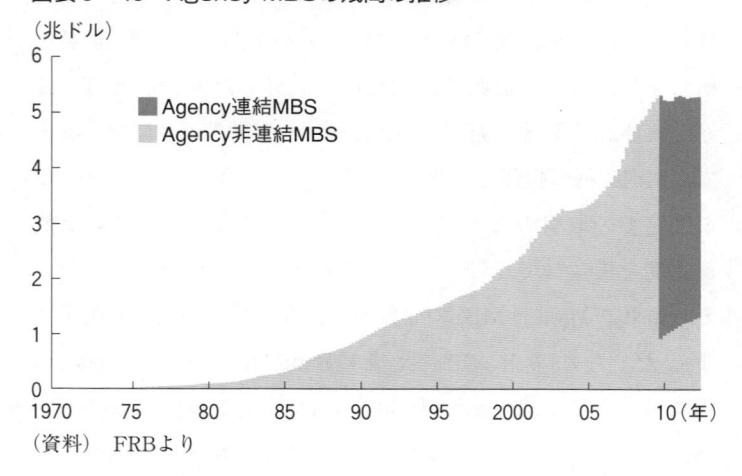

(兆ドル)

凡例：
■ Agency連結MBS
□ Agency非連結MBS

(資料)　FRBより

ではない。FRBも2011年の半ば頃から、Website上のData Download Program（DDP）においては、連結されたMBS信託の残高が把握できるようにしている（図表3－15）。

　また、2010年1月に会計基準の変更を行った理由として、延滞債権の買戻しをファニーメイは指摘している（2010年第1四半期決算報告資料の付属説明書より）。2009年2月にオバマ政権が返済困難者対策（Home Affordable Modification Program：HAMP）を導入するなど、アメリカの住宅市場において差押えをいかに抑制するかが重要な政策課題となっていた中で、信託をオフバランスとしていることが一定に制約となっていたことが指摘されている。

(2) 民間の証券化市場

サブプライム・ローンの多くは、ベアー・スターンズやリーマン・ブラザーズ等の投資銀行により証券化されていた。ファニーメイやフレディマック等のAgencyによる証券化と異なり、民間の証券化では優先劣後構造による内部信用補完という手法がとられることが多かった。原債権である住宅ローンに損失が発生した場合、劣後→メザニン→シニアの順で毀損する構造となっていたが、平均すれば、80%程度がAAAの格付を付与されていた（図表3−16）。

しかし、想定外のデフォルトの急増と住宅価格の急落により、AAAの証券にも毀損のリスクが高まり、2007年夏に大量

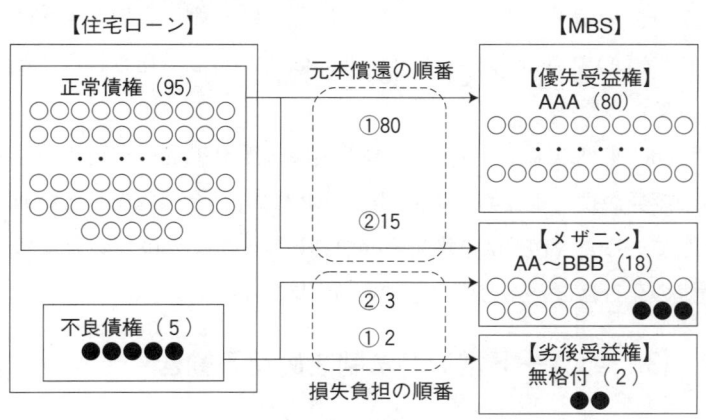

図表3−16 優先劣後構造による証券化

【住宅ローン】　　　　　　　　　　　　　　　【MBS】

正常債権（95）　　元本償還の順番　　【優先受益権】AAA（80）

①80

②15　　【メザニン】AA〜BBB（18）

不良債権（5）　　②3
　　　　　　　　　①2　　【劣後受益権】無格付（2）

損失負担の順番

（資料）『経済セミナー』No.650（日本評論社［2009］）45ページより

図表3-17 MBSの発行額

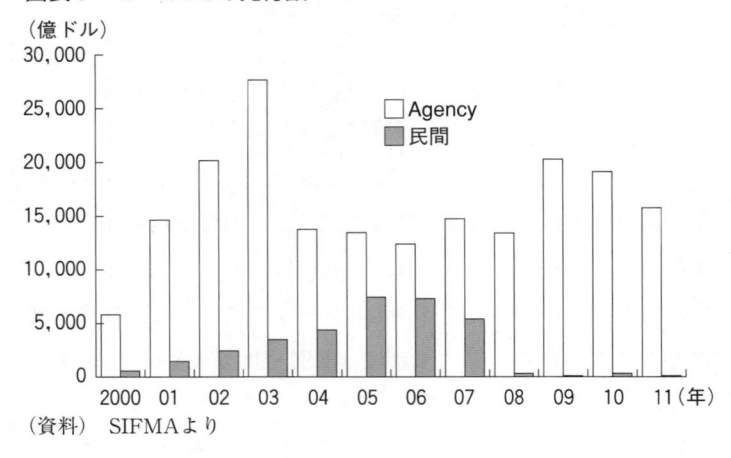

(億ドル)

(資料) SIFMAより

の格下げが実施された。これに対し、ファニーメイ等のAgency MBSでは、AgencyによるTimely Paymentの保証という外部信用補完が付されたため、単純な構造（Plain Vanilla）となっている。なお、民間の証券化商品は一般的にPLSと呼ばれ、CDO（Collateralized Debt Obligation）に再証券化されることも多かった。

2007年夏以降、サブプライム関連の証券化商品の市場流動性の蒸発が投資銀行等の資金調達を困難にし、金融危機へと発展していった。PLSは市場規模が急速に縮小し、2008年以降は新規の発行はほとんど停止している（図表3-17）。

(3) カバードボンド法制をめぐる動き

カバードボンドの概要は第1章で述べたが、アメリカでは

2006年と2007年に一般法に基づく仕組み型のカバードボンド（Structured Covered Bond）が発行された。その後、金融危機が深刻化した2008年7月に、米財務省とFDICが相次いでカバードボンド発行に関するガイドラインを出したが、あいまいさが残っていたため、新規発行には至らなかった。投資家サイドからすると、制度の安定性確保の観点からは、立法措置が望まれた。

そうするうちに、ファニーメイとフレディマックの経営危機が深刻化し、両社廃止後の住宅金融制度を代替する手段としてカバードボンドに対する期待が高まった。そこで、共和党議員を中心に、「米国カバードボンド法」が連邦議会に提出された。下院ではScott Garret議員が中心となり、何度か立法を試みたが、本会議まで審議が進むことなく、毎度廃案となった。しかし2011年6月にも再びH.R 940を提出している。2011年11月には上院でもKay Hagan議員がS.1835を提出しているが、民主党が多数を占める上院では全く審議が進んでいない。

デンマークを除き、カバードボンドは満期一括償還債として発行されている。このため、日本やアメリカのように、繰上償還違約金なしの長期固定金利型住宅ローンの資金調達手段とする場合は、ALMリスクが発行体に残存することになる。ヨーロッパとは住宅ローンの商品性が違い、アメリカの現実に照らすとカバードボンドがMBSを代替するのは困難という認識が深まり、2011年2月の米財務省の改革案でも否定的なコメントが付されている。

5 今後の住宅金融市場と証券化市場

(1) 米銀を取り巻く環境

アメリカの住宅ローン市場において、銀行には逆風が吹き荒れている。債務者からは手続上の瑕疵で抵当権実行を阻止され、FHAは融資保険の支払の拒否を開始、ファニーメイとフレディマックの両GSEはレプワラ（表明保証：Representation and Warrantyの略）違反でローン債権の買戻しを請求し、投資家はMBSの買戻し（プットバック）を要求、さらにドッド・フランク法やBIS規制も強化されている。

特に、GSEから事後的に買戻請求を受けるのではないかとの懸念が、金融機関の融資審査にも影響を及ぼしていた。FRBが実施したSenior Loan Officer Opinion Survey on Bank Lending Practicesでは、住宅ローンの審査基準について、前期よりも「緩和した」とする回答と「厳格化した」とする回答がこの数四半期はほぼ拮抗しているが、これは住宅価格の下落ペースが一段落し、審査基準も行き着くところまで厳格化したので、これ以上厳しくしようがないという回答が多いためと見られる（図表3-18）。また、アメリカの民間の証券化市場は金融危機後、ほぼ壊滅的な状況が続いており、民間の住宅ローンの利用可能性（Availability）が著しく低下している。

図表3-18 銀行の住宅ローン融資審査態度

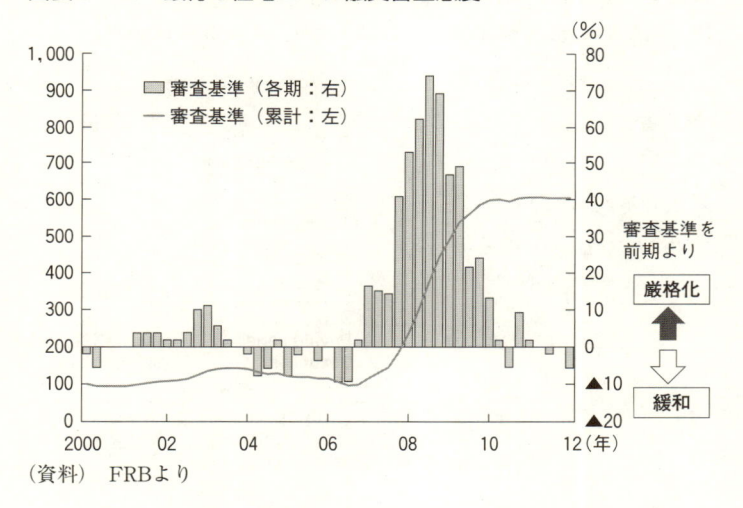

(資料) FRBより

　2012年2月9日、アメリカの住宅ローン大手5社（Ally Financial、Bank of America、Citigroup、JP Morgan、Wells Fargo）は、連邦政府およびオクラホマを除く49の州の司法長官と、住宅ローン差押手続の不備をめぐる係争について和解し、銀行側が250億ドルを負担することで合意した。

　今回、大手5社が和解した250億ドルは、債務者と民間金融機関の間における差押手続の瑕疵に係る係争をめぐる一連の動きに係るものである（図表3-19）。さらに、2013年1月7日には、米銀大手10社が差押手続の不備をめぐりFRBとOCC（通貨監督庁）と和解し、不当な差押手続により家を失った債務者に対する補償として33億ドル、条件変更や債権放棄の対価として52億ドル、合計85億ドルを支払うことで合意した。

図表3-19　米銀をめぐる請求の構図

【Primary Mortgage Market】　【Secondary Mortgage Market】

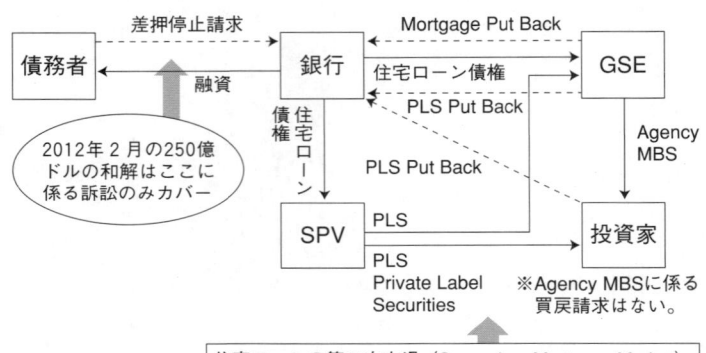

```
                    差押停止請求         Mortgage Put Back
  債務者  ←──────────────  銀行  ─────────────────────→  GSE
          ──────────────→       住宅ローン債権
                融資         債  住        ←─────────────
                             権  宅         PLS Put Back
        2012年2月の250億          ロ   ─ ─ ─ ─ ─ ─ ─ ─ ─ ─ ─→
        ドルの和解はここに        ー   PLS Put Back
        係る訴訟のみカバー        ン
                              ↓         PLS
                            SPV  ─────────────────────→  投資家
                                         PLS
                                 Private Label              ※Agency MBSに係る
                                 Securities                 買戻請求はない。
```
                                                            Agency MBS

住宅ローンの第二次市場（Secondary Mortgage Market）に係る係争は証券化のインフラでもある電子登記制度のあり方も含め未解決のものが多い。

　民間金融機関は、多くの場合、融資した住宅ローン債権を流動化するが、そのルートには、以下の2系統がある。
① ファニーメイやフレディマックといったGSE（政府支援企業）に買い取ってもらい、GSEはそれを保有し続けるか、証券化してAgency MBSとして投資家に販売する。
② GSEではなく、民間ベースでSPV等を利用して証券化し（民間ベースでのMBSはPLSと呼ばれる）、投資家に販売する。この際、GSEも投資家としてPLSを購入することがある。

　今回の金融危機以降に、投資家による買戻請求があったものには、このPLSの買戻しに係るものと、住宅ローン債権（Whole Loanと呼ばれる）に係るものがあるが、広く報道されてきたのはPLSの買戻しである。このプットバック問題は、住宅

ローンの債権譲渡＝第二次市場に係る問題であるのに対し、前述の和解は融資（Origination）＝第一次市場に係る過去の清算である。プットバック問題は個別に和解が進行しているが、なおも係争は続いている。

ファニーメイとフレディマックが2012年2月に証券取引委員会（SEC）に提出した書類（ABS-15G/A）によれば、表明保証違反で民間金融機関に買戻請求した住宅ローンは累計でファニーメイが427億ドル、フレディマックが343億ドルで合計770億ドルに達し、その約半額について民間金融機関側が支払に応じたことが判明した。差額のうち、フレディマックは大半を取り下げたのに対し、ファニーメイはなおも係争中のものが半分程度あった。

ファニーメイは2011年の年次決算報告書の第55表で、買戻請求の残高（Outstanding Repurchase Requests）の相手（Counter-party）を公表しており、2011年末の残高104億ドルの過半がBank of America（以下「バンカメ」という）に対するものであることが明らかとなった（図表3－20）。ファニーメイはその中で、バンカメとの債権譲渡契約（Loan Delivery Contract）を2012年1月に更新しなかったことを明らかにした。その後、2013年1月7日に、バンカメと和解した。2012年9月末時点でのファニーメイの買戻請求総額162億ドルのうち67％の108億ドルがバンカメ分で、35.5億ドルの支払と、67.5億ドル相当の約3万件の住宅ローンの買戻しに合意した。これとは別に、未履行のサービシング業務に係る補償として13億ドルが支払われる

図表3-20 ファニーメイの買戻請求相手

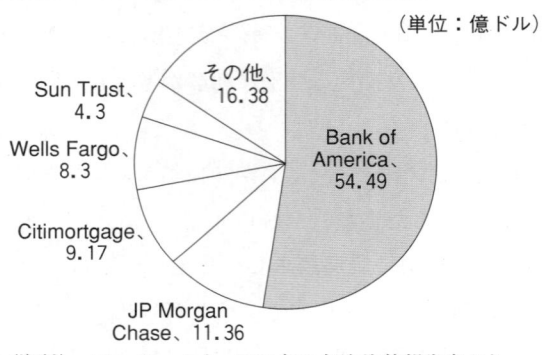

(単位：億ドル)

- Bank of America、54.49
- その他、16.38
- Sun Trust、4.3
- Wells Fargo、8.3
- Citimortgage、9.17
- JP Morgan Chase、11.36

（資料） ファニーメイ、2011年の年次決算報告書より

ことから、和解金額は合計で116億ドルとなる。

　更に2009年11月7日付の大統領令（Executive Order）によりFinancial Fraud Enforcement Task Force（金融詐欺摘発タスクフォース：FFETF）が設置され、その8つの作業部会の1つとして、The Residential Mortgage Backed Securities（RMBS）Working Group（住宅ローン担保証券作業部会）が2012年に発足した。金融機関への世論の根強い批判を背景に次々と訴訟を起こしているが、金融機関の融資を萎縮させないかと懸念する声も出始めている。

(2) 住宅問題に対する政策対応

　アメリカの住宅問題に対する政策対応は、①住宅購入支援のための財政措置、②住宅ローンの返済条件変更や借換促進による差押抑制策、③潤沢な流動性供給による金融面での支援、に

大別される。以下、これらを概観する。

a　住宅購入支援のための財政措置

　住宅市場の需給バランス改善のうち、需要を顕在化させるアプローチの1つとして導入されたのが、住宅購入者に対する税還付（Tax Credit）である。

　これは、オバマ大統領が就任して間もない2009年2月17日に成立したアメリカ復興再投資法（American Recovery and Reinvestment Act：ARRA）に基づき、一次取得者（First Time Home Buyer）に対し、所得要件等に応じ最大8,000ドルの税還付を行うことにより、住宅購入を促進しようとした政策である。税還付方式の場合、低所得者ほど納税額が少なくなるため恩恵が小さくなる逆進性を回避するため、未使用分は小切手でリファンドされる仕組みとした。ちなみに、ARRAは総額7,872億ドル、対GDP比約5％の景気刺激策で、同時期に導入された政策として低燃費の自動車購入促進策のCash for Clunkersや、次に述べるHAMPがあり、それらの財源も同時に措置されている。

　当初プログラムでは、2009年1月以降、同年12月までに自己居住用住宅を購入した一次取得者が対象とされた。しかし、住宅市場の回復が鈍いことから、同年11月には申請期限が2010年6月に延長され、対象に二次取得者も追加された（還付額の上限は6,500ドルと一次取得者よりも小さい）。2010年7月には、駆込みによる事務処理の遅れでもれる対象者を救済するため、契約締結（Closing）の期限を更に3カ月延長して2010年9月とし

図表3−21　新築着工と中古販売の動向（季節調整済年率換算値）

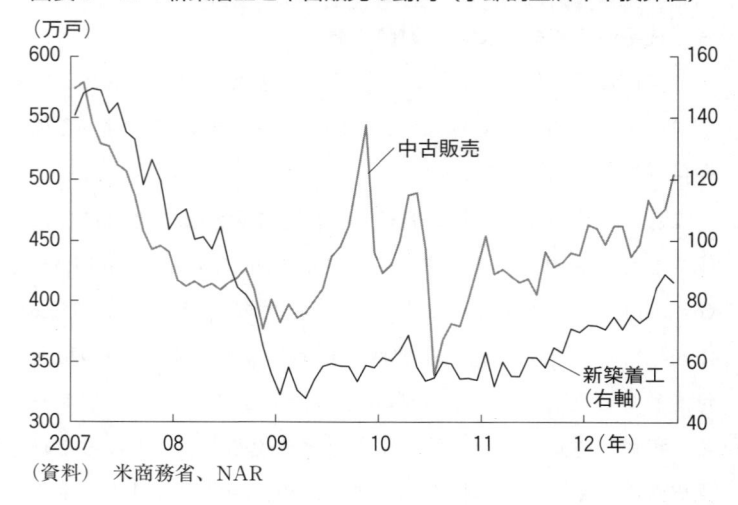

(資料)　米商務省、NAR

た。

　これらの政策対応の結果、中古住宅の販売戸数は、申請期限が切れる直前に駆込みで大きく伸びたが、期限を経過すると反動減で大きく落ち込んだ（図表3−21）。また、期限が延長されることで、それを繰り返した。新築住宅着工にはさほど影響を及ぼしていないが、これは契約締結の期限が比較的短い期間に設定されていたことから、建築許可をとって工事をする必要のある新築住宅の場合は期限に間に合わないと考えた利用者が多かった可能性を示唆している。いずれにしても、住宅価格が大きく下落する局面において下支えの効果はあったが、回復を確固たるものにする十分なインセンティブとならなかった。

b 差押抑制策

 税還付が需要サイドのアプローチとすれば、差押えを抑制することは、住宅市場に対する物件の供給をコントロールするアプローチであるといえる。

 オバマ大統領は、ARRA等に基づき、750億ドルの財源を差押抑制策を中心としたMHA（Making Home Affordable）と呼ばれるプログラムに注ぎ込んだ。

 MHAは、HAMP（Home Affordable Modification Program）と、HARP（Home Affordable Refinance Program）から構成される。更に、HARPは3段階で拡充されており、それぞれHARP1.0、HARP2.0、HARP3.0と区分される。

 HAMPは金利減免等の返済条件変更により、返済負担率（Debt to Income Ratio：DTI）を31％以下に引き下げ、返済を持続可能にすることで差押えを抑制する政策である。ここで、DTIを31％に引き下げるために必要な金額のうち、半額は金融機関が負担し、残り半額を公費で負担することとした。また、条件変更の交渉を行うインセンティブを与えるため、1件当たり1,000ドルの手数料を金融機関に支払うことも措置され、それらの財源が公的資金により手当てされた。

 当初、HAMPにより300万〜400万人の債務者が救済されるとオバマ大統領は発表していたが、2012年11月現在、最終的に条件変更された（Permanent Modification）件数は112万件にとどまっている。条件変更の件数が加速しないのは、1つには返済の持続可能性の判定基準となる純割引現在価値（Net Present Value）の計算が煩雑であることが挙げられる。一定の前提を置いて、今後当該債務者がどの時点でデフォルトするか（しないか）、その時点での住宅価格に基づく回収可能額等を想定し、条件変更してある程度返済を継続させた方が直ちに抵当権実行するよりも割引現在価値ベースでのキャッシュフローの合計額が大きい場合に条件変更を適用することになるが、書いただけでも大変なのは一目瞭然であり、かつ、熟練したスタッフを然るべき人件費では確保できないことから、進捗が芳しくなかったとされる。

一方、HARPは、低利の住宅ローンへの借換えを促進することで、返済負担が軽減された債務者が延滞に陥るのを回避すると同時に、個人消費を刺激する、という二重の目的がある。一部はHAMPを補完する役割もあるといえる（図表3－22）。

HARPは、当初、ファニーメイとフレディマックが保有・保証する住宅ローン債権に係る債務者が対象とされた。住宅価格下落により、借入当初は融資率（Loan to Value Ratio：LTV）が高くなかった債務者でも、時価ベースでは債務超過となるUnderwaterのケースにおいては、従来はGSEの基準では新規の融資＝借換えの対象とはならなかった。これを、HARP1.0ではLTVの基準を緩和して125％にまで拡充した。しかし、住宅価格の下落が激しい地域ではそれでも不十分だったため、2011年11月24日に発表されたHARP2.0では、LTVの基準を撤廃した。更に、2012年1月のオバマ大統領の一般教書演説（State of Union Address）を受け、2月1日にはHARPをGSEから民間

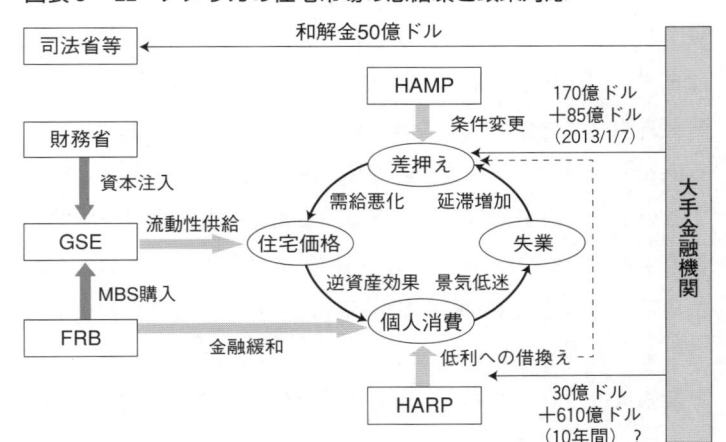

図表3-22 アメリカの住宅市場の悪循環と政策対応

```
司法省等 ←──和解金50億ドル────────────┐
                                      │
            ┌HAMP┐        170億ドル    │
              ↓    条件変更  ＋85億ドル  │
              差押え        (2013/1/7)  │
     需給悪化 ／    ＼延滞増加          │
財務省  住宅価格      失業             大
  ↓資本注入                           手
GSE ─流動性供給→                       金
  ↑         逆資産効果 景気低迷         融
  │MBS購入    ＼    ／                機
FRB ─金融緩和→ 個人消費               関
                 ↑低利への借換え ←───  │
              ┌HARP┐      30億ドル    │
                          ＋610億ドル  │
                          (10年間) ?   │
```

ローンにも拡充するHARP3.0が発表された。

　HARP3.0については、必要な財源について、総資産500億ドルを超える大手民間金融機関に負担を求めるとされた。2012年2月13日に公表された2013会計年度（2012年10月〜2013年9月）の予算教書において、今後10年間で610億ドルの負担を求めるとされたが、立法措置が必要であり、実現可能性については疑問が残る。2012年中にHARP3.0が実現することはなかった。

c　金融面での支援

　金融面での支援としては、①FRBによる超金融緩和政策と②GSEによる潤沢な流動性供給に大別される。住宅市場の需給関係への作用としては、aの税還付同様、需要面を刺激するアプローチである。①は相対的には住宅金融の質（金利）に対す

る作用であり、②は量（安定供給）に対する作用であるが、重複する部分もある。

　まず、FRBによる超金融緩和策としては、2008年12月からの実質的なゼロ金利政策の導入がある。これは、政策金利であるFederal Fund（FF）金利の誘導目標水準を0〜0.25％と極めて低い水準に設定するものである。また、超低金利を一定期間継続することをコミットする「時間軸」政策も導入されたが、2012年12月のFOMC（連邦公開市場委員会）で、ゼロ金利政策の適用を「失業率が6.5％以上かつインフレ率が2.5％以下」という数値目標に置き換えた。さらに、量的緩和策により、長期国債を購入することで、イールドカーブ全体に下押し圧力を加え、住宅ローン金利のベースとなる長期金利も抑えようとしている（また、保有する国債の年限を長期化するオペレーション・ツイストも2012年12月まで実施し、2013年1月からは長期国債を毎月450億ドル購入する予定）。

　更に、2009年1月〜2010年3月にかけて最大1兆2,500億ドルのAgency MBS（ファニーメイ、フレディマックに加え、政府機関であるジニーメイのMBSも含む）を購入することで、住宅ローン金利に直接作用しようとした。このアプローチは、2012年9月のFOMCでも踏襲され、QE3ではAgency MBSを毎月400億ドル（2012年9月は230億ドル）購入すると発表された。

　米財務省による両GSEに対する公的資本注入は、実質的に両社の債権者（主にMBSの投資家やGSE社債の投資家）を保護（Protect）する機能を担っており、それらの商品の信用力が補

完されることで、資金調達コストが低下し、住宅ローンの金利の引下げにもつながっている。米財務省によるMBS投資家への対処はあくまで「保護」であり、連邦政府の「保証（Guarantee）」ではない。この点、連邦政府の明示の保証がついているジニーメイMBSよりファニーメイとフレディマックのMBSは信用力ではなお劣るという見方もありうるが、実質的にはほとんど同等とみなされている模様である。FRBのみならず、米財務省も最大で2,260億ドルのMBSを購入したが、2012年3月までに全て売却し、250億ドルの利益をあげている。

　これらの政策対応が功を奏し、住宅ローン金利の引下げには成功した。30年固定金利型住宅ローンの全米平均は2013年1月3日時点で3.34％にまで低下しており、これは1971年の統計開始以来、最低の3.31％にほぼ並ぶ水準である。ただし、住宅ローン金利の構成要素別に金利低下の要因を分解すると（図表3－23）、住宅ローン金利低下に最も貢献しているのは長期金利の低下であるという結果となる。とはいえ、2008～2009年にかけて、住宅ローン金利と国債の利回りのスプレッドが拡大局面にあったことにかんがみれば、FRBのAgency MBS購入はスプレッド拡大に歯止めをかけたのは間違いない。信用緩和策（Credit Easing）として、成果があったと評価できるだろう。

　ただし、金利低下にもかかわらず、住宅需要が刺激されていない理由は前述のとおり、雇用環境と住宅価格の先行き不透明感、ならびに銀行の融資審査の強化などである。QE3導入直

図表3-23 住宅ローン金利構成要素と政策対応

LLPA	→	その他		
		債務者の信用リスク		
		事務コスト・利潤		
		繰上償還リスク		住宅ローン金利
MBS購入	→	債券の流動性リスク	OAS	
資本注入	→	発行体の信用リスク	MBS利率	
QE2	→	無リスク資産（国債）の利回り		

後、MBSの利回りは10年米国債に並ぶ水準まで低下したが、住宅ローン金利はMBSの利回り低下ほどには低下していない。この点について、ニューヨーク連邦準備銀行のダドリー総裁は住宅ローン審査基準の厳格化に加え、銀行の利益と計測不能なコスト（originator profits and unmeasured costs：OPUC）が拡大していることを主たる要因として指摘している。訴訟問題も含め、民間金融機関の融資審査態度はなお厳しいままで、2012年9月にはFHFAがGSEからの買戻しについて、2013年以降は3年間延滞しなければその後のデフォルト債権に係る請求はしないと発表したが、効果はまだ発現していない。

(3) ドッド・フランク法

今回の世界金融危機の背景には投資銀行等による過剰なリスクテークや格付の問題など、複合的な要因はあるものの、そも

そもサブプライム・ローンのようなずさんな審査による住宅ローンの貸出がなければ、住宅バブルも証券化市場の混乱もなかった。

このため、大恐慌以来となる抜本的な金融規制改革とされるドッド・フランク法（2010年ドッド-フランク ウォール街改革および消費者保護法：Dodd-Frank Wall Street Reform and Consumer Protection Act of 2010）においても、住宅金融市場の改革に多くの項が割かれている。同法は2010年7月21日に成立している。ドッド・フランクは、同法案の成立に尽力した上院銀行委員長クリストファー・ドッド上院議員（当時）と下院金融サービス委員長バーニー・フランク下院議員（当時）の名に由来する。

住宅ローンの第一次市場（貸出市場）と第二次市場（流通市場）に準じて同法の対応を分類すれば、第一次市場については、消費者保護の観点から、貸出時の顧客説明を強化しており、第二次市場については、投資家保護の観点から、証券化における信用リスクの5％保持（Retention）を求めている。

消費者保護の観点は、金融安定理事会（Financial Stability Board：FSB）が2012年4月に出した報告書（FSB Principles for Sound Residential Mortgage Underwriting Practices）でも触れられており、ある意味で、ドッド・フランク法の域外適用（Extraterritoriality）的な色彩がにじんできている感を受けなくもない。同法の「ボルカー・ルール」については、自己勘定取引（Proprietary Trading）規制の対象から米国債のみを適用除外としていることに対して、日本銀行と金融庁が連名で異議申立て

を行ったほか、いくつかの国の当局が同様の趣旨の対応をとっているが、住宅金融市場については、必ずしも共同歩調がとられるような流れにはなっていない。欧州住宅金融連合（European Mortgage Federation：EMF）はホームページ上で、[T]here is therefore no reason to change demonstrably well-functioning EU practices as a response to failings in the US system. と、アメリカとは一線を画す路線を明確にしている。

　証券化については、5％ルールの適用除外となる「適格居住用住宅ローン（Qualified Residential Mortgage：QRM)」の定義のベースとなる適格住宅ローン（Qualified Mortgage）の基準がようやく2013年1月にCFPB（Consumer Financial Protection Bureau：消費者金融保護庁）から公表されたが、民間の証券化市場の動向は不透明なままである。バーゼル規制における自己資本比率算定基準でのリスク・ウェイトの扱い、あるいは流動性規制でも、証券化のインセンティブが大きく後退していると見られている。

　2012年大統領選挙における共和党の候補だったロムニー氏は、同法をはじめ、規制強化のために一部の銀行では融資担当者よりコンプライアンス担当の方が多く、それが融資拡大を阻害しているとまでいっていた。しかし、ロムニー候補は敗れ、更に、CFPB設立に尽力しながら共和党・金融業界からの反対で初代長官に指名されなかったハーバード大学のエリザベス・ウォーレン教授が、11月の上院選挙で当選し、規制の強化にいっそう注力すると目されている。ウォーレン議員は、上院銀行

委員会の委員に任命されることが内定している。

(4) 米財務省による住宅金融市場改革

　ファニーメイ、フレディマックの両GSEは公的管理下に置かれた今も米住宅市場を下支えしている。しかし、「利益は株主と経営陣に、損失は納税者に」というインセンティブのゆがみを抱えた従来のGSEという組織形態に戻るという選択肢はない、というのがオバマ政権の一貫したスタンスであり、それを結晶化したのが2011年2月に公表された、一般に白書（White Paper）と呼ばれる米財務省とHUD（Department of Housing and Urban Development：住宅都市開発省）による改革案『アメリカの住宅金融市場改革に係る連邦議会への報告書（Reforming America's Housing Finance Market A Report to Congress）』である。

　同白書では、現状、9割程度が公的ローンとなっている住宅金融市場への連邦政府の関与を低下させ、両GSEについては、段階的に縮小・廃止（ultimately wind down both institutions）するとされた。Wind downという用語は、共和党が長らく主張してきた言葉であり、共和党議員からは、同白書を称賛する声が相次いだ。

　ただし、両社の廃止の時期については明記されておらず、市場への影響を考慮して十分な移行措置を講じるとしており、また、連邦政府の住宅金融市場への関与のあり方をめぐっても、3つの素案を示すにとどまり、具体的なプランについては連邦

議会での審議に委ねる、とした。

同白書では、時間軸を短期と長期に区切って、改善案を提言している。

〈短期的な改善案〉

短期的な改善案は、大規模な法律改正を伴わずに、主に実行レベルで実施できる改善策であり、現在、9割以上が公的ローンとなっている住宅金融市場に民間資金を呼び込むため、公的ローンの魅力を相対的に低下させるアプローチをとっている。具体的には、

① 両社が民間金融機関から買い入れる住宅ローンの信用リスクをカバーするために課している保証料率（Guarantee Fee：20〜30bp程度）を債務者の属性に応じて徐々に引き上げ、民間と競合可能な水準とする。
② デフォルトした住宅ローン債権から両社が蒙る損失を低減するため、住宅ローンの利用者に、段階的に10％以上の頭金を要求する（融資率＝LTVは90％以下とする）。
③ 2008年7月30日に成立したHERAにより引き上げられた両社の買入れ可能なローンの限度額（Conforming Loan Limit）を729,750ドルから、2011年10月以降、本来の水準に引き下げる。
④ 両社の保有するポートフォリオを年率10％以上削減する（MBS信用保証業務については言及なし）。

〈長期的な改革案〉

ポストGSEの住宅金融市場における連邦政府の関与の程度について、完全に民営化する、あるいは逆に国営化するという両極端の考えは排除し、以下の3案を提示している。

① 第1案【最も限定的なスキーム】

FHA、VA（退役軍人省）、USDA（農務省）の連邦政府プログラムを信用度の高い中低所得者（creditworthy lower-and moderate income borrowers）に限定して実施する。大多数の中低所得者は連邦政府の支援から除外される。納税者の負担は極小化できるが、30年固定ローンの利用は極めて限定的となり、中小金融機関は大手と競争できない点が問題点と指摘されている。

② 第2案【第1案にセーフティーネット追加】

第1案に近いが、金融危機時には連邦政府支援プログラムを拡充する。当案では、実施体制に重大な困難（significant operational challenge in designing and managing an organization）があると指摘されている。

③ 第3案【現状に近い案】

民間が住宅ローンを供給しつつ、市場が壊滅的な状況となった場合に備え、MBSに連邦政府による再保険（Federal Catastrophic Reinsurance）を導入する。住宅資金の安定供給という観点からは最も望ましい一方、リスクの評価について、政治的な圧力により想定よりも保証料率を引き

下げるというモラルハザードが起こる可能性が指摘されている。

　第3案については、具体的なスキーム図等は公表されていないが、一般的には、ローンレベルでは民間ベースでの信用補完（頭金＋民間融資保険＋準備金）を行い、MBSレベルでは、MBSの発行体がデフォルトした場合に、MBSに対して再保険の基金を設置する、というスキームとして想定されている。MBSに対しては、海外も含めた投資家の信認を得るためには連邦政府の保証が不可欠、というスタンスであり、仕組み方によっては、現行のGSEのMBS信用保証事業をそのまま温存するのに等しいと見る向きもある。

　その後、両社の機能を制約する、あるいは組織形態そのものを変更するための法案が数多く提出されたが、いずれも下院では本会議に付議されておらず、上院では同様の法案（Companion Bills）が本会議はおろか銀行委員会ですら審議されていない。大統領選挙を経て、住宅政策全般に対するコンセンサスが形成されてからでなければ抜本的な改革は無理というのが大方の見方である。

　2012年に入り、市場の回復には、目先の納税者負担の極小化よりも、一時的にはGSEの損失が拡大しても、融資を拡大させて需要を顕在化させる方が早道、という認識が徐々に広まりつつある。年初来、バーナンキ議長を含むFRBの高官も連日、

そのような発言を繰り返している。両社が抱える差押在庫（Real Estate Owned：REO）についても、市場に放出して回収を急ぐより、賃貸に転換する方針も打ち出されている（いつか賃貸住宅が供給過剰になるリスクもあるが）。2012年2月21日には、FHFAが両社の公的管理を終了させるための戦略を発表したが、両社を代替するための金融インフラの整備の必要性は伝わってくるものの、具体性に欠けている。その後、11月に、証券化市場のプラットフォーム統合案を発表しており、業界筋では、ファニーメイとフレディマックを将来的に合併させる伏線と見る向きもある。

　住宅価格の落着きに伴い、2012年8月に発表された第2四半期の決算が大幅な黒字となった両GSEは、米財務省への公的資本注入申請を見送り、巨額の内部留保を計上した。これに対し、納税者への還付を優先させたい米財務省は、シニア優先株出資契約を変更し、①ポートフォリオの削減を年率10％から15％に加速し、②シニア優先株への配当を公的資金注入残高の10％から、当期の利益全額とさせた（適用は2013年から）。②の措置は、両GSEが再度上場する見込みをほぼ封印し、規模を縮小させつつ、公的管理を強める方向に舵を切ったとも見受けられる。同年11月に発表された第3四半期決算でも、両社とも黒字を維持した。2012年10月26日にFHFAが公表した両GSEの追加公的資本注入額見込みでは、2015年までの所要額が最悪シナリオでも220億ドルと、前年の見込みから1,020億ドルも下方修正された。納税者負担の見込みが少なくなったことで、拙速な

改革は必要ないという論調も散見されるようになってきた。

　2012年11月の大統領選挙では現職のオバマ大統領が共和党のロムニー候補を破り再選を果たしたが、連邦議会選挙では上院では民主党、下院では共和党が多数を占める「ねじれ現象」が続いており、微妙な議会運営が続くことになる。「財政の崖（Fiscal Cliff）」はぎりぎりのタイミングで転落を回避できたが、両党の溝が埋まったわけではない。GSE改革についても、共和党との超党派的な打開策を模索する中で、2期目を迎えるオバマ政権がどこまで具体的に踏み込んだ改革案を示せるか、注目される。

[参考文献]

Financial Crisis Inquiry Commission "Final Report of the National Commission on the Causes of the Financial and Economic Crisis in the United States" Official Government Edition, January 2011

Office of Management and Budget "Budget of the United States Government, Fiscal Year 2012：Analytical Perspectives" February 2011

U.S. Department of the Treasury "Reforming America's Housing Finance Market A Report to Congress" February 2011

小林正宏・大類雄司『世界金融危機はなぜ起こったのか』東洋経済新報社、2008年

小林正宏・中林伸一『通貨で読み解く世界経済　ドル、ユーロ、人民元、そして円』中央公論新社、2010年

小林正宏「米GSEの改革問題決着は来年の大統領選挙後の公算大」東洋経済新報社『週刊東洋経済』2011年2月19日号

小林正宏「大き過ぎて潰せない？　ファニーメイとフレディマックが温存される理由」毎日新聞社『週刊エコノミスト』2010年6月

22日号

小林正宏・大類雄司「GSE危機とそのインプリケーション―ガバナンスの観点を踏まえて―」財務省財務総合政策研究所『フィナンシャル・レビュー第95号』2009年3月

小林正宏「ファニーメイ上場廃止へ」住宅金融支援機構『季報住宅金融2010年度夏号』

小林正宏「ファニーメイはなぜ破綻したのか」住宅金融支援機構『季報住宅金融2010年度春号』

小林正宏「アメリカの住宅ローン差押停止問題について」住宅金融支援機構『季報住宅金融2010年度冬号』

小林正宏「米財務省によるアメリカの住宅金融市場改革案について～ファニーメイの段階的縮小・廃止を提言～」住宅金融支援機構『季報住宅金融2011年度春号』

小林正宏「アメリカにおける住宅ローンに係る消費者保護の動向～ドッド・フランク法とRegulation Zを中心に～」住宅金融支援機構『季報住宅金融2011年度夏号』

第 4 章

ヨーロッパ

I ドイツ

1 ドイツの最近の経済状況と住宅市場等の状況（2000年以降）

(1) 2000〜2005年頃の状況

　ユーロ圏では1999年1月に11カ国へユーロが導入され、続いて2002年1月には紙幣と硬貨の流通が開始されている。この間、2001年頃からアメリカ発のIT不況等に端を発する世界経済同時減速が発生し、更に2001年のアメリカの同時多発テロが減速に追い討ちをかけた。

　この影響を受けて、ドイツにおいても、2001年は1％台の成長、2002年はほぼゼロ成長、2003年はマイナス成長となり、当時の発表では2002年にドイツの一般財政収支の赤字はEUの「安定と成長の協定」に定めた遵守基準のGDP比3％を超えた。このような状況下でドイツは2003年には構造改革プログラム「アジェンダ2010」により解雇保護制度の緩和、長期失業者への雇用斡旋の厳格化等を行う一方、所得税減税も実施するため、法案を成立させている。

　一方、金融政策については、ECBが2000年10月まで約1年間政策金利の引上路線を続けていたが、経済の世界的減速等を

図表4－1　ドイツの経済指標

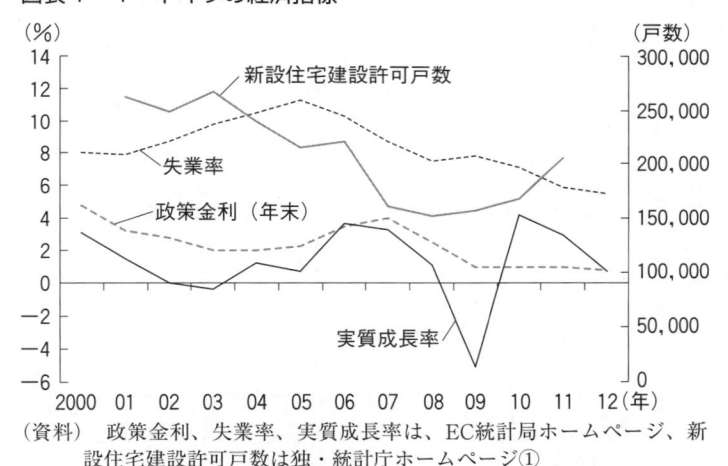

(資料)　政策金利、失業率、実質成長率は、EC統計局ホームページ、新設住宅建設許可戸数は独・統計庁ホームページ①

背景に、2001年5月に引下げの決定を行っている。常に物価上昇への警戒心が強いECBが引下可能と判断した理由として、資金供給量のペースダウンを背景として物価上昇への警戒の必要性が低下したこと等が挙げられている（ECBホームページ①）。この後、2005年12月の金利引上げまで、4年超の間、金利引下げおよび低金利（2.0％）維持の期間が続くこととなる。

ドイツの住宅市場については、こうした状況の中で新設住宅建築許可戸数は伸び悩み、更に2004年以降は低下傾向をたどることとなる（図表4－1）。住宅価格についても実質ベースの上昇は見られず、住宅市場がこの時期比較的好調であった他のヨーロッパ主要国と対照的であった（図表4－2）。

図表4－2　ヨーロッパ主要国の実質住宅価格インデックス（2005年＝100）

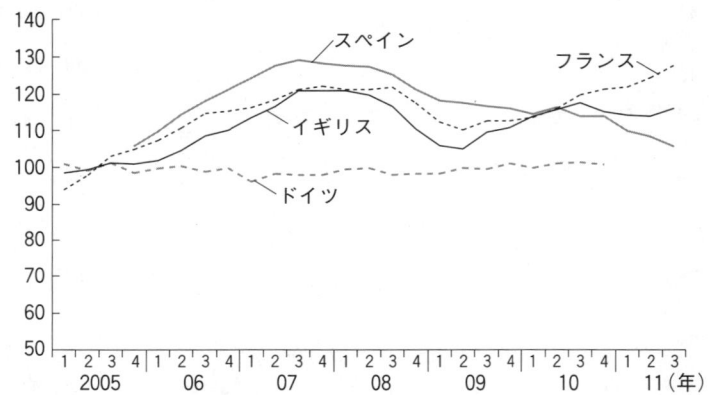

(注)　実質住宅価格インデックス：民間最終消費支出のデフレーターにより住宅価格インデックスを実質化したもの。
　　　対象住宅取引：新築・中古、一戸建て・共同建てを含む。
(資料)　EC統計局ホームページ

(2)　2005〜2008年頃の状況

　ドイツ以外の主要なヨーロッパ主要国の経済が比較的堅調な中、2005年12月に、ECBは4年超にわたる利下げおよび低金利政策の後、政策金利の引上げを行った。決定の背景としては、流動性が潤沢に出ている一方、物価上昇への警戒が必要であったためとされている。また、ドイツ以外の一部ヨーロッパ地域を指すと考えられるが、住宅ローン貸出の勢いの強さと住宅価格への警戒についても言及されている（ECBホームページ①）。

ドイツの経済については、2004年と2005年は1％前後の成長率にとどまったものの、2006年、2007年は、輸出や設備投資の牽引等により2％を大きく超える成長率となった。

　その一方、輸出等に牽引される経済の中で、個人消費は相対的に勢いがなく、同様に住宅市場も低迷を続けていた（図表4－1）。新築住宅以外も含めた住宅市場の動向を見るために、住宅ローンの残高の増減を見ると（図表4－3）、2006年以降、政策金利の引上げを背景とした市場金利の上昇[1]とともに残高の増加が鈍っていることがわかる。特に2006年、2007年には金融機関はほぼ常に融資基準を緩和していることから（図表4－4）、この残高増加の鈍化は金利上昇による需要減退によるものと考えられる。

　この頃、アメリカにおいては、2006年の途中からサブプライム・ローンの延滞率が急上昇し、2007年以降はサブプライム・ローンを担保としたMBSの格下げやこれに伴う価格の大きな下落が発生した（内閣府［2007, 2008］）。一方、これらのサブプライム・ローンを含む資産を担保等とした民間証券化商品はアメリカ外にも流通しており、ヨーロッパにおいても保有されていた。英独仏では、民間ABS（MBSを含む）の保有が2007年

---

[1] 図表4－3では住宅ローン金利のかわりに、ドイツでの代表的な住宅ローン資金調達手段であるファンドブリーフ（年限10年）の利回りを使用している。これはドイツでは金利タイプ別で5年超の初期固定型が69％を占めている（EMF［2011］）が、初期固定型の月次金利データが入手できなかったためである（ファンドブリーフについては後述2(3)参照）。

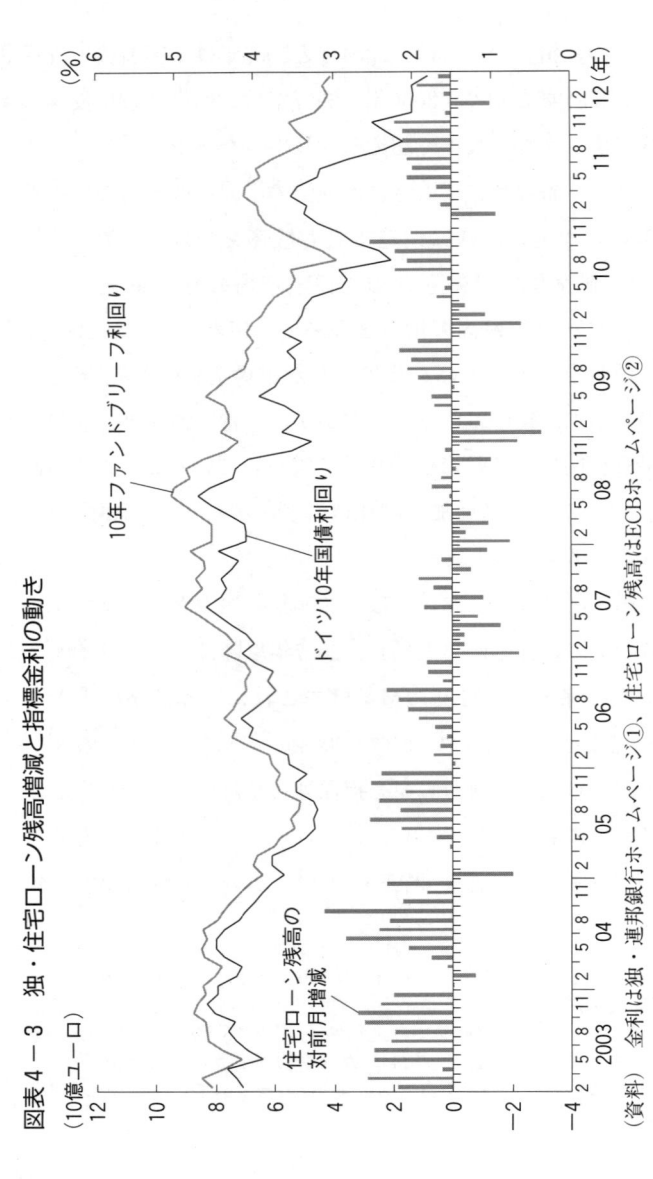

図表4-3 独・住宅ローン残高増減と指標金利の動き

(資料) 金利は独・連邦銀行ホームページ①、住宅ローン残高はECBホームページ②

図表4-4　独金融機関融資基準（過去3カ月）

（％ポイント）　　厳格化回答割合（％）－緩和回答割合（％）

（資料）　独・連邦銀行ホームページ②

まで増加を続けていた（図表4-5）。

　こうした状況下で、2007年8月、ドイツの中堅銀行であるIKBドイツ産業銀行が傘下のファンドがサブプライム・ローン関連で損失を出し、政府系の復興金融公庫（Kreditanstalt für Wiederaufbau：KfW）から支援を受けたのを皮切りに、ヨーロッパの金融市場における資金調達は困難となっていった。短期金融市場の緊張感を緩和するため、2007年12月にはECBが米連邦準備銀行を含む4中央銀行とともに協調して資金供給を行っている。その後も再度同趣旨で2008年3月に協調資金供給を行っているが金融市場の不安は収まらず、2008年9月の米国リーマン・ブラザーズの連邦破産法第11条適用の申請により一段と不安が深まることとなった。

図表4－5　ヨーロッパ主要国によるアメリカ民間ABSの保有状況

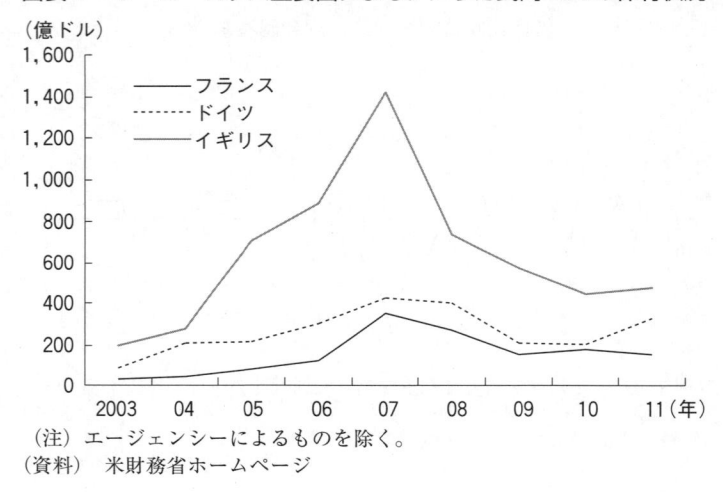

（億ドル）

——　フランス
----　ドイツ
——　イギリス

（注）　エージェンシーによるものを除く。
（資料）　米財務省ホームページ

(3) 経済・金融危機下における金融機関支援等

a　初期の対応

　2007年8月頃の金融危機の初期の対応については、個別的な処置により対応されていた。たとえば、先述のIKBドイツ産業銀行の場合は、政府系金融機関であるKfW（後述2(1)g参照）等から2007年8月に支援を受けている。州立銀行（後述2(1)b参照）のSachsen LBは、当該銀行が属する貯蓄銀行グループ内からの支援のほか、州政府からの支援を2007年8月に受けている。また、2008年3～4月にかけては、同じく州立銀行のWest LBが出資者に損失負担を求めるなど金融不安は続き、2008年9月のリーマン・ショック後更に金融危機が深刻化する

中で、包括的な金融機関支援の枠組みを策定していくこととなる。

b 金融機関支援ファンド（SoFFin）による対応

このような状況下において、ドイツでは、包括的な金融危機対応のため金融機関の支援ファンドであるSoFFin（Sonderfonds für Finanzmarktstabilisierung）が金融市場安定化基金法（Gesetz zur Errichtung eines Finanzmarktstabilisierungsfonds）により2008年10月に導入された。その機能は、保証（被支援機関の資金調達に適用）、資本注入、資産買取りとなっている。導入後、2008年末時点で商業銀行の最大手の1つCommerzbankが82億ユーロの資本注入を、Hypo Real Estateグループ（HRE）[2]が169億ユーロの保証を、州立銀行（後述2(1) b 参照）のHSH Nordbankが70億ユーロの保証をそれぞれ受けている（FMSAのホームページより）。SoFFinの運営は、これを行うために設立されたFMSA（Federal Agency for Financial Market Stabilisation[3]）が財務省の監督のもとで行っている。

その後、2009年4月に金融機関の一時国有化を可能とする立法措置がなされ、HREが段階的に国有化された。更に、2009年7月には金融市場安定化推進法（Finanzmarktstabilisierungsfortentwicklungsgesetz）が成立し、破綻処理機関（いわゆる

---

[2] ドイツの抵当銀行（後述2(1)d）やアイルランドで公的部門への融資を行う銀行等を有し、市場における資金調達に依存する構造であったところ、2008年の金融危機（特にリーマン・ショック後）の中で資金調達が困難になった（EC［2011］）。

[3] ドイツ語名はBundesanstalt für Finanzmarktstabilisierung。

バッドバンク）の設立が可能となった。その1つが2009年12月に始まった州立銀行WestLBの不良資産処理である（概要は以下参照）。2010年7月にはもう1つのバッドバンクがHREの不良資産処理のために設置されている。これらバッドバンクの監督は先述のFMSAが行う。

　SoFFinの支援枠は、保証が4,000億ユーロ、資本注入・資産購入等が800億ユーロであり、その利用実績（2010年6月末）は、保証は1,484億ユーロ、資本注入は294億ユーロに達した（FMSAのホームページより）。SoFFinによる支援の新規受付は、継続案件を除いて基本的に2010年末で終了している（後述eにあるように2012年に新制度として再開された）。

【バッドバンクの例（州立銀行West LB）】
・WestLBはNordrhein-Westfalen州の州立銀行の一部門で、州、州の貯蓄銀行協会およびNRW銀行（WestLBの所有者となる州立銀行でやはり州等が所有）等が所有していた（2009年5月時点）[4]。
・背　　景
　　2007年の年央からWestLBが関連するオフバランス型の投資ファンドの保有資産（アメリカの証券化商品等を含む）の評価が大きく低下し、当該ファンドは市場での資金調達が困難となり、WestLBは自らのバランスシートに取り込まざるをえなくなった。

4　WestLBおよびNRWについては後述2(1)bを参照。

・2008年3月

　WestLB本体を当該高リスク資産から遮断するため、SPVであるPhoenix Light SF Limited（以下「Phoenix」という）へ230億ユーロの資産が売却された。また、州政府からの50億ユーロの保証（うち20億ユーロは二次保証として他の所有機関も負担）によりPhoenixが証券を発行し資金調達を行った[5]。

・2009年5月

　EC（欧州委員会）が50億ユーロの保証を承認。条件には以下のようなものが含まれる。

➢資産の圧縮（2011年3月までに2007年末対比で50％削減等）

➢WestLBの業務の分割および売却（コア業務を、銀行業務、貯蓄銀行との協力業務等、ホールセールバンキング業務等に分割し、2011年末までに売却）

・2009年12月

　ECが設定した条件に沿ってWestLBのリストラクチャリングを進めるため、高リスク資産およびコア業務以外の資産等、最大850億ユーロ[6]がバッドバンクであるEAA（Erste Abwicklungs-anstalt）に移転されることとなった。

　また、SoFFinはWestLBに30億ユーロの資本注入を、WestLBはEAAに30億ユーロの資本を拠出することとなった。さらにWestLBの所有者からEAAへ10億ユーロの保証が

---

[5] 当該証券は当初はWestLBが保有し、市況の改善後WestLBからPhoenixが買い戻し、その後市場に売却する前提であった。

[6] そのうち230億ユーロは先述のPhoenixが発行した証券であった。

提供されることとなった。

・2010年4月

　WestLBからEAAへの資産移転が完了。

・2012年7月

　WestLBの業務のうち、貯蓄銀行関連業務が切り離されて州立銀行Helabaに譲渡された。また、存続するWestLBの承継機関はPortigonとして再発足している。その業務は資産のバルク取引やリストラクチャリング業務等となっている。

※参考文献：EC 2009年5月、WestLB、Portigonホームページ

c　預金保証の拡充

リーマン・ブラザーズの破綻後、ドイツでは国によって個人預金の全額保護宣言が2008年10月に行われた[7]。また、制度的には、商業銀行等の義務的預金保険の上限がリーマン・ショック当時2万ユーロだったものが、2009年に5万ユーロへ、2010年末には10万ユーロと段階的に引き上げられている。

なお、2008年9月のリーマン・ブラザーズの関連会社等、複数の破綻が生じたため、ドイツ銀行協会（Bundesverband deutscher Banken）が義務的預金保険を補完するため運営する商業銀行のための民間預金保証が資金不足に陥り、2009年にECの承認を受け、SoFFinの保証による資金調達を行うこととなっ

---

[7] この背景には、ドイツの預金保険制度が、業態ごとに運営される制度を含む複雑な構造となっており、国が全額保護を宣言することにより預金者にわかりやすいかたちで安心感を与えることも狙ったものと考えられる。

た。
d　リストラクチャリング法

今回の金融危機において、金融システムに大きな影響を与える多くの金融機関破綻等の経験を踏まえ、2011年1月に施行されたリストラクチャリング法（Restrukturierungsgesetz）により、金融機関の支援・破綻処理に対応する制度が導入された。その内容は、比較的整然と行う回復支援、システミックリスク顕在化に対応するための最終手段、これらの手段に必要となる資本注入・保証等を銀行への賦課によりまかなうための基金、の3点からなる。以下これらの内容を簡単に紹介する。

・比較的整然と行う場合の回復・整理手段

　金融機関の再建を、問題の深度により第1段階（回復支援）と第2段階（整理等）に区分する。第1段階では、金融機関が資本の充足や流動性基準を継続的に満たすことが困難となった場合に、BaFin（連邦金融監督庁。後述2(4)参照）と高等地方裁判所の確認を経て、基本的に第三者には影響を与えない範囲で財務改善が行われる。第2段階として、第1段階の措置が不十分だった場合等にBaFinの判断、高等地方裁判所の決定、債権者・株主の投票等を経て、債務の先送り・減免、デット・エクイティ・スワップ等の整理手段が実行される。

・システミックリスク顕在化に対応するための最終手段

　金融機関の存続性のリスク、それによるシステミックリスクの顕在化が懸念される場合に、最終手段として、BaFinは

命令により資産・負債を他の機関に移すことができる。
・資本注入・保証等を銀行への賦課によりまかなうための基金
　上記のような手段を実施する際に資本の注入や金融機関への資金調達の際の保証等が必要となるが、当該手段の実施の結果生じるコストは、今後、金融機関への賦課金（いわゆるBank Levy）によりまかなうこととなる。そのために基金が設けられ、FMSAにより管理・運営される。

e　SoFFinの再開

　SoFFinによる支援の新規受付は、継続案件を除いて基本的に2010年末にいったん終了した。その後、2011年10月の欧州理事会等で、金融市場の信頼を回復するため、金融機関における国債の保有実態を反映させた上で、例外的・臨時的措置として2012年6月までにCore Tier 1の比率を9％とする合意が形成され、EBA（European Banking Authority：欧州銀行監督庁）が今後の手続等を示している（EBAのホームページより）。この措置に対応するため金融機関が資本を必要とする場合で、市場からの調達が困難な場合、国が資本を提供するために、第二次金融市場安定化法（Zweiten Finanzmarktstabilisierungsgesetz）によりSoFFinが2012年3月にECの承認を得て以前と同様の仕組みで再開されている（独・財務省およびFMSA・ホームページ）。当該SoFFinの再開は2012年における限定的な措置とされている。

2　金融業界の概観

　以下、2においては、ドイツにおける金融機関の全体像を簡単に見ていくこととする。制度等に関しては独連邦銀行（2012年1月、5月）、独貯蓄銀行協会（2011年）、独信用協同組合協会および民間建築貯蓄金庫協会のホームページを参考としている。また、金融機関に関する統計は断りがない限り、独連邦銀行（2012年5月）による。

(1)　業態ごとの概要

　ドイツの金融機関（2010年末現在の機関数2,093）のほとんどは商業銀行（同300）、公法金融機関等（同449）、信用協同組合等（同1,143）のいずれかに属する。それ以外の金融機関は、抵当銀行（同18）、民間建築貯蓄金庫（民間：同13）、特別目的銀行（同20）等である。

　公法金融機関は更に州立銀行等（同10）、貯蓄銀行（同429）、公的建築貯蓄金庫（同10）に分かれる。

　公法金融機関や信用協同組合は上位団体や関連機関とともに、それぞれ、貯蓄銀行グループ、信用協同組合グループを形成している。これらの金融グループは、商業銀行と同様に、基本的にいわゆるユニバーサルバンクとして機能している。以下、これらの業態を概観する。

a 商業銀行（Kreditbanken）

独連邦銀行2012年の分類によれば、商業銀行は主要銀行と地域銀行等に分かれる。主要銀行はドイツ銀行、コメルツ銀行、ウニクレジット銀行、ドイツ・ポストバンクで、総資産で全金融機関の24.6%（2012年3月）を占める。商業銀行全体では全金融機関の38.4%（同）を占める。

ここで、公的部門から民間へ大きな変化を遂げたドイツ・ポストバンクについて簡単に紹介する。1989年にドイツ郵便庁を郵便会社、通信会社、銀行（ポストバンク）の3つに分割する法律が施行され、ポストバンクは1990年に独立した。1995年には株式会社に移行、2004年には上場している。2006年には郵便会社から約850の支店を取得しネットワークを広げている。現在ポストバンクの大多数の株式はドイツ銀行によって所有されている。総資産のシェアは全金融機関の中で2.4%（2012年3月）で極端に大きくはないが、郵便事業から一部受け継いだ支店網を活かし、ドイツ銀行等、他の金融機関の顧客にも銀行取引のサービスを提供している点が特徴となっている（資料：ポストバンクホームページ）。

b 公法金融機関

公法金融機関は、公法により設立された金融機関を中心としたカテゴリーであるが、貯蓄銀行グループとして協調して業務を行っている。グループのうち、貯蓄銀行は貯蓄・融資等のリテール業務を市町村等の地域において行う。その上位に位置するのが州立銀行で、決済機能や協調融資等により貯蓄銀行を支

援する。

　なお、公法金融機関については、2005年に大きな制度変更が生じている。従来は州による保証を受けることができたが、ECとドイツ政府との合意（2001年7月）に沿ったかたちで、2005年7月から当該保証は廃止されることとなった。また、同じ2005年7月から、従来は公法金融機関や抵当銀行等に限定されていたファンドブリーフ[8]の発行が、許可を前提としてすべての金融機関に開放されている。

　グループの主な機関の概要は以下のとおりである。

・貯蓄銀行（Sparkassen）

　　市町村等の独立機関として位置づけられている。原則として定められた地域のみにおいて預金・融資等の業務ができる。また、市町村等への融資でも重要な位置を占めている。貯蓄銀行の総資産の全金融機関に占めるシェアは12.7%（2012年3月時点）である。

・州立銀行（Landesbanken）

　　州政府や同州内の貯蓄銀行の上部団体等により実質的に所有されている。大部分の銀行業務を行うことが可能であり、貯蓄銀行を支援するとともに、自ら地方政府等や企業等への融資等、大口業務も行う。特に国内政府向け融資（中央・地方政府向け融資で国債、財務証券等を除くもの）の業態別シェアではトップ（28.4%、2012年3月時点）となっている。

---

[8] 住宅抵当融資や自治体向け融資を担保とした債券。カバードボンド（後述2(3)参照）の一類型。

前述の州による保証の撤廃により州立銀行は、格付低下等の影響を受ける可能性があるため、貯蓄銀行と協力して安定したリテール業務を強化する、あるいは高格付が可能なカバードボンドによる調達を強化する等の対応をとっている。

　また、組織改編を行いつつ従来の枠組みの一部を残した例として、主要州立銀行の1つであるWestLBの場合、旧州立銀行（WestLB GZ）の業務のうち、公共業務を新たな公法機関（NRW銀行）が引き継ぎ、収益業務は新会社であるWestLBが引き継ぐこととなった（2002年8月）。これにより、新公法機関は公共業務に限定された上で引き続き保証を受けることができる。また、新公法機関はWestLBの親会社としても機能することになった（金融危機等の影響を受けた後のWestLBの状況については先述の1(3)を参照）。

　州立銀行の総資産の全金融機関に占めるシェアは16.8%（2012年3月時点）である。

・資産運用機関DekaBank

　貯蓄銀行グループの共通機関として、貯蓄銀行や州立銀行の資産運用等にあたる機関。所有者は貯蓄銀行である。

・公的建築貯蓄金庫（Öffentliche Bausparkassen）

　建築貯蓄制度（持家取得予定者が計画的に貯蓄を行い、それに応じて一定の融資をする制度（後述4参照））を運営する建築貯蓄金庫のうち、州立銀行の一部門等として存在し、株式会社形態もしくは公法上の組織等の形態をとっているもの（民間建築貯蓄金庫については後述）。Landesbausparkassenと呼

ばれ、州立銀行や貯蓄銀行とともに貯蓄銀行グループの一部となっている。営業エリアは定められた特定の地域となっている。建築貯蓄金庫の総資産の全金融機関に占めるシェアは、民間と公的あわせて2.3％（2012年3月時点）となっている。

c 　信用協同組合（Kreditgenossenschaften）

信用協同組合は、中小企業向け融資等を中心に主に会員のために業務を行う相互金融機関である。これらの信用協同組合は、中央金融機関であるDZ BANKおよびWGZ BANK等を中心として信用協同組合グループを形成している。中央金融機関は、信用協同組合のために資金の供給や管理を行うとともに、商品開発とその提供を行っている。当該グループには商業不動産向けの抵当銀行（後述参照）であるDG HYPや建築貯蓄機関のBausparkasse Schwäbisch Hallといった専門金融機関等が含まれる。信用協同組合自体の総資産は、全金融機関の8.5％（2012年3月）となっている。

d 　抵当銀行（Realkreditinstitute）

かつては抵当銀行法（Hypothekenbankgesetz）のもとで、不動産担保融資、地方自治体への融資等に業務が制限されていたが、2005年のファンドブリーフ法（Pfandbriefgesetz）の施行に伴い、制限が撤廃され、銀行としての業務がすべてできるようになった。この際、抵当銀行や公法金融機関等に限定されていたファンドブリーフの発行は免許制に移行し、基準を満たせば他業態も行うことができるようになっている。

組織形態としては、公法に基づき設立されたものとそれ以外のものに分かれる。また、抵当銀行の中には、前述のDG HYPが信用協同組合の金融グループの一員となっているように、金融グループに属するものもある。

　抵当銀行の全金融機関の総資産に占めるシェアは6.7%となっている。また、全金融機関の中で国内政府向けの融資（国債等を除く）のシェアが18.8%（2012年3月）と州立銀行や特別目的金融機関（後述）に次いで大きい点が特徴となっている。

e　民間建築貯蓄金庫（Private Bausparkassen）

　建築貯蓄金庫のうち民間のもの。株式会社の形態をとり、銀行や生保が出資しているものもある。営業エリアは、公的建築貯蓄金庫が特定の地域に限定されているのに対して、民間建築貯蓄金庫の営業エリアは全国となっている。建築貯蓄金庫の総資産の全金融機関に占めるシェアは、民間と公的をあわせて2.3%（2012年3月）となっている。

f　特別目的金融機関（Banken mit Sonderaufgaben）

　特別目的金融機関は、専門の分野で営業する金融機関で、公的なものと民間のものがある。独連銀の銀行統計上の分類に従うと20機関存在し（2010年時点）、政府系機関であるKfW（後述）、その関連金融機関で輸出金融等を業務とするKfW IPEX-Bankや2007年の金融危機後再建中だったIKBドイツ産業銀行（中小企業向けを含む企業融資等）が含まれる。

g　KfW（ドイツ復興金融公庫）

　KfWは1948年に設立された政府系の金融機関で、その資本

の80％を独連邦政府が、20％を州政府がそれぞれ所有している。また、その債務に対しては明白かつ直接的な国の保証が付与されており、借入れ（市場資金や公的資金）が連結貸借対照表の合計の90.0％を占めている（2010年末9)。

　主要事業は、中小企業支援、輸出関係、個人融資等（住宅、教育等）、発展途上国向け、地方自治体向けとなっている。2010年の事業額（コミットメント）約1,037億ユーロのうち、住宅関係融資等は約179億ユーロであった。住宅関係融資等の制度の一部に対しては、国から金利削減の援助が提供されている（KfWの住宅融資制度については4(4)を参照のこと）。

　以上、KfWについてKfW（2011年）を参考にした。

(2) 各業態のシェア等

　総資産のシェア（図表4-6）を業態ごとに見ると商業銀行が単独で約4割を占めているが、融資（国内非金融機関向け）や住宅関係融資のシェアを見ると貯蓄銀行や信用協同組合も同等の比率を占めており、融資機関としての重要度では商業銀行に並ぶ。

　また、国内政府向け融資（中央・地方政府向け融資で国債、財務証券等を除くもの）では州立銀行や特別目的機関、抵当銀行のシェアが高くなっており、地方政府等への直接の融資を多く行う当該機関の特色が現れている。

9　KfWバンクグループはKfWおよび先述のKfW IPEX-Bank等連結子会社6社から構成されている（KfW［2011］)）。

図表 4 － 6　業態ごとの融資残高・シェアおよび預貸率（2012年 3 月時点）

(％)

	総資産	国内非金融機関向け融資	うち住宅関係融資（企業向け含む）	うち国内政府向け融資（国債、財務証券等を除く）	預貸率
商業銀行	38.4	26.1	24.6	13.4	93.4
州立銀行(注)	16.8	14.5	4.3	28.4	118.2
貯蓄銀行	12.7	23.6	29.2	12.3	82.4
信用協同組合	8.5	14.6	19.8	1.4	79.3
抵当銀行	6.7	7.7	7.1	18.8	118.0
建築貯蓄金庫	2.3	3.9	10.0	1.1	95.1
特別目的金融機関	11.3	8.2	5.0	24.1	268.1
信用協同組合中央金融機関	3.3	1.3	0.02	0.6	92.5
全業態	100.0	100.0	100.0	100.0	103.6

(注)・DekaBankは州立銀行に含まれる。
　　・預貸率＝融資（金融機関向け含む）／預金
　　　融資には証券によるものを含まない。
　　　預貸率の計算上、金融機関からの預金には約束手形等による調達、非金融機関からの預金には貯蓄債券等を含む。
　　　各シェアは端数調整の関係で合計が100％にならない場合がある。
(資料)　独連邦銀行［2012年 5 月］

(3)　資金調達の状況

　資金調達の傾向については、融資／預金の比率（以下「預貸率」という。図表 4 － 6 参照）を見ると、地方政府等や企業融資等、大口業務を中心に行う州立銀行、抵当銀行、特別目的銀行

は預貸率が高く、市場依存度が高いことがわかる。このような傾向により、2007年以降の金融危機の中で、特別目的銀行のIKBドイツ産業銀行等が市場において資金調達困難となり、国の支援等を受ける結果につながったものと考えられる。

　なお、資金調達手法に関しては、ヨーロッパにおいては、金融機関による市場からの資金調達方法としてインターバンク市場、通常の債券発行や個別の証券化等以外に、特有かつ重要なものとして担保付債券の一種であるカバードボンドによる調達がある。カバードボンドは投資家の債権回収を確保するための担保資産からの優先弁済権の具備、担保の適合性についての基準、発行額を上回る資産（超過担保）が要求される等、投資家の信頼度を高める工夫が主に法制により定められており、長い歴史（独仏においては18～19世紀に原型が導入されている）を通じて投資家に深く浸透している。

　また、金融市場にとってのカバードボンドの重要性も認識されているものと考えられ、ECBは、金融機関等の資金調達状況の緩和、金融機関による貸出の促進等のため、カバードボンドの買取プログラムを2009年7月から約1年（買取目標600億ユーロ）、2011年11月から1年（買取目標400億ユーロ）の2回行っている。

　カバードボンドの具体的な制度は国によって異なり、ドイツでは法制に基づくファンドブリーフ（Pfandbrief）というカバードボンドの仕組みがある。カバードボンドを発行できる金融機関は前述のように2005年7月から、許可を前提としてすべ

ての金融機関に開放されている（資本の水準等の基準あり）。担保の対象となる資産は抵当融資、公的セクター向け融資等である。投資家への償還をより確実なものとするための仕組みとして、たとえば、住宅ローンが担保となっている場合に担保価値に算入される部分は融資率60％までの部分とするルール、発行体が破綻した場合の担保資産の倒産隔離、また、担保資産および担保資産以外の発行体資産の両方から回収できる権利等が備えられている。

(4) 民間金融機関の監督

ドイツにおける金融機関の監督機関はBaFin（Bundesanstalt für Finanzdienstleistungsaufsicht：連邦金融監督庁）が行っている。BaFinは、各金融業界が同様の商品を提供するようになった点や金融コングロマリットの発展等にかんがみて、連邦信用制度監督庁、連邦保険監督庁、連邦証券監督庁が統合するかたちで2002年5月に発足した。その使命は、主に金融機関の健全性の維持および投資家・消費者の保護等にある。銀行等の金融機関の監督にあたっては、BaFinと独連銀が協調して業務を行っている。独連銀は金融機関の実績等を分析し、検査を行い、資本やリスク管理体制が適切かどうか分析する役割を分担している（BaFinおよび独連邦銀行のホームページより）。

3 住宅ローンの商品性や特徴等について

(1) 住宅ローンの商品性等

　住宅ローンの商品性等については、ECB［2009］によれば、ドイツにおける典型的な住宅ローン（2007年時点）は、以下のとおり初期固定金利タイプで、融資率は70％程度と低い[10]。

・金利タイプ

　　5 年超10年までの固定金利。

・償還期間

　　25年から30年。

・融資率：（Loan to Value Ratio）

　　70％（一次取得者の場合）

　金利タイプ別の利用割合について、EMF［2011］のデータ（2011年第 3 四半期の新規融資）でより細かく見ると、 1 年超 5 年までの初期固定が15％、 5 年超10年までの初期固定が38％、10年超の初期固定が31％、変動金利および 1 年までの初期固定は16％となっている。

---

[10] ドイツでは、住宅ローン等を担保とする債券であるファンドブリーフが住宅ローンの主要な資金源の 1 つとなっている。この債券の担保として評価されるのは住宅ローン残高のうち融資率60％までの部分。これが融資率の低さに影響している可能性がある。

上記のとおり、民間金融機関の融資率は低いため、残りの必要資金は自己資金や他の第二順位抵当の融資等により手当てする必要がある。先述の建築貯蓄金庫は、当該不足部分の融資を第二順位で融資している。

(2)　住宅ローンに係る消費者保護等

　消費者ローンに関しては、消費者保護のためのEUレベルの規定である消費者信用指令[11]が成立し、これに基づいて各国の国内法が整備されつつあり、ドイツでも当該指令に基づいた国内法が2010年から適用されている。また、ドイツでは、この消費者信用指令に基づく国内法令が抵当融資にも適用されている。住宅ローン申込みに関する消費者保護規定は民法典（Bürgerliches Gesetzbuch：BGB）等に定められているが、その主な例には以下のようなものがある（独法務省ホームページより。2009年9月時点の内容に基づく。）。

・契約の締結前に、詳細の情報を指定のフォーマットにより提供するとともに、説明すること（民法典491 a条）。
・借り手の情報や、必要であれば信用情報記録の照会結果に基づいて、借り手の返済能力を審査すること（民法典509条）。
・借り手は、契約時から、もしくは契約内容・条件等を受け取ってから14日の間クーリングオフの権利を原則として行使可

---

[11] Directive 2008/48/EC of the European Parliament and of the Council of 23 April 2008 on credit agreements for consumers and repealing Council Directive 87/102/EEC

能（民法典355条、495条）。

　一方、ヨーロッパレベルでは、住宅ローンを対象とした消費者保護ための指令案が現在欧州議会等で討議されているところである。当該指令案の主要な要素となったものは、EU内の金融機関が現在自主的に遵守しているルール（Voluntary Code of Conduct on pre-contractual information for home loans）である。このルールは消費者保護等のため契約前に提供する情報やその提供方法に関して定めたものである。EU内の住宅ローンを提供する金融機関が業界団体を通して、消費者団体の意見も踏まえつつ、自主規制ルールを提案し、EUがこれを承認するかたちで、2001年から導入されている。

4　住宅金融における政府の役割

　一般政府（中央政府および地方政府）が支出する持家・貸家両方に対する住宅補助（所得制限がかかるもの）の対名目GDP比率をみるとドイツは英仏と比較して極めて小さく、2010年では0.04％（フランス1.08％、イギリス1.49％）となっている[12]。

　国民一般を対象とした持家取得促進策[13]に関しては、現在では、主に建築貯蓄制度に対する補助金とリースター年金

---

[12] EC統計局ホームページで提供される、国連COFOGの定義による大項目Social Protection・中項目Housing・小項目Housingに該当する数値および名目GDPより作成。

(Riester-Rente)によって行われている。建築貯蓄制度とは、利用者が住宅取得等のため貯蓄を行うとこれに応じて融資が受けられるという制度である。リースター年金とは任意加入の適格年金制度であるが、持家取得は老後の生活の安定に資するとの考え方から、税制上の優遇を受けて積み立てた掛け金を持家取得に活用することができる制度である。

なお、2005年までは持家還付型補助金が存在したが、リースター年金制度の中の住宅リースターの制度によって代替されるかたちで廃止された。2005年まで存続した制度は、助成基本金（算定標準上の住宅の建築費または取得費の1％）、子女還付型補助金（子女1人当たり800ユーロ）等からなっていた（日本住宅総合センター［2010］）。子どもの多い世帯が優遇されている点で、日米で見られる住宅ローン利子控除の制度と比べて特徴的な点であった。なお、リースター年金においても子どもの人数が多いほど補助等が多くなる点は共通の特徴である。

また、子どもの多い世帯、障害者や高齢者のいる世帯等の適切な住居の確保に重点を置いた住宅政策は、社会住居助成法（2001年9月制定）のもとで賃貸住宅および持家住宅に係る補助金の給付等が行われている。また、低所得者の居住費用の補助

13　ドイツの持家率は45.7％（2010年時点。居住に供されている住宅に占める持家の割合。独・連邦統計庁［2012］）であり、英仏と比較して低い。ECB2009によれば、この比較的低い持家率の背景には、戦後の社会住宅の大量供給、1970年代までの高水準の賃貸住宅投資といった歴史的背景、民間賃貸住宅への規制が過重でなかったこと、賃貸住宅が税制上優遇されていた点等が挙げられている。

(貸家および持家)は、失業手当、または失業手当を受けていない場合には住宅手当によって、それぞれ支給されている(日本住宅総合センター[2010])。

(1) 住宅取得等のための貯蓄等に対する国の補助

ドイツにおいては、建築貯蓄金庫や他の金融機関や住宅関連会社等との間で、住宅ローン利用や住宅取得を目的として積立を行った場合に一定の補助を行う制度である住居建築奨励金(Wohnungsbauprämien[14])および被雇用者貯蓄還付型補助金(Arbeitnehmer-Sparzulagen[15])があり、住宅取得のための積立を支援している。以下では各制度を簡単に紹介する。

a 住居建築奨励金

住居建築奨励金は、建築貯蓄金庫等への毎年の積立金の一定割合に当たる額を国が補助する制度である。ここでは、制度のうち新規積立者(2009年以降貯蓄契約を行った場合)について概要を紹介する[16]。

・補助の対象となる積立金

　建築貯蓄金庫への積立金(住宅ローン利用を目的として毎年50ユーロ以上支払うもの)、住宅組合などの持分の最初の取得、金融機関への積立金(積立期間が3～6年のもので住宅取

---

[14] 根拠法は住居建築奨励金法(Wohnungsbau-Prämiengesetz)。
[15] 根拠法は第五次勤労者財産形成促進法(Fünftes Gesetz zur Förderung der Vermögensbildung der Arbeitnehmer)。
[16] 住居建築奨励金の利用実績については、4(2)の建築貯蓄金庫における貯蓄に係る実績を参照。

得に使用するもの)、住宅関連会社等への積立(積立期間3～8年で住宅取得に使用するもの)が補助の対象となる。

・補 助 額

　毎年の払込額の8.8％に当たる金額が補助の対象となる。ただし1年当たりの補助対象額の上限は、単身者で512ユーロ、夫婦で1,024ユーロとなっているため、年当たりの補助金の上限はそれぞれ45.06ユーロ、90.11ユーロとなる。

・対象者の所得上限(課税所得)

　単身者：2万5,600ユーロ、夫婦：5万1,200ユーロ。

b　被雇用者貯蓄還付型補助金

この補助金は、被雇用者を対象とした各種の財産形成に対するものであるが、この中には、前述の住居建築奨励金と同様に住宅取得のための貯蓄等が含まれる。この制度においては、積立金は被雇用者の給与から建築貯蓄金庫等に直接支払われることが前提となっている。

被雇用者貯蓄還付型補助金と住居建築奨励金は、同一の支払費用(積立金等)について両制度による補助金を重ねて申請しなければ、併用可能であり、併用することでより多くの補助金を受けることができる。

以下では、住居建築奨励金と同様の住宅ローン利用等のための積立金支払を対象とした場合について概要を挙げておくこととする。

・補 助 額

　建築貯蓄金庫へ毎年の払込額の9％に当たる金額。ただし

1年当たりの補助対象額の上限は、470ユーロとなっているため、年当たりの補助金の上限は43ユーロとなる。
・対象者の所得上限（課税所得）
　単身者：1万7,900ユーロ、夫婦：3万5,800ユーロ
（建築貯蓄への補助制度等については、独民間建築貯蓄金庫協会および独連邦交通・建設・都市開発省のホームページ、日本住宅総合センター［2010］を参考にした）

(2) 建築貯蓄制度

ここでは、上記で取り上げた住宅取得に係る積立等に対する国の補助に関連して触れた貯蓄のなかで、ドイツにおいて特徴的である建築貯蓄制度を紹介する。なお、制度全般について独民間建築貯蓄金庫協会および独連邦交通・建設・都市開発省のホームページを参考にした。

a 概　　要

建築貯蓄制度は、住宅取得費用のなかで、銀行等の融資以外で手当てする金額（建築貯蓄合計額：Bausparsumme）のうち一定割合に当たる額の貯蓄を建築貯蓄金庫において行うと、最短積立期間の経過後、積立金と利息を受け取るとともに、建築貯蓄合計額のうち積立金以外の部分について融資を利用できる仕組みである（図表4－7）。建築貯蓄の契約数は、2012年3月時点で2,978万口（独連邦銀行［2012年5月］）存在する[17]。

b 積立・融資制度

・融資対象者・融資目的等

図表4-7　建築貯蓄制度利用のイメージ

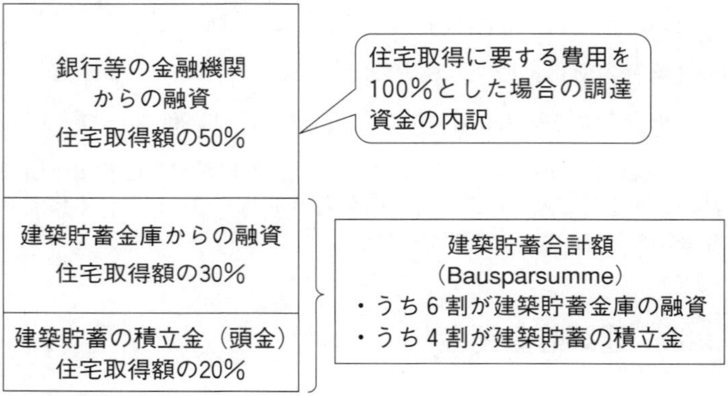

| 銀行等の金融機関からの融資 住宅取得額の50% | 住宅取得に要する費用を100%とした場合の調達資金の内訳 |

| 建築貯蓄金庫からの融資 住宅取得額の30% | 建築貯蓄合計額（Bausparsumme）・うち6割が建築貯蓄金庫の融資・うち4割が建築貯蓄の積立金 |
| 建築貯蓄の積立金（頭金）住宅取得額の20% | |

（資料）民間建築貯蓄金庫協会ホームページ資料より作成

建築貯蓄金庫法（Gesetz über Bausparkassen）において融資目的が規定されているが、その範囲は、住宅の建築・取得、改修等のほか、住宅の敷地の購入、住宅の賃借人が行う改修や住宅取得資金の借換え等となっている。

・融資金利および積立金利

建築貯蓄を開始する際に、積立に付利される固定の積立金利が取り決められるが、この積立金利をベースとして将来の融資金利（固定金利）も同時に決まる。これは、融資の原資が、契約に基づく利用者の集団の積立により主に内部的に調達されているため可能となっているものである。

17　ドイツの人口が8,184万人（2012年1月時点。EC統計局ホームページ）であるから、計算上は2.7人に1人程度が契約していることになり、普及の程度がわかる。

融資金利や積立金利は各契約により異なるが、一般的な融資金利は1.5〜4.25％となっており、通常、積立金利より1％程度高い設定となっている（独民間建築貯蓄金庫協会ホームページ）。

・積立額および融資額

積立開始時に取り決めた建築貯蓄合計額の40〜50％に当たる金額を積み立てると、残りの額が融資される（図表4－7参照）。融資率は一般的に80％までが上限となっている。

・積立期間および償還期間

個別の契約により異なるが、通常、積立期間が7年程度、償還期間が9年程度。なお、繰上償還はいつでも可能。

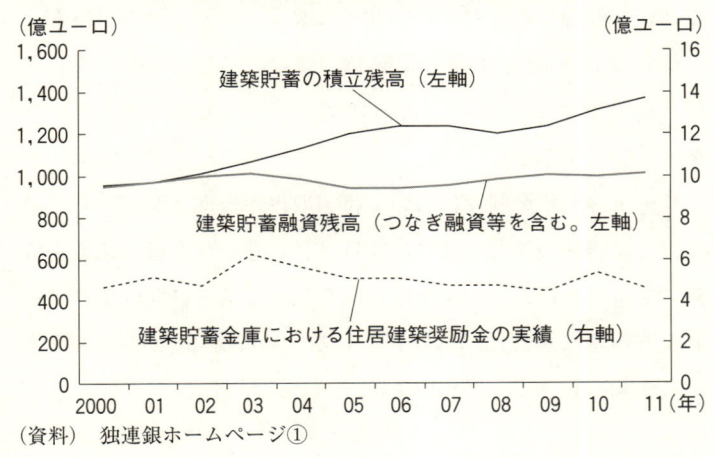

図表4－8　建築貯蓄の積立残高と融資残高の推移

（億ユーロ）　　　　　　　　　　　　　　　　　　（億ユーロ）

建築貯蓄の積立残高（左軸）
建築貯蓄融資残高（つなぎ融資等を含む。左軸）
建築貯蓄金庫における住居建築奨励金の実績（右軸）

（資料）　独連銀ホームページ①

(3) リースター年金を活用した住宅取得支援制度

　経済成長の低迷、少子高齢化のため、賦課方式である公的年金の財政が悪化していたため、年金改革の一環として、公的年金の給付水準を引き下げるかわりに2002年に適格年金として導入された制度。名称は当時担当大臣であったヴァルター・リースター氏の名前に由来する。

　リースター年金の適格年金としての優遇措置は、所得税上、掛け金が払込み時に所得控除され、年金受取り時に課税されるという課税先送りの仕組み等である。また、掛け金払込期間に比べて、年金受取期間において所得が低い等により税率が低い場合にも一定のメリットがあると考えられる。

　当該年金制度における持家取得支援策は、当初は、払い込みずみの保険料のうち一定額を払込期間中に無利子で借入れできるというものであったが、2008年に改善・拡充された（後述）。

　現在選択可能な商品の種類は、保険（年金）契約、貯蓄口座、投資ファンド契約、適格住宅ローン（狭義の住宅リースター）となっている。

　リースター年金制度において持家取得が優遇されている背景は、持家居住の場合、老後に家賃支払がない分だけ生活費を低減できることにあり、年金の意味を込めて老後に向けて住宅を取得することが念頭に置かれているためである（独財務省および独連邦交通・建設・都市開発省）。

【制度概要】

a　掛け金に係る優遇措置

　リースター年金の主な優遇措置は、以下のうちいずれか有利な措置が制度上適用されることにより行われる。たとえば高額所得者には所得控除が、低所得で子どもが多い世帯には補助金が適用されることが考えられる。

① 　掛金払込み時は所得控除を適用、年金受取り時は課税。所得控除上限額は単身者で2,100ユーロ／年、夫婦で4,200ユーロ／年。

② 　掛け金払込み時には所得控除は適用されないが、補助金が支給され、年金受取り時には課税される。補助金は基礎給付が単身者で154ユーロ／年、夫婦で308ユーロ／年。子女給付（2008年以降誕生した子どもの場合）が300ユーロ／子・年となっている。

b　持家取得の支援方法による分類

　リースター年金の種類は、持家取得への活用方法によって、リースター年金全般で利用できる方法と住宅リースター（狭義）で利用できる方法に分かれる。前者では、積み立てた掛け金を持家取得に使用するか、または、払込満了時に持家取得のための住宅ローン返済に充てることができる。この場合、年金受給開始後、使用した掛け金に応じて年金受給額が減るが、年金受給時課税の制度なので、使用ずみの額を含めて課税されることになる[18]。

　後者の場合、利用者は、建築貯蓄金庫等の金融機関とリース

ター年金として適格な住宅ローンの契約を行い、返済金は一般のリースター年金の掛け金と同様に補助金または所得控除の適用を受ける。返済のための支払なので掛け金の蓄積ではないが、前者の場合と同様に年金を受け取ったものとして年金受給期間に課税を受ける。

【経緯・沿革】

2002年　公的年金の給付水準の引下げに伴う適格年金としてリースター年金が導入される。

2006年　持家還付型補助金（Eigenheimzulage）の廃止

2008年　持家取得のための制度改善が実現された（狭義の住宅リースターの導入）。制度の適用は2008年1月にさかのぼって適用された。

（資料：制度や沿革については、日本住宅総合センター[2010]、独連邦財務省および独連邦交通・建設・都市開発省のホームページ）

18　2008年の改善前は、年金の掛け金を持家取得に活用する方法としては、掛け金支払期間中に払込済掛け金から無利子で借入れを行い、年金支給前に返済しなければならないという方法であった。これは掛け金の蓄積を待つまで時間がかかる等、使い勝手のよくない制度であった。当該改善により上記のように住宅取得資金に完全に充当し返済は行わなくてすむ制度となった。この背景には前述の年金代替としての持家の位置づけがあるためと思われる。なお、住宅リースター（Wohn Riester）という用語が、上記の具体的な商品カテゴリーを指して狭義で使われる場合と、商品にかかわらず、掛け金を持家取得に使用して、その分の掛け金は年金として実際には受給しないケース全般に広義で使われる場合があるようである。

図表4-9　各リースター年金の契約総数

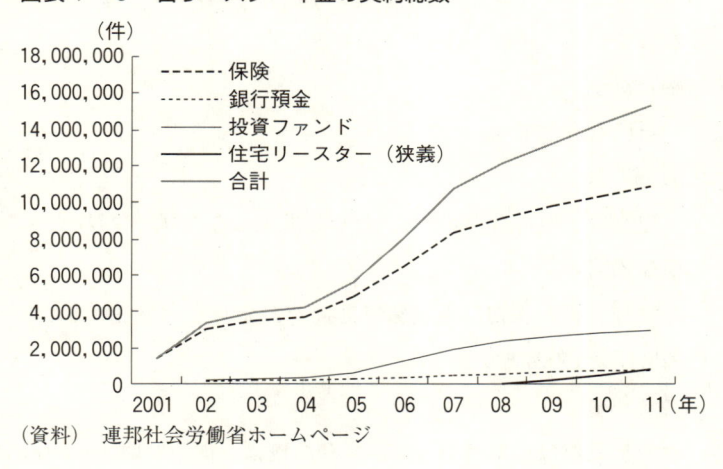

(件)
- ----- 保険
- ・・・・・ 銀行預金
- 投資ファンド
- 住宅リースター（狭義）
- 合計

（資料）　連邦社会労働省ホームページ

(4) KfWによる持家促進制度

　KfWは政府系金融機関であり、広範な事業範囲の中で住宅取得の支援も行っている（KfWの概要については2(1)g参照）。先述のとおり、2010年の事業額（コミットメント）約1,037億ユーロのうち、住宅関係融資等は約179億ユーロであった。そのうち省エネルギー建築および修繕プログラムに係る事業額は約87億ユーロ、住宅所有促進に係るプログラムに係る事業額が約65億ユーロであった（KfW［2011］）。

　ここでは住宅取得のためのベーシックなローン（Programmnummer 124（Finanzierung von selbst genutztem Wohneigentum））について以下に簡単に紹介する。融資額の上限は5万ユーロと

あまり高くなく、民間住宅ローンと併用することが一定に前提となっている（資料：KfWのホームページ）。

・融資対象

　自己所有住宅[19]。

・融資額

　建築費・取得費の100％。ただし上限は5万ユーロ[20]。

・償還期間

　最長35年。当初に返済猶予期間を設定可能（償還期間35年の場合は5年間まで）。

・融資利率

　5年または10年固定金利。金利の例は、償還期間35年、返済猶予期間5年、10年固定の場合で上限金利2.6％（2012年6月6日時点）。

※なお、第4章Ⅰにおける情報は、参照した時点や範囲におけるものであり、必ずしも最新の情報ではない点や網羅的な情報でない点にご留意いただきたい。

19　住宅協同組合（wohnungsgenossenschaften）の持分取得により居住するコーポラティブ住宅（Genossenschaftlich Wohnen）については、別のプログラム（Programmnummer 134（Finanzierung des Erwerbs von Genossenschaftsanteilen））により融資が行われている。

20　独Hypoport AGによれば2012年2月の中古住宅の平均価格は18万5,000ユーロ（http://www.hypoport.com/hpx_mean_en.html）であり、融資が補完的なものであると考えられる。

[参考文献]
BaFin, '04 Annual Report, 2005
BaFin, '05 Annual Report, 2006
BaFin, '08 Annual Report, 2009
BaFin, '09 Annual Report, 2010
BaFin, '10 Annual Report, 2011
BaFin, BaFinQuarterly Q4/10, 2011
Deutsche Bundesbank（独連邦銀行）, Financial Stability Review 2009, 2009
Deutsche Bundesbank, Statistik der Banken und sonstigen Finanzinstitute Richtlinien und Kundensystematik, Statistische Sonderveröffentlichung 1 Januar 2012, Januar 2012
Deutsche Bundesbank, Banking statistics May 2012, Statistical Supplement 1 to the Monthly Report, May 2012
Deutscher Sparkassen- und Giroverband（独貯蓄銀行協会）, Inside the Savings Banks Finance Group, 2011
EC, State aid NN 19/2006（ex CP 81/2003 and CP 228/2004）- Germany WestLB AG - capital contributions, 2007
EC, State aid scheme No N 512/2008 - Germany, Rescue package for credit institutions in Germany, 2008
EC, State aid N 17/2009 SoFFin guarantee for Sicherungseinrichtungsgesellschaft deutscher Banken - Germany, January 2009
EC, Commission decision of 12.5.2009 on the state aid No C43/2008（ex N 390/2008）implemented by Germany for the restructuring of WestLB AG, May 2009
EC, Commission Decision of 18 July 2011 on the State Aid C 15/2009（ex N 196/2009）, which Germany implemented and is planning to implement for Hypo Real Estate, 2011
EC, State aid SA.34345（2012/N）- Germany, Reactivation of the rescue scheme for financial institutions in Germany, 2012
ECB, HOUSING FINANCE IN THE EURO AREA, March 2009
European Mortgage Federation（EMF、欧州住宅金融連盟）, EMF

Quarterly Review Q3 2011, 2011
International Monetary Fund (IMF), Germany：Technical Note on Crisis Management Arrangements, 2011
Statistisches Bundsamt（独・連邦統計庁）, Bauen und Wohnen Mikrozensus - Zusatzerhebung 2010, Bestand und Struktur der Wohneinheiten, Wohnsituation der Haushalte, 2012
WestLB, WestLB Annual Report for 2009
日本住宅総合センター『ドイツにおける持家取得促進税制の変遷と現状〜住宅・不動産税制再編の背景と評価〜』2010年
KfW「有価証券報告書」2011年6月
内閣府『世界経済の潮流2007年秋』、2007年
内閣府『世界経済の潮流2008年Ⅱ』2008年
※以上のECおよびECBの資料については参照した時点でホームページから無料で入手可能である。

[**参考にしたホームページ**]
BaFin①（BaFin概要）
　http://www.bafin.de/SharedDocs/Veroeffentlichungen/EN/Fachartikel/fa_bj_2012-05_bafin_jubilaeum_en.html
BaFin②（リストラクチャリング法関係）
　http://www.bafin.de/EN/Supervision/BanksFinancialServicesProviders/Measures/Restructuring/restructuring_artikel.html
BaFin③（預金保証関係）
　http://www.bafin.de/EN/Consumers/FAQs/BankenBausparkassen/EinlagensicherungAnlegerentschaedigung/einlagensicherunganlegerentschaedigung_node.html
BaFin④（銀行監督関係）
　http://www.bafin.de/EN/BaFin/FunctionsHistory/BankingSupervision/bankingsupervision_node.html#doc2692256bodyText2
EBA（臨時的・例外的資本比率の引上げ関係）
　http://www.eba.europa.eu/News--Communications/Year/2011/The-EBA-publishes-Recommendation-and-final-results.aspx

EC統計局（経済統計等）
　　http://epp.eurostat.ec.europa.eu/portal/page/portal/statistics/search_database
ECB①
　　http://www.ecb.europa.eu/press/html/index.en.html
ECB②（データベース）
　　http://sdw.ecb.europa.eu/home.do
FMSA①（SoFFin再開関係）
　　http://www.fmsa.de/de/fmsa/soffin/index.html
FMSA②（FMSA概要）
　　http://www.fmsa.de/en/fmsa/index.html
FMSA③（SoFFinの保証・資本注入実績等）
　　http://www.fmsa.de/export/sites/standard/downloads/sonstige/2012-03-31_Historischer_Ueberblick_SoFFin-Massnahmen.pdf
KfW（住宅プログラム関係）
　　http://www.kfw.de/kfw/de/I/II/Download_Center/Foerderprogramme/Steckbriefe%2c_Flyer%2c_Checklisten_und_Publikationen/Bauen%2c_Wohen%2c_Energie_sparen.jsp
独財務省①（SoFFin再開関係）
　　http://www.bundesfinanzministerium.de/Content/EN/Standardartikel/Topics/Financial_markets/Articles/2011-12-15-Stabilising-the-financial-markets.html
独財務省②（リースター年金関係）
　　http://www.bundesfinanzministerium.de/Content/DE/Monatsberichte/Standardartikel_Migration/2009/01/analysen_und_berichte/B02-Eigenheimrentengesetz/Eigenheimrentengesetz.html
独法務省（Bundesministerium der Justiz）（独・民法典関係）
　　http://www.gesetze-im-internet.de/englisch_bgb/index.html
独連邦交通・建設・都市開発省①（リースター年金）
　　http://www.bmvbs.de/SharedDocs/DE/Artikel/SW/eigenheimrente-wohn-riester.html?linkToOverview=js
独連邦交通・建設・都市開発省②（建築貯蓄制度）

http://www.bmvbs.de/DE/BauenUndWohnen/Wohnraumfoerderung/WohneigentumFinanzieren/Bausparen/bausparen_node.html

独連邦交通・建設・都市開発省③（住居建築奨励金）

http://www.bmvbs.de/SharedDocs/DE/Artikel/SW/GesetzeUndVerordnungen/wohnungsbau-praemiengesetz.html?nn=36266

独連邦交通・建設・都市開発省④（被雇用者貯蓄還付型補助金）

http://www.bmvbs.de/SharedDocs/DE/Artikel/SW/GesetzeUndVerordnungen/5-vermoegensbildungsgesetz.html?linkToOverview=js

独連邦労働社会省（Bundesministerium für Arbeit und Soziales）（リースター年金関係）

http://www.bmas.de/DE/Service/Presse/Pressemitteilungen/riester-rente-viertes-quartal-2011.html

独連邦統計庁（データベース）

https://www-genesis.destatis.de/genesis/online;jsessionid=EDF7CAFE8E71126656585C6194AC3224.tomcat_GO_1_2?Menu=Willkommen

独連邦銀行①（データベース）

http://www.bundesbank.de/Navigation/EN/Statistics/Time_series_databases/Macro_economic_time_series/macro_economic_time_series_node.html?anker=GELDZINS

独連邦銀行②（金融機関における住宅ローンの融資基準の推移）

http://www.bundesbank.de/Navigation/EN/Core_business_areas/Monetary_policy/Economic_analyses/economic_analyses.html

独連邦銀行③（銀行監督関係）

http://www.bundesbank.de/Redaktion/EN/Standardartikel/Core_business_areas/Banking_supervision/banking_supervision.html?searchArchive=0&searchIssued=0

独民間建築貯蓄金庫協会（Verband der Privaten Bausparkassen e.V.）

http://www.bausparkassen.de/index.php?id=92
独信用協同組合協会（Bundesverband der Deutschen Volksbanken und Raiffeisenbanken）
http://www.bvr.coop/index.htm
http://www.bvr.de/p.nsf/index.html?ReadForm&main=4&sub=30
独ポストバンク（Deutsche Postbank）
http://www.postbank.com/postbank/au_history.html;jsessionid=1A3C77B0D4CBA7EDCA41167E35D398854586.B126PC
米財務省（米国証券の海外保有）
http://www.treasury.gov/resource-center/data-chart-center/tic/Pages/fpis.aspx

Ⅱ フランス

1　フランスの最近の経済状況と住宅市場等の状況（2000年以降）

⑴　2000〜2005年頃の状況

　フランスにおいても、2001年頃からアメリカ発のIT不況等に端を発する世界同時減速の影響を受け、2002年および2003年は1％を割る経済成長となり、これを受けて失業率も2002年か

図表4－10　フランスの経済指標

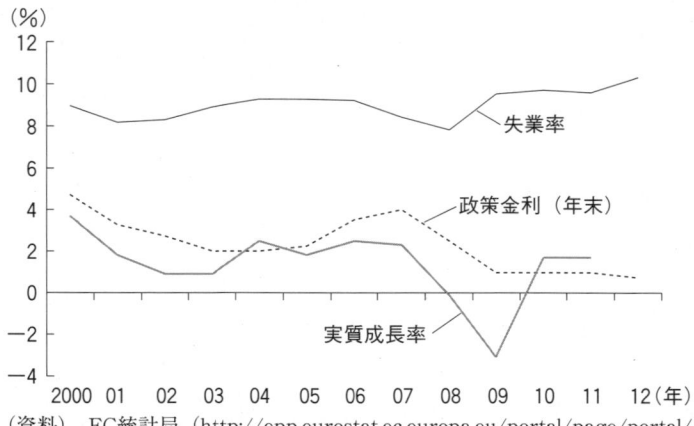

（資料）　EC統計局（http://epp.eurostat.ec.europa.eu/portal/page/portal/statistics/search_database）

ら2004年まで緩やかに上昇した。世界的経済減速に対応するため各国で経済対策が実施されたが、フランスにおいても、減税や雇用対策等が講じられたこともあり、実質成長率は2004年には2.5％に回復している。

住宅市場も経済全体に応じた動きとなっており、2001年および2002年は経済停滞等を背景に住宅着工戸数が緩やかに減少し（図表4－11）、中古住宅価格の対前年伸び率も縮小していたが（図表4－12）、2003年からはともに改善している[21]。

これは、2001年5月からECBが政策金利引下げを開始したこともあり、住宅ローン金利は、政府が関与する主要な制度融資（後述4(2)のPCおよびPAS）の上限金利が2002年8月～2003

図表4－11　住宅着工戸数および中古住宅売買戸数

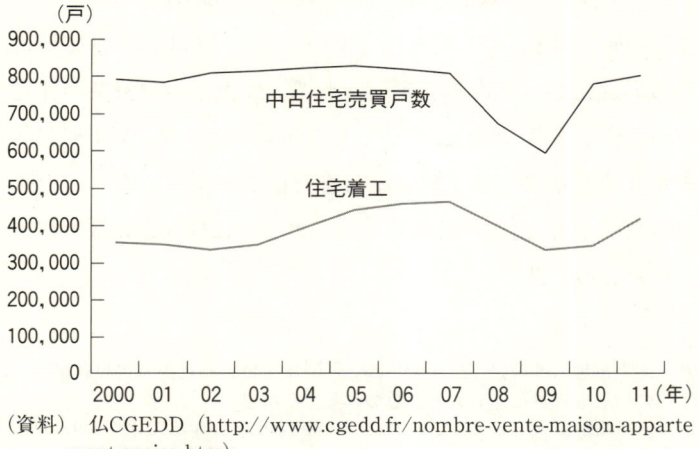

(資料)　仏CGEDD（http://www.cgedd.fr/nombre-vente-maison-appartement-ancien.htm）
　　　仏INSEE（http://www.insee.fr/fr/bases-de-donnees/bsweb/serie.asp?idbank=001582918）

図表 4 -12　中古住宅価格の対前年同期伸び率

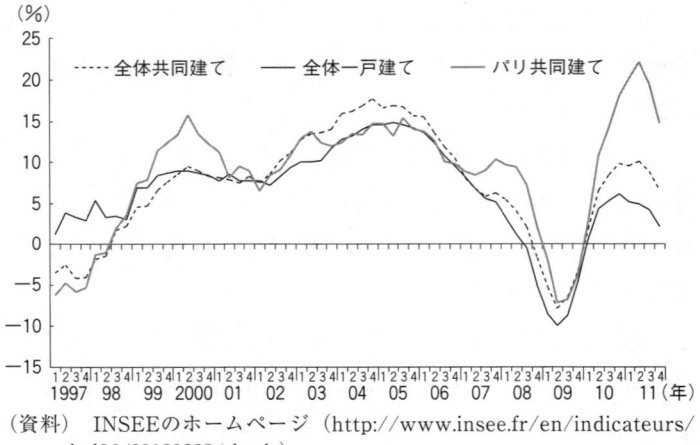

(資料)　INSEEのホームページ（http://www.insee.fr/en/indicateurs/ind96/20120223/sla.xls）

年 9 月の間に 1 ％以上も低下し、その後、2004年 9 月〜2005年 9 月の間に再度 1 ％程度下落している等、金利低下も住宅取得の追い風になったものと考えられる。また、金融機関の住宅ローン貸出基準の変化についても、2004年第 2 四半期以降2006年第 4 四半期までは、変更なしまたは緩和傾向となっており（図表 4 -13）、民間金融機関も住宅ローンに前向きに取り組んでいたものと思われる。

21　住宅市場の改善には、2002年から2004年まで行われた所得税減税や人口の増加も背景にあるものと思われる。
　人口増加（人口1,000人当たり）は1991年から98年まで平均3.9人だったが、1999年から2006年までは平均 7 人と高水準となった。その後2007年から2011年までは平均5.2人となっている（資料：EC統計局ホームページ）。

図表4−13　仏金融機関における住宅ローン（世帯向け）貸出基準の変化

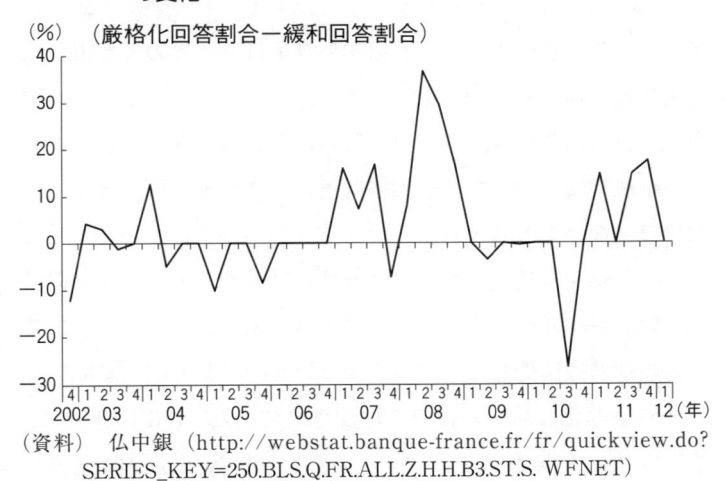

（％）（厳格化回答割合−緩和回答割合）

（資料）　仏中銀（http://webstat.banque-france.fr/fr/quickview.do?SERIES_KEY=250.BLS.Q.FR.ALL.Z.H.H.B3.ST.S. WFNET）

(2)　2005〜2008年頃の状況

　中古住宅価格の対前年伸び率は2002年頃に7％程度であったものが、2004〜2005年にかけては15％前後に達し、住宅着工も2002年の33万戸程度から2005年には44万戸程度まで増加している。中古住宅の価格の上昇が住宅建築を促した可能性も考えられる。なお、物価上昇率（年率）は2000〜2007年まで2％前後であったので、ピーク時の中古住宅価格の対前年伸び率の大きさがわかる。

　2005年12月には、4年超にわたる利下げおよび低金利政策の後、ついにECBが政策金利を引き上げた。政策金利引上げの

間、先述のPCおよびPASの上限金利は2005年9月金利更新時から2007年9月の金利更新まで1％以上上昇している。2006年以降は、中古住宅の価格の対前年伸び率はパリ等の大都市を除いて急速に縮小し2007年第4四半期には5、6％程度にまで縮小した。貸出基準は2007年以降頻繁に引き締められるようになり、金融機関において住宅価格低下のリスク等を織り込み始めたのではないかと考えられる。

2007年頃からアメリカにおけるサブプライム・ローンを担保とした証券化商品の格下げや価格下落が発生していたが、フランスの金融機関等も、英独より少ないものの2007年頃までアメリカの証券化商品への投資を増加させていた（前出図表4－5参照）。2007年においては、その残高の9割近くが民間MBSとなっていた（米財務省ほか［2008］）。

このような状況を背景として2007年8月にフランスの銀行大手のBNPパリバが傘下のファンドの償還等を凍結する事態となった。9月にはイギリスの住宅金融大手のノーザンロック銀行で取付騒ぎが発生した。短期金融市場の緊張感を緩和するため、2007年12月、2008年3月にECBは主要国中央銀行とともに協調して資金供給を行っているが、金融市場の不安は収まらず、2008年9月の米国リーマン・ブラザーズの破産法適用申請により、一段と不安が深まることとなる。

(3) 経済・金融危機下における金融機関支援等

こうした金融危機に対処するためフランス政府が行った施策

としては、経済活動の停滞を防ぐため金融機関へ資金供給を行う官民共同出資の法人SFEF（Société de Financement de l'Economie Française）が2008年10月に資金供給を開始している。また、金融機関へ資本注入を行う政府出資法人のSPPE（Société de Prise de Participation de l'État）が2008年12月に資本注入を開始している（それぞれ概要は以下参照）。

このほか、ベルギー、フランス、ルクセンブルクで地方公共団体向け融資を主体に事業展開するデクシア・グループ[22]について、2008年9月に発表された資本注入を初めとして、10月にはベルギー、フランス、ルクセンブルクによる最大1,500億ユーロの債務保証が開始されている（うち、フランスは最大約550億ユーロ）。

【SFEF】

・目　　的

　　国内への資金供給の確保。2009年12月までの間に年率3～4％の残高の伸び率を目標とする。

・政策手段

　　SFEFが国の保証を受けて資金を調達し各金融機関へ融資を行う。各金融機関は適格な融資を担保としてSFEFに提供する。各金融機関は上記政府保証のコストも支払う（資金調

---

[22] デクシア・グループは、短期の市場資金調達への著しい依存等のため市場の信認が揺らいでいたところ、金融危機の悪化の中、2008年の9月末に市場から締め出されたかたちとなり、支援を受けることとなった（EC［2008］）。

達能力：ECの承認を受け最大2,650億ユーロのまで国の保証により資金調達が可能)。
・SFEFへの出資
　国が34％、民間金融機関が66％。
・資金供給を受けた主な金融機関
　BNPパリバ、ソシエテ・ジェネラル、クレディ・アグリコル、バンク・ポピュレール、ケス・デパーニュ等。

【SPPE】
・目　　的
　金融システムの安定と深刻な経済危機の回避のため主要金融機関を支援。
・政策手段
　各金融機関が発行する劣後証券または優先株（それぞれTier 1に該当）をSPPEが買い取る（買取上限400億ユーロ。ただしECの承認が必要。)。
・SPPEへの出資
　フランス政府。
・資本注入を受けた機関
　BNPパリバ、ソシエテ・ジェネラル、クレディ・アグリコル、バンク・ポピュレール、ケス・デパーニュ、クレディ・ミューチュアル。
（資料：仏経済・産業・雇用省［2009］、EC［2009①、②、③］)

(4) 2008年～現在

リーマン・ショック後、世界的な経済危機の中で、2008年と2009年のフランスの経済成長はマイナスとなった。しかし2010年にはすでに成長率1.7%まで回復している。同様に、中古住宅売買戸数および住宅着工戸数は2008年、2009年と大きく減少し、中古住宅価格の対前年伸び率も2008年途中からマイナスとなり2009年まで続いたが、それぞれ2010年には回復し始めている（前掲図表4－10～4－12参照）。

住宅市場回復の背景には景気回復もあるが、住宅対策の影響も大きいと考えられる。たとえば、0％融資（一次取得者へ頭金程度の額を無利子で融資する公的制度（後述4(1)参照））の融資額の増額（2009年1月～2010年6月の期間限定）やScellier法税制23（賃貸住宅の購入を促進する税制。一般の賃貸住宅について2009～2012年適用）は後押しに役立ったと考えられる。しかし、いずれも期間が限定されていたことから、需要の前倒し効果を引き起こした可能性もあり、今後は揺戻しによる住宅需要の縮小も懸念される。

また、足下の中古住宅価格の対前年伸び率傾向は、2008年・2009年以前とは様相を異にしている。以前は、建て方（一戸建

---

23 2009年以降に取得・建築された賃貸用新築住宅の購入費用等（上限：30万ユーロ）に一定の控除率を乗じた金額について9年間に分割して所得税の税額控除を認める制度。個人で購入する賃貸目的の住宅も対象になる。低エネルギー住宅以外については2012年分までで制度は終了することとなった（資料：財務総合政策研究所［2010］）。

て・共同建て)、地域(全域・パリ)による傾向の違いは大きくなかったが、足下の動きを見ると、共同建ての伸びが大きく、共同建てのなかでもパリが大きく、最近10年の中では大きな伸びを示している。したがって、足下では、共同建てが多く分布する都心等、中でもパリ等に需要が集中していることが推測される。いずれにせよ、2011年途中においてすでに伸び率が縮小しつつある状態であり、経済危機以前のような全国的かつ継続的な好状況にあるとは思われない(前掲図表4−12)。

　貸出基準の変化についても、2011年以降は引締め傾向が強く、低金利環境にはあるものの、先述の景気刺激策の終了と考え合わせると、住宅需要の強力な推進力に不足する状態にあると考えられる(前掲図表4−13)。

2　金融業界の概観

(1)　業態ごとの概要

　フランスの金融機関は、大別すると銀行、相互・協同組織の金融機関、金融会社、特殊金融機関等に分類される。このほかに政府系金融機関等が存在する(仏中銀［2012］)。規模等で見た主な金融グループは、BNPパリバ、ソシエテ・ジェネラル、クレディ・アグリコル・グループ、クレディ・ミューチュアル、BPCEグループ、HSBCフランス、デクシア・クレディ・ローカ

ルの7グループで、その総資産は約6.4兆ユーロで金融機関全体の総資産の82.8％を占める（2010年12月時点。ACP、2010年データ集より）。

a 銀行（Banques）

銀行は、BNPパリバ、ソシエテ・ジェネラル、クレディ・リヨネ／クレディ・アグリコルの3大銀行等や地方銀行等を含む銀行となっている（仏中銀［2012］）。クレディ・アグリコルは以下で説明する相互・協同組織の金融機関だが、クレディ・リヨネと2003年に経営統合している。

b 相互・協同組織の金融機関（banques mutualistes ou coopératives）

相互・協同組織の金融機関（以下「相互・協同金融機関」という）は、基本的に、顧客である会員の出資等により成り立つ多くの地域金融機関が上部団体を通して組織化されるとともに、資金運用等のための中核金融機関を持つ構造となっている。これらの機関は一般的に会員のための貸付等を主たる業務としている。この業態に属するものは、バンク・ポピュレール（banques populaires）、ケス・デパーニュ（caisses d'épargne）、クレディ・アグリコル（crédit agricole）、などである。このうち最初の2機関は2009年に金融グループ（Groupe BPCE）として経営統合し、地域金融機関が共同で所有する中央組織を通して不動産関係融資の大手金融機関クレディ・フォンシエール（Crédit Foncier）を所有する等、経営の多角化を図っている。一方クレディ・アグリコルも地域金融機関が共同で所有する持株会社

を通して大手銀行のクレディ・リヨネと2003年に経営統合している。

c 金融会社 (sociétés financières)

金融会社は、通常は、一覧払いの預金や期間2年以内の預金を一般利用者から受け入れることはできないため、親会社である銀行からの融資や市場調達等も必要となる（銀行の子会社である金融会社も多い）。これらの機関は主な業務（不動産、リース、ファクタリング等）によって分類される。

d 特別金融機関 (institutions financières spécialisées)

国からの委託等により主に特定の分野の業務を行っている金融機関で、海外への支援融資等を行う公的機関であるAgence française de développement、社会住宅の供給を保証等で支援する公的機関であるCaisse de garantie du logement locatif social、証券等の取引所を運営するEuronext Parisの3機関である。

e その他金融機関

その他の金融機関としては国や公的機関等によって保有されるフランスの郵便機関であるグループ・ラ・ポスト（Le Groupe La Poste）の銀行部門のバンク・ポスタル（La Banque Postale）がある。同機関は2005年に設立され、郵便局の支店を通じたリテール主体の業務を行う金融機関となっている（資料：Le Groupe La Poste）。

政府金融機関の代表的なものは国の出資による預金供託公庫（Caisse des Dépôts）がある。同機関は各民間金融機関やバン

図表4-14 各業態の国内法人機関数

業　態	国内法人機関数
銀行	206
相互・協同金融機関	101
市町村信用金庫	18
金融会社	287
特別金融機関	3

（資料）　ACP2010年データ集

ク・ポスタル等が受け入れた非課税預金（Livret A[24]）から預託された資金等を社会住宅（低家賃住宅等）の供給に活用している。また、インフラ整備、中小企業支援、環境関係への融資等も行っている。住宅関係については2010年には約14万5,000戸の住宅の供給に貢献している。

(2)　各業態のシェア等

　金融機関の融資残高は2011年12月末で約2.2兆ユーロ（名目GDPの113％）となっており、シェアは銀行と相互・協同金融機関ではほぼ同じ程度となっている。一方、住宅関連融資については、融資残高が2011年12月末で約1.1兆ユーロ（名目GDPの53％）となっている[25]。こちらは相互・協同金融機関のシェア

---

[24] Livret Aは、2008年まではバンク・ポスタル、ケス・デパーニュ、クレディ・ミューチュアルが扱っていたが、一連の預金自由化の中で、2009年からは他の預金金融機関まで拡大された（EC［2009④］）。

図表4－15　業態ごとの融資残高シェア（2011年12月）

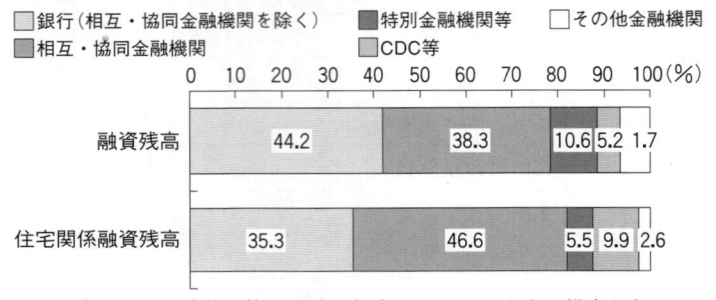

□銀行（相互・協同金融機関を除く）　■特別金融機関等　□その他金融機関
■相互・協同金融機関　□CDC等

	銀行	相互・協同金融機関	特別金融機関等	CDC等	その他金融機関
融資残高	44.2	38.3	10.6	5.2	1.7
住宅関係融資残高	35.3	46.6	5.5	9.9	2.6

（注）　各シェアは端数調整の関係で合計が100％にならない場合がある。
（資料）　仏中銀ホームページ資料より作成（http://www.banquefrance.fr/fileadmin/statistiques/base/html/idx_tmf_trim_detail_fr_fr.html）

が半分近くとなっている[26]（図表4－15）。

(3)　資金調達の状況

　資金調達に関しては、銀行については融資／預金の比率（以下「預貸率」という）が2008年までは140～160％と高く、市場調達の割合が高かったと思われるが、2009年以降は、金融危機や今後のバーゼルⅢに向けて110～120％程度に低下している。相互・協同金融機関についても、2008年頃まで預貸率を高めてきたが、その後110％程度に抑制されている。

---

[25]　融資残高2,247,729百万ユーロ、住宅ローン残高1,051,772百万ユーロ（仏中銀ホームページ、2011年12月時点）、フランスの名目GDPが1,996,583.1百万ユーロ（EC統計局ホームページ、2011年時点）。
[26]　バンク・ポスタルの融資残高は435億ユーロ（2011年末）、そのうち、住宅関連融資残高は415億ユーロ（0％融資を除く）となっている（資料：Le Groupe La Poste）。

「Ⅰ　ドイツ」でも触れたが、ヨーロッパにおいては金融機関による市場からの資金調達方法としてインターバンク市場での調達、通常の債券発行や個別の証券化等以外に、特有かつ重要なものとして担保付債券の一種であるカバードボンドによる調達がある。

　カバードボンドの具体的な制度は国よって異なり、フランスでは、民間金融機関が個々に発行する場合に、発行金融機関等を設立して発行する方法（参考１）と、もう１つは、共同で発行する手段として、参加金融機関が共同出資するCRH（Caisse de Refinancement de l'Habitat）という金融機関がカバードボンドを発行し、調達した資金はCRHが各参加金融機関に融資するという仕組み（参考２）がある。

図表４－16　融資／預金比率（預貸率）の推移

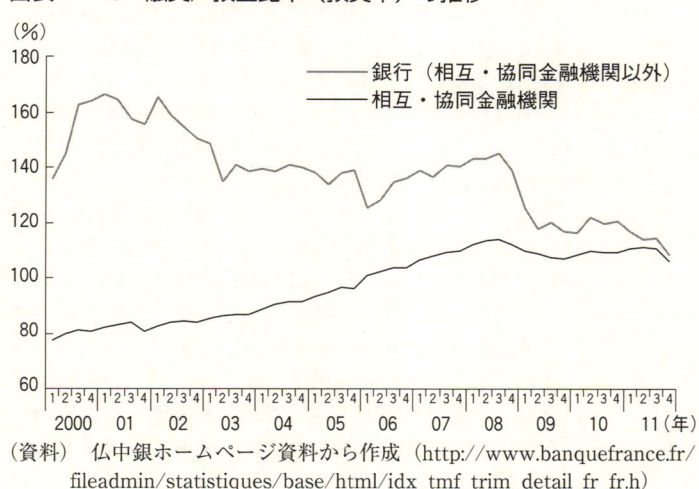

（資料）　仏中銀ホームページ資料から作成（http://www.banquefrance.fr/fileadmin/statistiques/base/html/idx_tmf_trim_detail_fr_fr.h）

（参考１）　発行金融機関設立によるカバードボンド発行手法

　　　　　住宅ローンを実行した金融機関がSociétés de crédit foncier（SCF）という形態の発行金融機関を設立し住宅ローンを移転し、発行金融機関が住宅ローンを担保としてObligations Foncièresと呼ばれるカバードボンドを発行する方法がある。もう１つの手法は、住宅ローンを実行した機関がSociété de Financement de l'Habitatという発行金融機関を設立し、SCFと同様の方法をとるか、もしくは、当該発行金融機関に住宅ローンを移転せず、担保として供することにより発行金融機関から融資を受ける方法である。発行金融機関は当該住宅ローンに担保の効果が及ぶ仕組みに基づきObligations de financement de l'Habitatと呼ばれるカバードボンドを発行する。両者とも法制に基づいたものであるが、その違いは、前者は住宅ローン以外に不動産関連融資や公的機関向け融資等も対象となるが、後者は主に住宅ローンが対象となる点である。また、前者では抵当権を設定せず保証のみを付す住宅ローン（後述3⑴）を担保とする場合に量的制限がかかるのに対して、後者ではこのような制限がかからない点である（参考資料：EMF/ECBC［2011］）。

（参考２）　CRHによるカバードボンドの発行

　　　　　CRHは政府保証を受けて資金調達を行う機関として1985年に政府によって設立された機関であるが、現在は政府保証を受けてはおらず、法制に基づきカバードボンドを発行している。CRHによる資金調達の場合も住宅ローンはCRHの出資者でありローン実行機関である各金融機関のバランスシート上に残る。当該住宅ローンはCRHから各金融機関への融資の担保として設定され、また、当該各金融機関への融資はCRHが投資家に発行するカバードボンドの担保に供される。万が一、各金融機関が破綻した場合、CRHが住宅ローンを取得することができるため、CRHの債権者であるカバードボンド投資家は

当該住宅ローンから回収することができる（参考資料：EMF/ECBC［2011］）。

(4) 民間金融機関の監督

民間金融機関の認可・監督は、監督機関である銀行委員会（Commission Bancaire）および認可機関である金融機関・投資会社委員会（Comité des établissements de crédit et des entreprises d'investissement：CECEI）のもとで行われてきたが、今回の金融危機を受けて、中央銀行であるフランス銀行の協力もとで金融機関、保険会社および投資会社の認可・監督を統合的に行う金融健全性規制監督機構（Autorité de contrôle prudentiel：ACP）が2010年1月に設立され、民間金融機関の認可・監督を行っている。ACPの使命には、金融制度の安定とともに、顧客への助言、情報開示等の監督を通じた消費者の保護も含まれている。

3 住宅ローンの商品性や特徴等について

(1) 住宅ローンの商品性等

フランスにおける住宅ローン市場の特徴の1つとしては、金利の水準等についての政府との協定等に基づき民間金融機関が

提供する規制融資が一定の位置を占め、住宅取得に重要な役割を果している点である。仏中銀データによれば、住宅関連融資（賃貸住宅向け融資等も含む）のうち規制融資のシェアは18.5%[27]となっている。これら規制融資のうち、個人向けの持家取得を目的とした主な制度の内容について4で述べる。

フランスにおける住宅ローンの商品性の特徴については、ECB［2009］によれば2007年時点で以下のとおりとなっている。

・金利タイプ

主要なものは期間10年超の固定金利。当初固定期間1年以内の変動金利のシェアは15%。上限付きの変動金利が存在。

・償還条件等

典型的な償還期間は19年。一次取得者の場合の典型的な融資率（LTV）は91%。

その他の特徴としては、抵当権を設定せず、第三者（主に民間機関）の保証を付してローンを実行する場合も多い点である。これは、抵当権設定等に伴う費用や税金、および債務不履行等に伴う裁判を通じた回収手続にかかる時間と費用を考慮して、抵当権を設定せず保証のみ設定する場合もあるためである。ただし、抵当権を設定せず保証のみを付したローンについては、審査の際、借入者の資産状況や収入記録がより重視される（IMF［2004、2006］）。

---

[27] Crédits réglementésのシェア（2011年12月時点。仏中銀ホームページより）。

(2) 住宅ローンに係る消費者保護等

a 法的な消費者保護

フランスの消費者法典（Code de la consommation）の中には、住宅として使用する不動産を取得するための融資のセクションがある。このセクションの中には、広告（消費者への情報提供）、ローン契約、関連不動産売買契約、ローンの期限前償還等について消費者の保護に係る規定が定められている。ここでは住宅ローンの契約までの段階で消費者を保護するための規定の例を以下のとおり挙げる[28]。

・広告に費用等を表示する場合、融資に伴う費用と元利金の返済を考慮して、費用を年率に換算した数値[29]等を広告に表示する必要がある（L 312-4条）。
・契約前に明示しなければならない情報がリストのかたちで規定されている。その中には、契約主体の特定、融資条件、返済予定、融資に伴う保険や担保等の必要性やその費用、第三者への債権譲渡の条件等が含まれる（L 312-8条）。
・借入者は、貸し手から融資の公式のオファーがあった際、オファーから10日後までは受諾することができない。（L 312-10条）。

---

[28] フランス政府の法律関係サイトLegifrance.gouv.frの中の消費者法典のセクションおよびLondon Economics［2009］を参考にした。
[29] いわゆるAnnualized Percentage Rate of Charge（APRC）と同様の概念と考えられる。

なお、消費者ローンに関しては、消費者保護のためのEUレベルの規定である消費者信用指令が成立し、これに基づいて各国の国内法が整備されつつあり、フランスでも当該指令に基づいた国内法が整備されている。一方、住宅ローンについても同様の趣旨の指令案が現在欧州議会等で討議されている点については「Ⅰ　ドイツ」で述べたとおりである。

b　個人信用情報を通じた消費者保護

　フランスの個人信用情報取扱機関（全国消費者信用支払事故データベース（Fichier national des incidents de remboursement des crédits aux particuliers：FICP））は、仏中銀のもとにある点と消費者保護の活動とリンクしている点で特徴的である。その目的は、国全体で取り組む過剰債務問題対処に資するためとされており、また、債務で苦しむ債務者を金融機関が助ける際に、債務の実態を確認するための情報を提供すること等にあるとされている。また、仏中銀とFICPに関連する公的団体（債務委員会：commission de surendettement）が各地方にあり、過剰な債務を負った消費者の相談を行い、債権者との間で債務整理の調整等の支援を行っている。

4　住宅金融における政府の役割

　一般政府（中央政府および地方政府）が支出する持家・貸家両方に対する住宅補助（所得制限がかかるもの）の対名目GDP比

率をみるとフランスはイギリスに近く、ドイツより大きくなっている（2010年。フランス1.08%、イギリス1.49%、ドイツ0.04%)[30]。

住宅取得支援制度も比較的手厚く整備されている。その一端は、前政権が持家率70%[31]（2010年時点では57.9%[32]）を目標に掲げていたことにも表れている。以下では、フランスの住宅政策のうち持家住宅取得を目的とした主な住宅融資制度等の概要を見ていく。

なお、以下で紹介する国の制度としての住宅ローンは、融資を実行する各金融機関が自らの資金で実行しているため、これらの住宅ローンの残高は基本的に先ほどの金融機関の住宅ローン残高に含まれる。

(1) 0％融資

0％融資（prêt à taux zéro：PTZ）は持家取得支援のため、民間金融機関が国の定める基準に合致した融資を無利子で行い、利子相当額は税額控除のかたちで金融機関へ供給される持家取得促進制度である。

1990年代前半における以下のような状況を背景に、1995年に導入された（海外住宅金融研究会［2000］）。

---

[30] EC統計局ホームページで提供される、国連COFOGの定義による大項目Social Protection・中項目Housing・小項目Housingに該当する数値および名目GDPより作成。
[31] 政府広報2010年9月16日（www.gouverment.fr）。
[32] 主たる住宅（持家・賃貸）のうち持家の割合（CGDD［2011］）。

- 1980年代後半～1990年代前半の不動産ブームの後の不動産不況下における住宅市場の再活性化
- 国の援助等を受けた賃貸住宅（社会住宅）の居住者の持家取得を促進することにより、ホームレスを含む低所得者層が入居できる社会住宅を確保する必要性
- 従来のもっぱら政府系金融機関が取り扱う制度（持家取得助成融資：PAP）から、全金融機関が参加可能で、競争効果が期待できる制度へ移行する必要

【制度の概要】

0％融資の住宅取得における役割は、一般的には頭金が少ない一次取得者の支援が中心である。過去2年間自らの主たる住宅を所有していないことが融資の条件となっており、対象取得費の上限と融資率等の制限により融資額は頭金程度となっている（取得費用に占める割合は2010年で14.5％（CGDD［2012］）。

また、対象所得の上限があること、所得が低いほど長い償還期間を利用可能である等、所得水準による優遇等が見られる（所得上限は利用者の条件により異なるが、制度全体として最高13万9,200ユーロ[33]、最長償還期間は25年（いずれも2012年時点））。

また、0％融資による融資額は他の融資の額以下という条件があり、あくまで補完的役割を担っていることがわかる。

なお、これまで新築住宅と中古住宅の両方を融資対象としてきたが、2012年からは基本的に新築住宅を対象とする制度変更

---

[33] ただし、これは、地域がパリ等で、世帯人数が8人以上の場合である。

がなされた。中古住宅が対象となるのは、利用者が現在賃貸する社会住宅を購入する場合等、一定の場合に限定されている。

【融資額の計算例】（2012年2月時点の制度に基づく）

　ここでは、以下の前提（パリに住宅を取得する4人世帯の場合）で融資可能額を算定した。利用可能な償還期間は8年、対象取得費上限は31万2,000ユーロ（これを超えてもこの額までしか計算対象にならない）、融資率26％が適用となり、概算の融資額は8万1,120ユーロ（対象取得費×融資率）となる。この場合、融資額は取得費用の14.3％であり、やはり頭金程度の額となっている。

【前提】

　物件取得地：パリ、世帯構成：4人、世帯所得：8万7,000ユーロ（パリで4人世帯の場合の上限。課税対象所得）、住宅：新築住宅、住宅取得費用：56万5,192ユーロ[34]、頭金：住宅取得費用の2割、省エネ基準：適用外

【制度の変遷】

　1995年の導入後、以下のような経緯を経て現在の制度となっている。2009年には景気刺激策の一環として融資額の倍増が行われたが、2011年の0％融資の制度改正の際は住宅ローン利子税額控除制度[35]が廃止され、2012年には0％融資の対象は実質的に新築住宅に限定される等、リーマン・ショック後における財政出動と財政縮減の両方の影響を受けている。

---

[34] 新築住宅の平均取得費用（SGFGASホームページより。2011年第4四半期、地域：パリ）。

1997年　対象者を主に一次取得者に絞る（1997年11月から）。
2005年　所得上限の変更、対象中古住宅の拡大等。
2009年　新築住宅について融資額を2008年比で約倍増（経済刺激策の一環。2009年1月～2010年6月の期間）。省エネリフォームを対象とした新制度であるエコ0％融資の追加。従来の0％融資も省エネルギー住宅の取得について融資額を増額。
2011年　所得上限の廃止。同制度導入に伴い、住宅取得者一般向けの住宅ローン利子控除制度は廃止。
2012年　原則として新築住宅に限定（中古住宅は社会住宅の払下げの場合のみ）。所得上限の再導入。

【利用状況等】

　利用件数は、中古住宅は住宅市場の好況期には伸びがあったが、新築住宅はその頃でもほとんど変化がなかった。しかし、2009年以降の融資額の増額により件数が伸びている（図表4－17）。

　（以上、0％融資の制度や沿革全般について、仏・エコロジー・持続開発・エネルギー省およびSGFGASのホームページを参照した。）

35　勤労・雇用・購買力のための法律（通称TEPA法）により2007年に導入され2010年まで存在した制度。廃止前の制度は、新築の低エネルギー住宅、その他の新築住宅、中古住宅の区分ごとに決まる期間（5～7年）・控除割合により、税額控除を行うもの（家族構成別等に税額控除の上限額あり）（財務省財務総合政策研究所［2008］）。

図表4-17　0％融資の新規融資件数

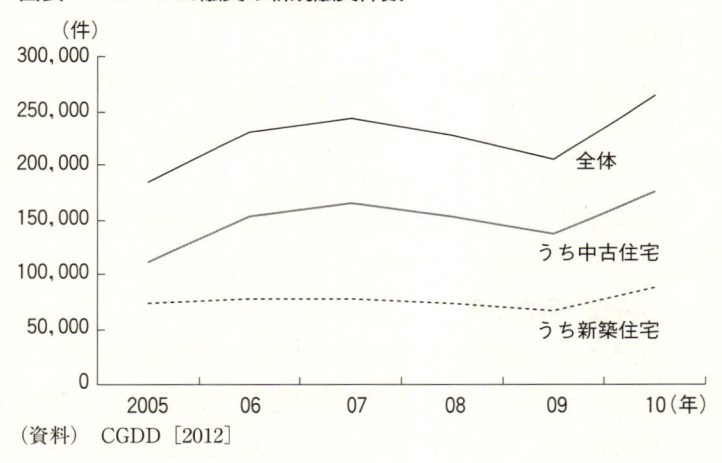

（件）

全体／うち中古住宅／うち新築住宅

（資料）　CGDD［2012］

(2) 協定融資

a　協定融資

　協定融資（Prêt conventionné：PC）は1977年に創設された持家・貸家取得および住宅改良の支援を目的とした制度で、金融機関は国と締結した協定に基づき自らの資金で融資を行う。持家取得支援については前述の0％融資もあるが、PCは0％融資のように一次取得者を中心とした制度ではなく、また所得制限もない。制度の概要は以下のとおりとなっている（2012年時点）。

【PCの概要】
・融資額

住宅取得に係るすべての費用。

・償還期間

5〜30年（5年までの延長が可能。ただし最長償還期間は35年）。

・金　利

償還期間の区分ごと、金利区分（固定、変動）ごとに金利の上限がある（図表4－18参照）。

b　社会住宅取得融資

PCのうち所得制限があるものは社会住宅取得融資（Prêt à l'accession sociale：PAS）として別途区分されている。所得制限は0％融資に比べて全体的に低くなっており、たとえば、0％融資の例と同じパリを含む地域区分で4人世帯の場合の世帯収入（課税対象所得）の上限は、0％融資額では8万7,000ユーロだがPASでは5万1,000ユーロとなっている。0％融資が所得層は広いが主に一次取得者に絞っているのに対して、PASは主に所得水準で絞っており、役割が異なっていると考えられる。金利の上限については、前述の一般の協定融資よりも低い金利上限が別途定められている（図表4－18参照）。また、PASが中低所得者を対象としていることから、国と金融機関により運営される機関であるSGFGAS（後述）による保証付与が義務づけられている。

（以上のPCおよびPASの制度等については、仏・エコロジー・持続開発・エネルギー省ホームページを参照した）

図表4-18 PCおよびPAS金利上限の推移（固定金利で償還期間15年超20年以内の場合）

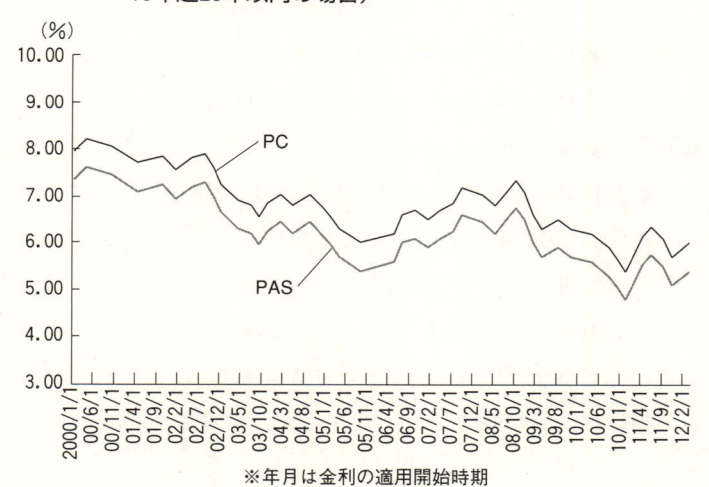

（資料） SGFGASホームページ

※年月は金利の適用開始時期

図表4-19 PCおよびPASの承認件数

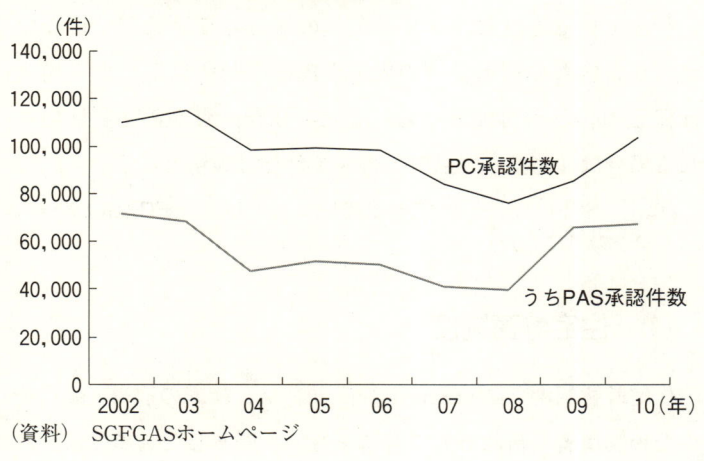

（資料） SGFGASホームページ

第4章 ヨーロッパ 243

(3) 保証機関SGFGASの役割

　PASの融資の保証（前述）を行う機関として国の指導により1992年に設立されたのがSGFGAS（Société de Gestion du Fonds de Garantie de l'Accession Sociale à la propriété）である。設立時の背景として、金融自由化等の中で、中低所得者等が住宅ローンの利用から過度に排除されることがないようにとの配慮があった。同機関は、7つの金融グループ等（銀行および相互・協同組織金融機関）が出資者となり、当該金融グループ等の代表者および国の代表者（住宅担当省、財務担当省）により運営される。国は出資者ではないが、発生したリスクの一部を負担する。

　SGFGASの業務はPASの保証業務等以外に、0％融資の保証およびその税額控除額（前述）のベースとなるデータの作成も行っている。なお、0％融資への保証付与は義務ではないが、0％融資の利用世帯の収入がPASの基準以下である場合は保証の付与が可能となる。また、0％融資がPASと併用される場合は、当該0％融資への保証付与は義務となる。

　（以上、SGFGASについての記述については、SGFGASのホームページを参考にした）

(4) 住宅貯蓄制度

　住宅貯蓄制度（L'épargne logement）は、持家の取得・改良等のため利用者が自助努力で貯蓄を行い、貯蓄した金額に応じた

融資が比較的有利な金利で利用者に提供されるとともに、国が補助金を提供する制度である。また、貯蓄に対する利息および国の補助金は一定に免税の対象となる。貯蓄期間の長短により、積立式住宅貯蓄（Plan épargne logement：PEL）と通帳式住宅貯蓄（Compte épargne logement：CEL）の2つの制度があり、具体的には以下のとおりの内容となっている（2012年時点）。

【PELの概要】
〈貯蓄の条件〉
　貯蓄上限が6万1,200ユーロ、貯蓄期間が4年以上、貯蓄利率が2003年8月1日以降開始分について2.5%となっている。
〈融資の条件〉
・融資額
　　融資額上限9万2,000ユーロ。PELおよびCELの両方で貯蓄した場合の融資上限も9万2,000ユーロだが、CELからの融資は2万3,000ユーロを超えてはならない。
・融資利率
　　2003年8月1日以降の開始分について4.2%となっている。
・償還期間
　　15年まで。
〈国の補助〉
　貯蓄に対して支払われた利息の一定割合（上限1,525ユーロ）。ただし、補助が支給されるのは当制度の融資利用時となっている。

【CELの概要】

〈貯蓄の条件〉

貯蓄上限が1万5,300ユーロ、貯蓄期間が最低18カ月、貯蓄利率が2011年8月1日以降1.5%となっている。

〈融資の条件〉

・融資額

2万3,000ユーロまで。PELおよびCELの両方で貯蓄した場合の融資上限は9万2,000ユーロ。

・上限融資利率

貯蓄利率に金融機関の諸費用相当のマージンを上乗せした利率となる[36]。2011年8月1日以降は3%となっている。

・償還期間

15年まで。

〈国の補助〉

貯蓄に対して支払われた利息の一定割合（上限1,144ユーロ）。ただし、補助が支給されるのは当制度の融資利用時となっている。

（以上、PELとCELの制度概要等については仏・エコロジー・持続開発・エネルギー省ホームページを参照した）

※なお、第4章Ⅱにおける情報は、参照した時点や範囲におけるものであり、必ずしも最新の情報ではない点や網羅的な情

---

[36] 預金金利1.5%に加えて、上限が1.5%となっている金融機関手数料を上乗せするため、上限融資利率3%となる。

図表 4-20　PELおよびCELの補助金件数

(資料) 仏・エコロジー・持続開発・エネルギー省ホームページ

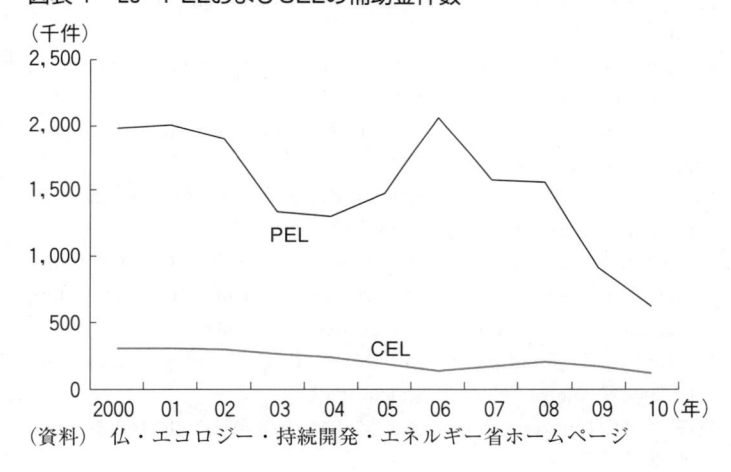

報でない点にご留意いただきたい。

[参考文献]

Autorité de contrôle prudentiel (ACP) "The French banking and insurance market in figures" 2010 (ACP2010年データ集)

Banque de France, 仏中銀 "Fiche N°：221, Les établissements de credit", 2012

Commissariat général au Développement durable (CGDD) "La structure du parc de logements en 2010" 2011

CGDD "Comptes du logement, Premiers résultats 2011, Le compte 2010" 2012

European Central Bank (ECB) "OCCASIONAL PAPER SERIES NO 101 / MARCH 2009, Housing Finance in the Euro Area" 2009

European Covered Bond Council / European Mortgage Federation (EMF/ECBC) "ECBC European Covered Bond Fact Book" 2011

European Commission (EC) "State aid NN49/2008 – Belgium, NN50/2008 – France, NN45/2008 – Luxembourg, Emergency

aid to Dexia in the form of a guarantee for bonds and liquidity assistance", 2008
EC "State aid N 29/2009 − French Republic, Amendment to the capital−injection scheme for banks" 2009①
EC "State aid N 164/2009 − France, Amendment to the capital−injection scheme for banks" 2009②
EC "State Aid N251/2009 − French Republic, Extension of the refinancing scheme for financial institutions" 2009③
EC "Commission considers that its decision on livret A and livret bleu has been implemented and closes infringement procedure against France on livret A and livret bleu" 2009④
International Monetary Fund (IMF) "IMF Country Report No. 04/346, France : Selected Issues" 2004
IMF "IMF Country Report No. 06/390, France : Selected Issues" 2006
Le Groupe La Poste, "Registration Document 2011"
London Economics, "Study on the costs and benefits of the different policy options for mortgage credit, Annex B Legal Summaries", 2009
Ministère de l'économie, de l'industrie et l'emploi（仏経済・産業・雇用省）"Bilan d'activité du plan de financement de l'économie française" 2009
U.S. Department of the Treasury, Federal Reserve Bank of New York, Board of Governors of the Federal Reserve System（米財務省ほか）"Report on Foreign Portfolio Holdings of U.S. Securities as of June 30, 2007" 2008
財務省財務総合政策研究所編「財政金融統計月報第672号」2008年
財務省財務総合政策研究所編「財政金融統計月報第696号」2010年
緒方兼太郎「フランスのカバード・ボンドについて」『季報住宅金融2010年度秋号』、住宅金融支援機構
海外住宅金融研究会編著『欧米の住宅政策と住宅金融』住宅金融普及協会、2000年

※　以上のECおよびECBの資料については参照した時点でホームページから無料で入手可能である。

[参考にしたホームページ]
Banque de France（仏中銀）金融機関統計
　http://www.banque-france.fr/fileadmin/statistiques/base/html/idx_tmf_trim_detail_fr_fr.html
Eurostat（EC統計局）
　http://epp.eurostat.ec.europa.eu/portal/page/portal/statistics/search_database
Légifrance（Secrétariat général du gouvernement（SGG）の法律サイト）（消費者法典関係）
　http://www.legifrance.gouv.fr/Traductions/en-English/Legifrance-translations
Ministère de l'Ecologie, du Développement durable et de l'Energie（仏・エコロジー・持続開発・エネルギー省）（制度関係）
　http://www.developpement-durable.gouv.fr/-Fiches-pratiques,3363-.html
Société de Gestion du Fonds de Garantie de l'Accession Sociale à la Propriété（SGFGAS）（0％融資関係）
　https://www1.sgfgas.fr/loginUI/login

III イギリス

1 イギリスの最近の経済状況と住宅市場等の状況（2000年以降）

(1) 2000年以降の経済状況

　イギリスでは2000年時点は世界経済の回復等を背景に景気が改善していたが、2001年以降はアメリカにおけるIT業界の不振や同時多発テロの影響等も関係して経済成長は鈍化傾向に入った。この間英中銀（Bank of England）の政策金利は2000年末時点の6％から段階的に引き下げられ、2003年11月の引上げへの転換直前には3.5％まで引き下げられていた（図表4－21）。

　2003年には個人消費の改善等から景気が改善し、インフレ懸念等を背景に政策金利は2003年11月に3.75％に引き上げられた。後述のように住宅市場は2002年頃から住宅価格の上昇が目立つようになっていたが、2005年には新築住宅価格の上昇が鈍化し始め、市場の過熱感が弱まり始めている。こうした住宅市場の状況等を背景として個人消費は弱まり、経済成長も2005年、2006年は更に鈍化していた。

　2007年は失業率もやや低下し、景気が回復の動きを見せた年であったが、半面、後述のように新築住宅の価格鈍化の状況が

図表4−21　イギリスの経済指標

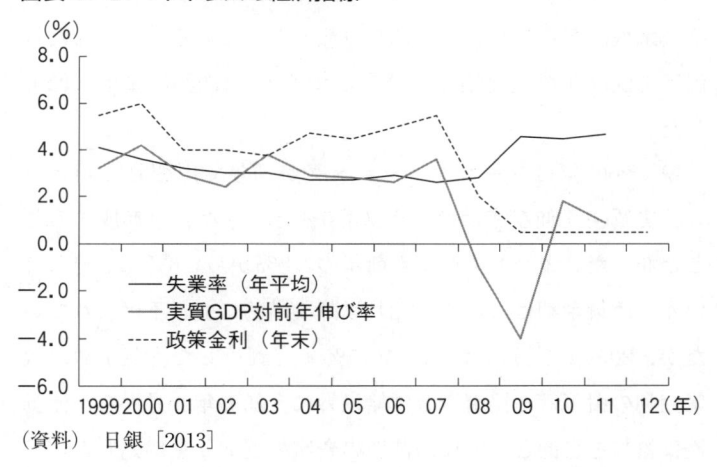

(資料)　日銀［2013］

続いていた。2007年後半はサブプライム問題に端を発した市場の混乱のなかで資金調達困難となり、2007年9月に公的支援が決定した住宅金融大手の銀行、ノーザンロックにおいて預金の取付騒ぎが起こる異常事態となった。こうした状況を受けて英中銀は、2003年11月以降基本的に引上傾向だった政策金利を2007年12月から引き下げている。また、英中銀は、短期金融市場の緊張感を緩和するため、2007年12月にECB（欧州中央銀行）や米連邦準備銀行等と協調して資金供給を行っている。

2008年に入ってからも3月には英中銀は各国中銀ともに短期金融市場において協調資金供給を行っているが金融市場の不安は収まらず、2008年9月にはついにリーマン・ブラザーズが破綻し、世界的に金融市場の機能が低下することとなった。イギ

リスでもこの頃、更に公的所有に移行する金融機関や一部の大手金融機関が資本注入を受ける事態となっている。こうした状況下で2008年の実質GDP伸び率はマイナス1.0％にまでに低下した。

続く2009年はリーマン・ショックが通年で影響した年となり、実質GDP伸び率はマイナス4.0％と大きな谷を形成することとなった。また、失業率も前年の2.8％から4.6％に上昇している。政策金利は、2007年12月以降段階的に引き下げられていたが、2009年3月にはついに0.5％まで到達した。英中銀は政策金利の引下げや協調資金供給以外に、2009年3月から、流動性供給等を目的として民間部門の資産の買取りを開始した。

2010年の経済成長はプラスとなったものの、失業率は4％半ばにとどまったままであり、実際の生活状況は厳しい状態が続いている。2011年の実質GDP伸び率は0.9％とプラスを維持したものの弱いものとなった。また、2011年10月に英中銀は、経済見通しの悪化から過度のインフレの可能性は少ないとして資産買取りの枠を従来の2,000億ポンドから2,750億ポンドに拡大している（買取り枠は、2009年3月開始時は750億ポンド、2012年末時点で3,750億ポンド）。

(2) 住宅市場等の状況（2000年以降）

後述するように、イギリスにおいては変動金利または初期固定金利（当初数年間金利を固定し、当該期間終了後は変動金利に移行するもの等）が中心であり、2003年後半までの政策金利の低

図表4-22 住宅ローン金利・政策金利等の推移

(%)
― 3年固定（融資率75%）
― 変動金利
― 英中銀政策金利
--- 3カ月LIBOR

（資料） BSAホームページ

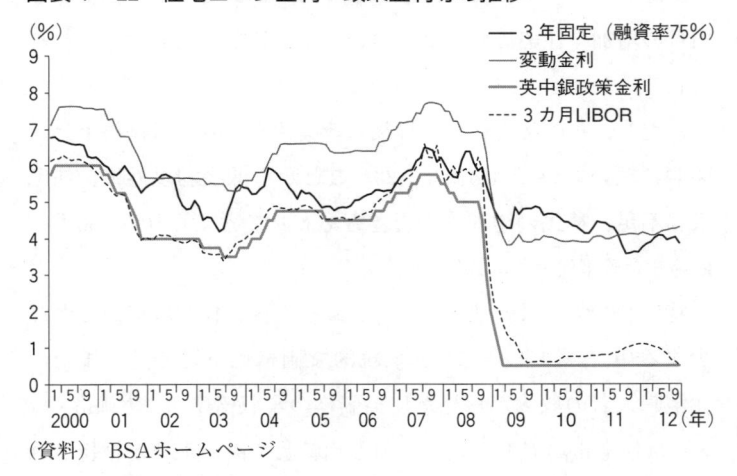

図表4-23 住宅価格および年収倍率

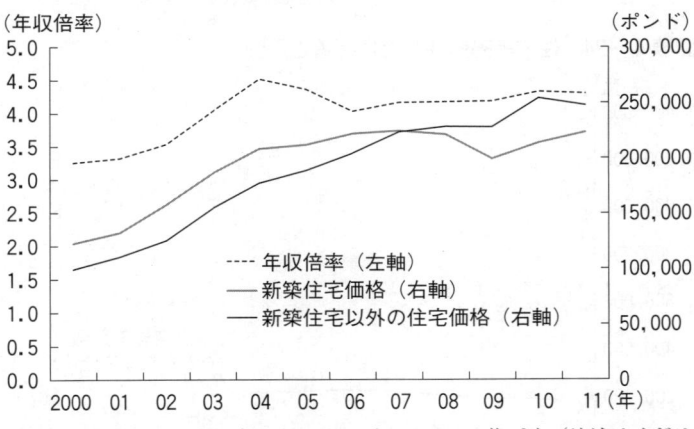

--- 年収倍率（左軸）
― 新築住宅価格（右軸）
― 新築住宅以外の住宅価格（右軸）

(注1) 住宅ローン利用者からのサンプルデータに基づく（地域はイギリス全体）。
(注2) 年収倍率＝住宅価格（全タイプ）／借入者の年収
（資料） ONSホームページ

下に応じたローン商品の金利の低下は（図表4－22）、住宅の取引量の増加や住宅価格の上昇のきっかけになったものと思われる。

ただし、その後金利の上昇後も新築住宅以外では価格上昇が顕著に続いている（図表4－23）ことから低金利以外に、住宅供給不足、移民の増加等の影響もあわせて考えられる（財務省財務総合政策研究所、2008年）。

特に2008年9月のリーマン・ショック後、住宅取引戸数が減少する中で（図表4－24）、継続的な価格低下はなく、また、住宅購入者の収入から見た住宅価格の年収倍率（住宅価格／収入）は住宅市場過熱が始まる前と比較して高い水準が維持されていることから、需要には根強いものが感じられる（図表4－

図表4－24　住宅等売買件数と住宅着工戸数

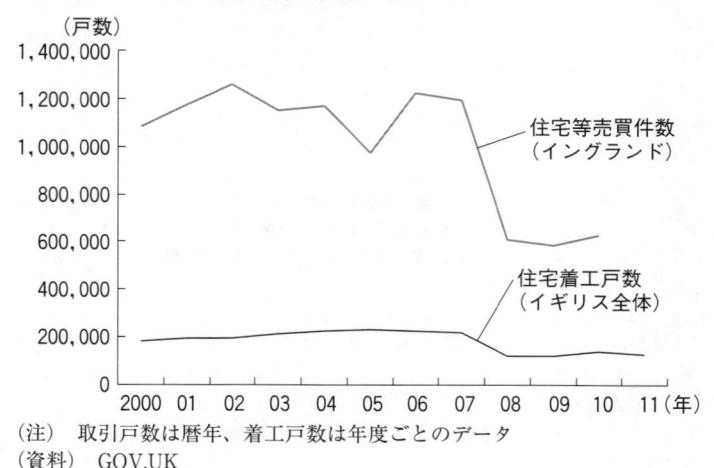

(注)　取引戸数は暦年、着工戸数は年度ごとのデータ
(資料)　GOV.UK

23)。こういった点から、経済悪化を背景にした住替えの減少や建築業者が新規の住宅建築に不安を感じる等から住宅の供給が制限され、価格が比較的高い水準で維持されていることも考えられる。

　一方、新規融資額の動向を見ると、住宅取引戸数と同様に2008年以降激減している（図表4－25）。2009年以降の状況を見ると、顕著なのがグロスの融資に比べてネットの融資が極めて少ない点である。これはグロスの新規融資のほとんどが、借換えであるためと推定される。現在の住宅ローンの金利水準は2003年頃に近い水準まで下がっていることを考えると、金利固定期間が最初の数年間であっても低い金利に借換えしたいとの要望があるものと考えられる。

図表4－25　住宅ローンの新規融資額の推移
（百万ポンド）

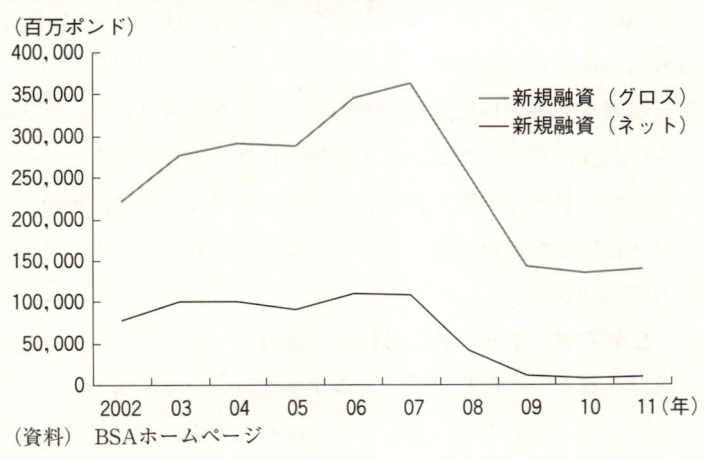

――　新規融資（グロス）
――　新規融資（ネット）

（資料）　BSAホームページ

(3) 経済・金融危機下における金融機関支援等

a　2007年以降の金融危機について

　2007年以降は、独仏の説明でも述べたとおり、サブプライム・ローンを担保としたMBSの格下げや価格下落の影響が欧州にも及んだ。イギリスにおいても、アメリカの民間ABS（MBSを含む）の保有が2007年まで増加を続けていた（前出図表4－5）。まず2007年8月にドイツの中堅銀行であるIKB産業銀行が政府系の復興金融公庫KfWの支援を受け、続いて同月フランスの大手銀行BNPパリバが運営するファンドの償還を凍結する等の混乱が生じたため、ヨーロッパの金融市場における資金調達は困難となっていった。

　同じ8月、イギリスの住宅ローン融資大手の銀行であるノーザンロック（Northern Rock）は、証券化による市場からの長期資金調達に依存していたため資金繰り悪化に直面していた。自力解決を模索したが困難な状況に陥り、英中銀に緊急流動性支援を要請し9月14日に認められた。この情報が流れた後、預金の取付騒ぎが起こったため、3日後の17日に既存の預金をすべて保証する旨英財務省（HM Treasury）が発表し、更に翌月の10月9日には新規の個人預金も当該保証に含める旨発表している（EC［2007］）。

b　金融危機下における金融機関支援等

　英財務省は、ノーザンロックの支援以後、金融市場の安定のため継続的に対応を行っているが、政府による銀行支援を以下

の3つの段階に分類している（英財務省ホームページ①）。

・第1段階（金融危機の初期段階）

　上記(3) a で見たように、サブプライム問題の発生後、2007年8月頃、市場での資金調達が非常に困難になっていった状況である。ノーザンロックはその後、2008年2月に公的に所有されることが発表された[37]。

・第2段階（リーマン・ショック以後の広範な金融危機と政府介入）

　2008年9月のリーマン・ブラザーズの破綻により金融危機は一段と深まったが、同じ9月にイギリスでは中堅銀行のブラッドフォード・アンド・ビングレイ（Bradford and Bingley：B&B（注））が大量の住宅ローン延滞により危機に直面し公的所有に移行することとなった[38]。

　2008年10月頃には継続する金融市場の混乱の中で、政府は、ロイヤル・バンク・オブ・スコットランド（RBS）やロイズ・バンキング・グループ（LBG）へ資本注入を行い、結果として持分を取得している。

　英政府によって支援されるこれらの金融機関は、2008年11月に英財務省100％保有の機関として設立されたUK Finan-

---

[37] ノーザンロックは、2012年1月にヴァージン・マネー（Virgin Money）によって取得された。

[38] B&Bは、住宅金融を専門分野とする中堅の銀行で、その主要な商品はbuy to let（貸家として購入する利用者に融資）等、比較的リスクの高い商品であった（EC［2010］）。B&Bの個人預金ビジネスや支店網はAbbey National（現Santander）に売却された。

cial Investments (UKFI) 等によって管理されている。
・第3段階（2009年1月の資産保護スキーム以降）

　2009年1月に政府は、資産保護スキームを導入した。このスキームは参加金融機関が保有する融資等の資産についてあらかじめ定められた額までの損失を金融機関自身が負担し、この額を超える損失は政府が90％、金融機関自身が10％負担するという仕組み。金融機関は手数料を支払ってスキームに参加する。この制度の狙いは、金融機関の負担する損失を限定的にすることによって新たな貸出を行う自信を回復させるというもの。現在はRBSがこの制度に参加している。

2 金融業界の概観

(1) 業態ごとのシェア等

イギリスにおいて認可を得た預金金融機関は主に銀行、住宅金融組合（Building Society）、信用組合（Credit Union）からなっている。その機関数は、2012年3月末時点で、銀行が236機関、住宅金融組合48機関、信用組合が614機関となっている[39]。

主要な5つの銀行グループと住宅金融組合最大手1機関の

---

[39] 英金融庁が定める分類や各業態の根拠法に基づく分類により機関数が異なる場合があるが、ここでは英金融庁の分類に従った機関数を掲載した（英金融庁［2012］）。

シェアをあわせると、当座預金（PCA）のシェア（顧客数ベース、2010年3月）で92％、住宅ローンのシェア（残高ベース、2009年）は70％を占めている（Office of Fair Trading［2010］)[40]。

このうち、住宅金融組合はイギリスにおいて特徴的な相互金融機関で、その会員により保有され、会員の利益のために運営される。1986年住宅金融組合法（Building Societies Act of 1986）に基づいて運営されており、その主要な目的は住宅を担保とした融資を行うこととされている。そのため、事業資産（Business Asset)[41]の75％は住宅を担保とした融資であること、また、資金の少なくとも50％は住宅金融組合の会員から調達する必要があること等の条件が定められている（英財務省［2012年7月]）。

住宅金融組合の中では先述の最大手のNationwide Building Societyがずば抜けて規模が大きく、総資産規模では第2位のYorkshire Building Societyの約6倍となる[42]。

なお、業態別の住宅ローン残高の割合は図表4－26のとおり

---

[39] 英金融庁が定める分類や各業態の根拠法に基づく分類により機関数が異なる場合があるが、ここでは英金融庁の分類に従った機関数を掲載した（英金融庁［2012]）。
[40] 主要銀行グループはLloyds Banking Group、Santander、Royal Bank of Scotland Group、HSBC、Barclays、住宅金融組合最大手はNationwide Building Society。
[41] 総資産に貸倒引当金を加え、固定資産を除く等、一定の調整を行った計算上の資産（BSAホームページ）。
[42] Nationwide Building Societyの総資産は1,949億ポンド（2012年4月）、Yorkshire Building Societyの総資産は331億ポンド（2011年12月）（BSA［2012]）。

図表4－26　住宅ローン残高およびそのシェア （単位：百万ポンド、%）

各年末	相互金融機関		銀行 (相互機関以外)		専門機関 (相互機関以外)		その他		合計
	金額	シェア	金額	シェア	金額	シェア	金額	シェア	金額
2010年12月	198,754	16.0	847,081	68.3	186,349	15.0	7,518	0.6	1,239,702
2011年12月末	196,988	15.8	860,262	69.0	181,079	14.5	7,537	0.6	1,245,866
2012年10月	202,762	16.0	873,459	69.0	180,033	14.2	8,892	0.7	1,265,146

(注)　各シェアは端数調整の関係で合計が100%にならない場合がある。
　　　相互金融機関は51、うち住宅金融組合は47（2012年6月時点、BSAホームページより）
(資料)　BSAホームページ

で、業態別で銀行が全体の7割程度を占めている。なお、表中の相互金融機関はほとんどが住宅金融組合であるが、一部相互銀行が含まれている。

(2) 資金調達の特徴

　英中銀によれば、主要銀行について、市場資金（＝銀行間預金＋債務性証券）が総資金調達（＝市場資金＋顧客預金）に占める割合を見ると（図表4－27）、2006年頃まで中位値が徐々に上昇する一方、最高値は2004年に跳ね上がっており、一部機関で市場資金依存が極度に高まっている。

　これは、今回の金融危機で市場資金枯渇により、イギリスでいち早く公的管理に陥ったノーザンロックに象徴されており、図表4－27とは別データではあるが、同社では市場資金の割合は70%前後に達していた（図表4－28）。

　市場資金の中では一般的な債券が代表的であるが、それ以外

図表4−27　資金調達に占める市場資金の割合（イギリスの主要銀行）

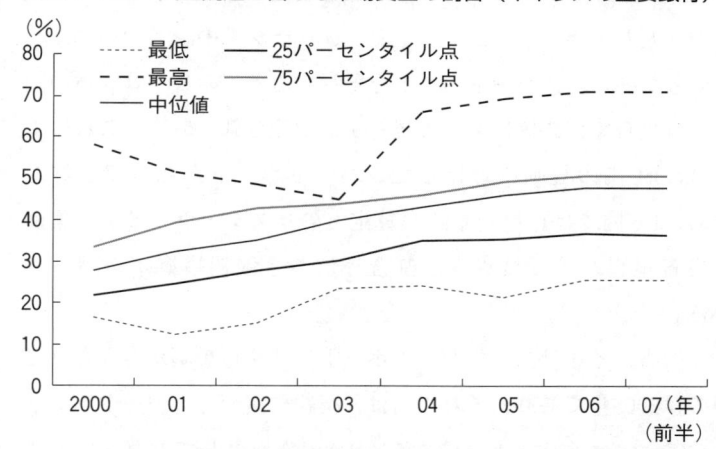

（注）　市場資金＝銀行間預金＋債務性証券、市場資金の割合＝市場資金／（市場資金＋顧客預金）
（資料）　英中銀［2007］、英中銀ホームページ②

図表4−28　ノーザンロックにおける市場資金の割合

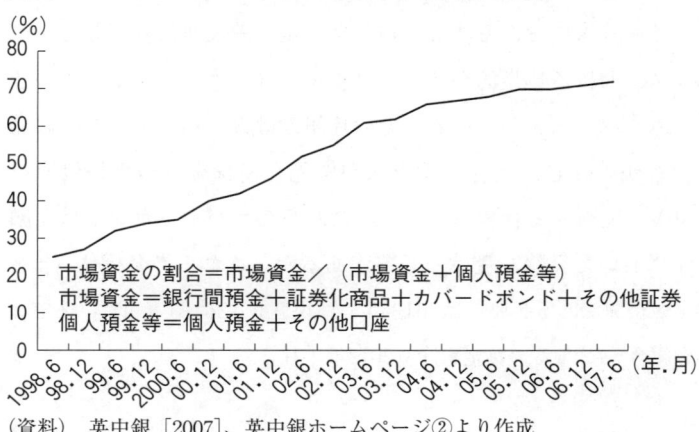

市場資金の割合＝市場資金／（市場資金＋個人預金等）
市場資金＝銀行間預金＋証券化商品＋カバードボンド＋その他証券
個人預金等＝個人預金＋その他口座

（資料）　英中銀［2007］、英中銀ホームページ②より作成

に、ヨーロッパでは住宅ローン等を担保としたカバードボンドが普及していることはドイツおよびフランスの説明で述べたとおりである。カバードボンドを発行する多くのヨーロッパの国では投資家保護等に関する規定が法制化されており、これにより、EU内の規制に合致したカバードボンドが発行できるため、EU内では自己資本比率算定上のリスク・ウェイトや集団投資規制おける投資可能割合等につき優遇措置が適用される。

一方、イギリスでカバードボンドに関する規制が導入されたのは2008年であり、それ以前は、契約に基づくカバードボンド（スラクチャード・カバードボンド）のみ発行しており、優遇措置の適用がなかった。そのため、他のEU諸国と競争条件をそろえようとしたのが2008年の法令によるカバードボンド規制導入の要因の1つである（英財務省［2007］）。

イギリスにおける法令の規制は、規制導入前に存在したイギリスにおける典型的なストラクチャード・カバードボンドの仕組みをベースとしている。その仕組みは、カバードボンドの発行者が破綻した場合に投資家が優先弁済権をもつ担保資産をSPVに隔離する仕組みである。これらのカバードボンドは金融庁において登録を受ける必要があるが、これらの発行体（預金金融機関である必要）は2012年4月現在、12機関（銀行、住宅金融組合）である（英金融庁［2012年4月］）。

(3) 民間金融機関の監督

英金融庁（Financial Services Authority：FSA）はFinancial Services and Markets Act 2000（2000年金融サービスおよび市場法：FSMA）によって創設され、FSMAによってその目的を、①市場の信頼の維持、②金融システムの安定性への貢献、③消費者保護の確保、④金融犯罪の抑止とされている。監督対象となる業態は銀行、住宅金融組合、信用組合、保険会社、投資会社等で多岐にわたる。ここでテーマとなっている住宅抵当融資については、第1順位の住宅抵当融資は英金融庁、第2順位の住宅抵当融資は別の監督機関であるOffice of Fair Trading（OFT）によって行われている（また住宅抵当融資ではない個人向け融資もOFTが管轄している）。

現在の予定では2013年4月から、英金融庁の機能は2つに分割され、預金金融機関や保険会社等の健全経営のための監督機能等は、Prudential Regulation Authority（PRA）へ、消費者保護行政やPRAによって監督されない金融機関等の監督機能等は、Financial Conduct Authority（FCA）へ移管され、また、PRAは英中銀の一部として位置づけられることとなる。

3 住宅ローンの商品性や特徴等について

(1) 住宅ローンの商品性等

a 金利タイプ

英金融庁のデータ（図表4-29、新規融資に占める割合）で見ると、2012年第3四半期では初期固定金利型（当初数年は固定金利でその後変動に移行する住宅ローン）等が過半を占めているのに対して[43]、住宅市場がブームの終わり頃だった2008年第1四半期では逆に変動金利型が過半を占めている。2008年頃はまだ比較的高金利状態だったのに対して現在は低金利状態であることが背景にあると考えられる。更に英金融庁の別のデータで

図表4-29 新規融資に占める金利タイプ別の割合

	初期固定金利等	変動金利
2012年第3四半期	55.98%	44.02%
2008年第1四半期	45.88%	54.12%

（注）住宅ローン業務について英金融庁から認可を受けている金融機関が集計対象。
（資料）英金融庁ホームページ①（MLAR Statistics［2012年12月、2008年8月］）

---

[43] 英金融庁によれば2011年の新規融資における初期固定金利型等のうち67％が2年固定だったとのデータがあり（英金融庁［2012年10月②］）、固定期間が短いものが大半となっている。

は、2011年度には初期固定金利等が62.5%を占めており、続いてトラッカーモーゲージ（Tracker Mortgage：政策金利を指標にした変動金利ローン）が23.2%、優遇金利が適用された変動金利が7.8%となっており、変動金利の中ではトラッカーモーゲージの割合が大きい（いずれも2011年度新規契約ベース。英金融庁、2012年8月）。これは、近時の経済状況下で英中銀の政策金利の引上げは当面ないと想定されているためと考えられる。

　一方、全期間固定金利型は現在のところは商品の提供は確認されていない（英金融庁［2012年8月］）。全期間固定金利型については、コミュニティ・地方政府省（Department for Communities and Local Government（DCLG）、住宅政策も担当）のGrant Shapps大臣が、2011年10月の業界団体向けの演説の中で、30年に及ぶ長期固定金利型の住宅ローンの提供を呼びかけ、家計にとって将来の返済額を確定することの重要性を説いたが（GOV.UKのホームページより）、現在のところ具体的な動きはない模様である。イギリスにおける長期固定金利型導入に向けた検討は、2004年に最終報告が行われた財務省の委嘱によるデビッド・マイルズ教授の報告において、金利変動についての知識の消費者への周知徹底、金利キャップ付ローン等の普及策、カバードボンド法令整備等による長期資金調達方法の拡充等が提案されている（Miles［2004］）。このうちカバードボンドの法令整備については、2008年にすでに実施されているところである。

b　償還期間

　イギリスにおいては30年以上にわたって償還期間25年のロー

ンが主流であった。最近の動きとしては、25年を超えるローンの利用が増えていることが挙げられる(図表4-30)。これらの理由としては、一次取得者が長い償還期間を選択しているほか、高年齢まで働く層の増加、返済負担軽減のための償還期間の長期化がある(英金融庁[2012年10月②])。これらの背景には人口構造の変化や住宅市場のブーム期の住宅価格上昇があると考えられる。

c 融資率

英金融庁のデータ(図表4-31、新規融資に占める割合)によ

図表4-30 住宅ローンの償還期間の分布の推移
(単位:%)

	1990	2000	2007	2010	2011
25年以下	95.3	98.4	74.1	77.9	73.6
25年超	4.8	1.7	25.9	22.1	26.4

(注) 各シェアは端数調整の関係で合計が100%にならない場合がある。
(資料) ONSホームページ

図表4-31 住宅ローンの新規融資に占める融資率の分布

	75%以下	75%超90%以下	90%超95%以下	95%超
2012年第3四半期	65.77%	31.72%	2.11%	0.41%
2007年第1四半期	50.53%	34.01%	9.60%	5.86%

(注1) 住宅ローン業務について英金融庁から認可を受けている金融機関が集計対象
(注2) 各シェアは端数調整の関係で合計が100%にならない場合がある。
(資料) 英金融庁ホームページ①(MLAR Statistics[2012年12月、2008年8月])

れば、融資率(LTV)は、2012年第3四半期では75％以下が6割超を占めているが、住宅市場のブームだった2007年第1四半期では約半分が75％超で、特に90％超や95％超の割合も高かった。背景としては、住宅ブーム時は貸出態度の緩和で高かった一方、現在は、新規融資が縮小するなか、低金利環境下で残高の低い借換融資が多いことで融資率が低くなっていると推測される。

(2) 住宅ローンに係る消費者保護等

a 現在の消費者保護規制等について

イギリスにおいては第一抵当融資は英金融庁が監督し、第二抵当融資を含む消費者ローンについては、OFT(Office of Fair Trading)が監督を行っている。ここでは、主たる住宅ローン商品が第一抵当であることから英金融庁による規制を見ることとする。住宅ローンの情報提供等については、英金融庁が所掌する規制ルールであるMortgages and Home Finance：Conduct of Business sourcebook(MCOB)が適用される。規制対象機関は融資機関、ブローカー(credit intermediaries)、規制対象の住宅ローンは土地に第1順位の抵当権を設定する一定の住宅関連融資である。以下、MCOBに沿って、融資機関に対する主な規制を見ていくこととする。

MCOBによれば、消費者は、融資の申込みを行う前、申込み時に以下のような情報を受け取ることが必要とされている。

・申込み前

商品の特徴、関連する預かり金、関連する借入れ、セットで利用することが必要となる商品、費用　等。

・申込み時

具体的に申し込む特定の商品の詳細の情報。また、消費者が自身にとって当該商品が適切かどうか確認する機会が確保されていることが必要。

消費者に対して商品利用に関するアドバイスを行った場合は融資機関の責任は一段と重くなる。この場合、個別の消費者が返済可能だと融資機関が確信する住宅ローンを勧める義務が生じる。

融資機関の審査手続に関する規定としては、個々の細かい審査上の手続義務を規定するより、適切な審査という目的が達成されていることの確認が重視され、融資機関は消費者の返済能力を考慮に入れて審査を行った事実を記録に残す義務がMCOBに規定されている。

（資料：英金融庁ホームページ②、London Economics［2009］）

b　今後の規制（2014年導入予定の規制最終案）

イギリスでは、2005～2007年の住宅市場のブーム終焉、アメリカのサブプライム問題やリーマン・ショックに続く金融危機等を経て、延滞が増加しており、英金融庁は2009年頃から住宅ローンの販売等の規制強化に向けて市場と議論を重ねてきた。2011年12月の意見募集で規制案の全体像が示され、2012年10月には最終的な規制ルールが出されている。主な規制項目の実施は2014年4月とされている。その主な項目は、責任ある融資の

ための審査、販売における消費者保護、延滞者等への対応、非預金機関に対する規制等となっている。ここでは、審査と販売について概要を紹介する。

責任ある融資のための審査については、住宅価格の上昇をあてにしないで、借り手が返済できることを審査で確認すべきとの観点から、基本的に審査において以下を含む手続の実施が求められている。

・すべての住宅ローン案件において収入の確認をすること[44]
・義務的出費や必要不可欠な出費を勘案して審査
・返済期間中の金利上昇の可能性を勘案して審査
・IOローンは[45]、信頼に足る他の返済原資がない場合、通常の元利返済を前提として審査

また、販売の段階における消費者の保護等のため以下が求められている。新規制においては、ほとんどの販売局面で消費者へのアドバイスの提供が求められることとなったため、商品選択における融資機関の責任はより重いものとなる。更に、消費者の最善の利益に沿って行動することとされたことで顧客との関係全体において責任が重くなる。

・消費者との対話等があるすべての販売（対面、電話等）につ

---

[44] 収入を確認しない商品が存在し、First Track（属性がよいので確認しない）とSelf-certified（収入確認を求めない特殊ローン）があり、後者は延滞率が高い。ブーム末期の2008年には融資の約半分がこのようなローンだった（英金融庁［2011］）。
[45] IOローン（Interest Only Loan）：償還途中では元本を返済せず、利払いのみで、最後に住宅の売却等により元本を一括返済するローン。

いて、融資機関はアドバイスを提供すること。ただし、専門家や一定の富裕層等の消費者はアドバイスを受けない選択も可能。また、消費者とのやりとりが全くない純粋なネット販売等においてもアドバイスを提供しないことが許容される。
・消費者の最善の利益に沿って、融資機関が誠実に、公正に、専門家として行動すること。
（資料：英金融庁［2012年10月①］）

なお、さらに先のこととなるが、ドイツおよびフランスに関する説明のなかで述べたとおり、住宅ローンに関するEUレベルの消費者保護の規制が欧州議会等で討議されており、これが成立すればイギリスの法律に反映されることとなる。

4 住宅金融における政府の役割

(1) 持家住宅政策の概観

国等による中低所得者向け住宅政策は、低廉な家賃の賃貸住宅（地方公共団体等により供給）と持家住宅等の供給に分かれる。ここでは住宅ローンに着目し、持家取得支援政策に絞ってみていくこととする。持家取得政策はさらに、①公営住宅等の居住者への払下げと、住宅協会（非利益団体等の社会的住宅事業者（後述））等が行う新築住宅等の取得支援制度に分かれる。

なお、これとは別に、国民一般を対象に持家取得を促進する利子補給制度MIRASがあったが2000年にすでに廃止されている[46]。

また、イギリスにおける特徴として、いくつかの政策分野が、イギリス政府からスコットランド、北アイルランド、ウェールズへ委譲（devolution[47]）されており、イングランドを含む各地域の住宅政策は互いに異なる場合がある（英財務省・DCLG、2012年4月）。ただし、公営住宅等の払下げやその他の同趣旨の持家取得支援政策等についてはイングランド以外の各地域でも行われている。以下では説明の簡便性のため、特段の断りのない限りイングランドの制度に絞って説明することとする。

以下では、各持家取得支援制度を見ていくこととするが、まず、公共団体以外の組織で、持家取得の支援と低廉な賃貸住宅の供給の両面で大きな役割を果たしているイギリス独特の組織形態である住宅協会（Housing Association）について簡単に触れることとする。住宅協会は低廉な住宅を非利益ベースで供給する独立した団体で、賃貸住宅の供給において重要な存在となっている。その監督は、イングランドにおける住宅担当省であ

---

[46] MIRAS（Mortgage Interest Relief at Source）：1967年住宅補助金法によりもととなる制度が導入された。所得税率に応じて融資機関への利子が軽減され、軽減分は国から融資機関へ支払われた。財政負担等のため対象や補給率が段階的に縮小され2000年4月から廃止になった（海外住宅金融研究会［2000］）。

[47] 各地域における国民投票の後、1999年から地域の議会がイギリス政府から委譲された範囲内で法令の制定等を行っている。

図表 4 −32 イングランドにおける住宅ストック数の推移

(単位:千戸)

年	持家	民間賃貸、社宅等	住宅協会の賃貸住宅	地方公共団体の賃貸住宅	全体
2007	15,070	3,182	1,951	1,987	22,190
2008	15,029	3,443	2,056	1,870	22,398
2009	14,907	3,709	2,128	1,820	22,564
2010	14,790	3,938	2,179	1,786	22,693
2011			2,255	1,726	22,814

(資料) DCLG〔2011年11月①〕

るコミュニティ・地方政府省(Department for Communities and Local Government。以下「DCLG」という)の関係機関である住宅・コミュニティ庁(Homes and Communities Agency:HCA[48])が行っている。住宅協会の組織数は約1,100機関[49]、運営する賃貸住宅のストック数は225万戸(図表4−32)となっている。住宅協会の管理する賃貸住宅ストックの一部は地方公共団体から移管されたものであることも、住宅協会のストック数が大きい理由の1つと考えられる。

---

[48] Housing Corporationが行っていた住宅協会に対する監督機能および支援機能は、それぞれTenant Services Authority(TSA)およびHCAが2008年12月に承継し、さらに、2012年4月にTSAの機能はHCAが引き継ぎ、現在に至っている。

[49] 住宅協会の業界団体であるNational Housing Federationの会員数(資料:NHFのホームページ。2012年10月時点)。

(2) 公営住宅払下制度

a 概　要

　Right to Buyは1980年に当時のサッチャー政権により導入された制度で、公営住宅の居住者に居住中の住宅を買う権利を与えるという制度である。売却価格については、市場評価価格から大幅な割引率（居住年数に応じて33～50％。割引額に上限あり）を適用したことで大きな人気を呼び制度が普及した。当時の制度導入の背景には、公共部門の縮小、歳出削減、所得が増加した世帯の転出を緩和し居住世帯の収入の偏りによる社会問題を防ぐ必要、等があった（参考文献：Wilson［1999］、Munroほか［2005］、Dixonほか［2004］）。導入時の急激な普及や1980年代後

図表4－33　Right to Buyによる公営住宅等の払下戸数（イングランド）

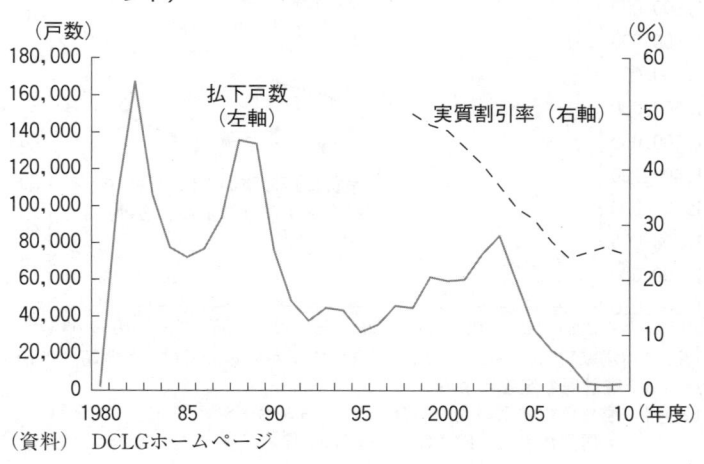

（資料）　DCLGホームページ

半の住宅ブーム時の利用件数の急増等はあったが、近年は住宅価格の上昇に比べて割引額上限の引上げが小さく、実質の割引が小さくなってきたことから利用件数が低迷していた（図表4－33）。

そのような状況下、2012年4月、キャメロン首相の連立政権は、持家取得の促進とバランスのとれた安定したコミュニティの維持のため、割引額上限の大幅引上げ（最大3万8,000ポンド→最大7万5,000ポンド）を行いRight to Buyを再始動させた。今回の制度の再始動におけるもう1つの特徴は、売却される公営住宅に対応して新たに住戸を供給する点である（DCLG［2012年4月］）。既存住戸売却によって新規の賃貸住宅を供給できる

図表4－34　公営住宅入居待機者数（イングランド）

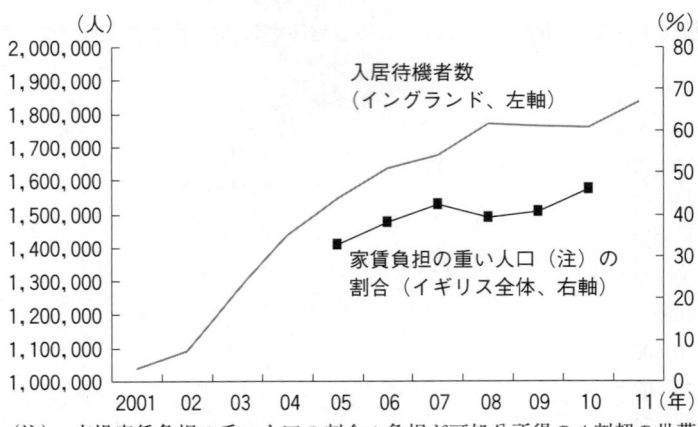

(注)　市場家賃負担の重い人口の割合：負担が可処分所得の4割超の世帯
　　　（EC統計局の定義による）
(資料)　家賃負担の重い人口割合：ECホームページ
　　　　入居待機者数：DCLG［2011年11月②］

ため、現在増加が続く公営住宅の待機者（図表4－34参照）に対応することができる。また、新規の住宅供給のための資金の一部は売却金を活用できるため財政負担が軽減される点や経済が低迷する中、新規の住宅建設を行うことで経済刺激策となる点も考慮されているものと思われる。

b　現在の制度

　公営住宅や住宅協会等の公的賃貸住宅に5年以上居住した者は、市場評価価格に以下のような割引率（割引額上限は最大7万5,000ポンド）を適用した売却価格で居住する公営住宅を購入することができる。また、公営住宅の運営者が売却対象の住宅の修理等に過去15年間に費やした費用が住宅の価値を超える場合は割引額が削減される。

〈割引率〉

・一戸建て

　　5年間公営住宅に居住した場合の割引率35%で、居住年数が1年増すごとに割引率が1%ポイント増加する（割引率の上限は60%）。

・共同建て

　　5年間公営住宅に居住した場合の割引率は50%で、居住年数が1年増すごとに割引率が2%増加する（割引率の上限は70%）。

　また、居住者が購入後5年以内に当該住宅を転売した場合、払下げを受けた者は、払下げからの経過年数および払下げ時の割引率に応じて転売価格の一定割合の金額を返金する必要があ

る。

　なお、住宅協会の住宅は公営住宅ではないが、住宅協会に移管された公営住宅等は、Right to Buyの対象となる場合がある（Wilson［2012］）。

　Right to Buyにより住宅を取得する場合に利用する住宅ローンは通常の民間の住宅ローンである。1993年までは市場で利用可能な住宅ローンを見つけられない利用者ために、地方公共団体が住宅ローンを提供する義務があったが、現在は一般的に住宅ローンが利用可能なため、その提供は公共団体の裁量に任されている。

c　関連制度

・Right to Acquire

　　Right to Buyは主に公営住宅をその住人に払い下げる制度であるが、住宅協会の住宅をその住人に払い下げる制度がRight to Acquireである。公営住宅や住宅協会等の公的賃貸住宅に5年以上居住したことが条件になっている点や市場評価価格から引き下げた価格で売却される点等からRight to Buyに仕組みが似ている。ただし、割引額は相対的に小さく、地域により異なるが、9,000ポンド〜1万6,000ポンドとなっている。

・Social Homebuy

　　この制度はRight to BuyとRight to Acquireの両方を補完するものである。利用者が公営住宅もしくは住宅協会の賃貸住宅の居住者であるが、制度の対象外であったり、1住戸全体

を買う経済力がない場合に、居住中の住戸の所有権を部分的または全体として購入する制度であり、もとの家主である地方公共団体や住宅協会等が継続保有する残りの所有権については家賃を支払うこととなる。制度はやはりRight to BuyやRight to Acquireに似ていて、条件は公的賃貸住宅への居住期間5年以上等、払下げ時の割引額は9,000ポンド〜1万6,000ポンド等となっている（地域により異なる。ただし、割引額は1住戸全体に対するものが決定された後、購入する所有権の割合により実際の割引額が決まる）。また、家主保有の所有権が残る場合の年間家賃には上限があり、家主保有の所有権の市場価値の3％までとなっている。当初に所有権の一部を購入した居住者は後から段階的に残りの所有権を買増しすることができる。

(3) 民間住宅等の取得を支援する制度（HomeBuy）

a 概　要

Right to Buy等の公的賃貸住宅の払下制度以外の代表的持家取得支援制度にはHomeBuyがある。この制度は年収が6万ポンド未満の世帯で、公営住宅居住者や一次取得者等に該当する利用者を対象とした制度で、そのスキームは2つが存在し、1つは、先述のSocial Homebuyにも見られた所有権の一部取得を可能とすることで取得を容易にするシェアード・オーナーシップ（Shared Ownership）、もう1つは、住宅取得資金の一

部をエクイティ・ローン（Equity Loan：ローン残高は住宅の時価の上下動に応じて増減する）で調達する制度である[50]。

HomeBuyはイングランドにおいては1999年以降エクイティ・ローンを活用して開始されている（Munroほか［2005年1月］）。

b　シェアード・オーナーシップのスキーム概要

・対象物件は、賃借権（leasehold）の物件（利用者が購入する権利も賃借権）。賃借権の期間は典型的には99年間。
・利用者が購入する持分割合は25〜75％。残りの持分は住宅協会が保有する。住宅協会は持分の価値の3％までを年間家賃として徴収する。
・利用者は住宅協会から残りの持分を時価で買増し（staircasing）できる。
・利用者が住宅を売却する際は、住宅協会が買い手を見つける権利を持つ。利用者が権利を100％持つ場合自ら売却できるが、住宅協会が優先的に買い戻す権利を持つ。

c　エクイティ・ローンのスキーム概要

・対象物件は、特定の住宅開発プロジェクトの中の新築住宅。
・購入資金の最低70％は自己資金もしくは住宅ローンにより調達する必要がある。残りの購入資金は、政府および住宅建築業者が住宅協会を通して提供するエクイティ・ローンにより

50　HomeBuyの制度は、ロンドンではFirst Stepsとの制度名称の下で、世帯年収上限（2012年6月時点）は以下のとおり異なるものとなっている。
　　・1から2ベッドルームの物件に申し込む場合：£64,300
　　・3ベッドルーム以上の物件：£77,200

調達される。
- エクイティ・ローンの残高は住宅の価値の増減に応じて変化する。
- エクイティ・ローンの償還時期は、住宅売却時または25年後。ただし、部分的あるいは全額繰上償還することもできる。
- エクイティ・ローンの料率（通常のローンの利率に当たる）は、当初5年間はゼロである。6年目にはローン残高の1.75％の費用を支払う必要がある。その後、料率は小売物価指数（Retail Price Index）の上昇率に応じて変化する。
- なお、このエクイティ・ローンの新たな一類型としてFirst-Buyが2012年に導入され、従来制度に代わる見込みである。新制度では、購入者は購入価格の最低8割を自己資金やローンで調達する必要があり（頭金が最低5％必要）、残りの2割をエクイティ・ローンが対応する。また、購入価格に28万ポンドの上限が設定されている。

図表4－35　Homebuy等の実績

持家促進制度とその中におけるHomeBuy等の制度を利用した住宅の完成戸数

（単位：戸数）

年度	2003	2004	2005	2006	2007	2008	2009	2010	2011
全体	15,120	14,280	20,680	18,430	22,420	22,900	22,240	17,010	16,240
HomeBuy等（注）	6,160	11,000	16,060	13,510	17,910	18,140	19,610	14,650	13,080
その他	8,960	3,280	4,620	4,920	4,510	4,760	2,360	2,290	3,160

（注）　シェアード・オーナーシップやエクイティ・ローンを活用した持家促進制度
（資料）　DCLG［2012年11月］

(4) 政府保証を活用したスキーム（NewBuy）

　NewBuyは2012年3月に開始され、提携する各建築業者と各金融機関について、融資物件ごとに価格の一定割合の基金等を建築業者が政府が保証する基金へ拠出し、基金等の枠内で貸倒損失を補てんすることを前提に、金融機関が最高融資率95％の融資を行うもの。対象者は一次取得者である必要はなく対象利用者の所得上限もないため、景気刺激策の色彩がより強いものと考えられる。そのほか、主な条件は以下のとおりとなっている。

・融資率上限は95％。最低5％は自己資金を利用すること。
・対象住宅は新築住宅（一戸建ておよび共同建て）。価格上限は50万ポンド。
・主たる住宅として使用すること。
・完全な所有権による所有のみ対象。シェアード・オーナーシップ等を活用した購入には利用できない。
・対象地域はイングランド。

　（以上、4について、DCLG、GOV.UK、Homebuy.co.uk、Directgov、London.Gov.ukの各ホームページを参考にした。）

※なお、第4章Ⅲにおける情報は、参照した時点や範囲におけるものであり、必ずしも最新の情報ではない点や網羅的な情報でない点にご留意いただきたい。

[参考文献]

英金融庁、Mortgage Market Review Data Pack, Supplement to CP 11/31、2011年

英金融庁、Covered Bond Issuers、2012年4月

英金融庁、Financial Services Authority Annual Report 2011/12、2012年6月

英金融庁、Mortgages, Product Sales Data (PSD), Trend Report, 2005-2012、2012年8月

英金融庁、Mortgage Market Review - feedback on CP 11 / 31 and final rules (PS 12/16)、2012年10月①

英金融庁、Mortgage Market Review Data Pack, Supplement to PS 12/16、2012年10月②

英金融庁、MLAR STATISTICS：December 2012 edition、2012年12月

英財務省、Proposal for a UK Recognised Covered Bonds legislative framework. 2007年7月

英財務省・Department for Communities and Local Government (DCLG)、Consultation on reforms to the real estate investment trust (REIT) regime：A) to explore the potential role social housing REITs could play to support the social housing sector；and B) to consider the tax treatment of REITs investing in REITs、2012年4月

英財務省、The future of building societies、2012年7月

英中銀、Financial Stability Report, October 2007、2007年

海外住宅金融研究会編著・住宅金融公庫監修『欧米の住宅政策と住宅金融』住宅金融普及協会、2000年

財務省財務総合政策研究所編、"財政金融統計月報第674号"（2008年6月)、2008年

日本銀行、金融経済統計月報2013年1月号、2013年

Building Societies Association (BSA)、Factsheet、2012年
DCLG、Dwelling Stock Estimates：2011, England、2011年11月①
DCLG、Local Authority Housing Statistics, England, 2010-2011、

2011年11月②

DCLG、Revamped Right to Buy is chance of a lifetime for tenants、2012年4月

DCLG、Affordable Housing Supply, England, 2011-12、2012年11月

Dixon, Timほか（Office of the Deputy Prime Minister委嘱）、Valuing for Right to Buy、2004年

EC（European Commission）、State aid NN 70/2007（ex CP 269/07）- United Kingdom Rescue aid to Northern Rock、2007年

EC、State aid C 14/2008（ex NN 1/2008）- United Kingdom, Restructuring aid to Northern Rock、2008年

EC、State aid N 194/2009 - United Kingdom, Liquidation aid to Bradford and Bingley plc、2010年

London Economics、Study on the costs and benefits of the different policy options for mortgage credit, Annex B, Legal summaries, European Commission, DG Internal Market and Services, Prepared by London Economics、2009年

Miles, David、The UK Mortgage Market：Taking a Longer-Term View、2004年

Munro, Moiraほか（Office of the Deputy Prime Minister委嘱）、Evaluation of English Housing Policy 1975-2000, Theme 4：Widening Chice、2005年

Office of Fair Trading, Review of barriers to entry, expansion and exit in retail banking、2010年

Wilson, Wendy（House of Commons Library）、The Right to Buy、1999年

Wilson, Wendy（House of Commons Library）、Housing association tenants：Right to Buy、2012年

※以上のECおよびECBの資料については、参照した時点でホームページから無料で入手可能である。

[参考にしたホームページ]

英金融庁ホームページ①

http://www.fsa.gov.uk/library/other_publications/statistics/fu-

ture
英金融庁ホームページ②
  http://fsahandbook.info/FSA/html/handbook/MCOB
英財務省ホームページ
  http://www.hm-treasury.gov.uk/fin_stability_intervention.htm
英中銀ホームページ①
  http://www.bankofengland.co.uk/boeapps/iadb/newintermed.asp
英中銀ホームページ②
  http://www.bankofengland.co.uk/publications/Pages/fsr/2007/fsr22.aspx
Building Societies Association (BSA) ホームページ
  http://www.bsa.org.uk
DCLGホームページ
  www.communities.gov.uk
Directgov (政府広報)
  http://www.direct.gov.uk
ECホームページ
  http://epp.eurostat.ec.europa.eu/portal/page/portal/eurostat/home
GOV.UK (英国政府ポータル・サイト)
  https://www.gov.uk/government
Homebuy.co.uk (Homebuyの紹介)
  http://www.homebuy.co.uk
London.Gov.uk (ロンドン広報)
  http://www.london.gov.uk
NHF (National Housing Federation、) ホームページ
  http://www.housing.org.uk/default.aspx
ONS (The Office for National Statistics) ホームページ
  http://www.ons.gov.uk/ons/rel/hpi/house-price-index/october-2012/stb-october-2012.html

IV　デンマーク

1　はじめに

　デンマークの住宅金融市場はヨーロッパでは特殊な位置にある。ヨーロッパでは、住宅ローンの金利タイプは固定期間選択型（ドイツ、フランス）や変動金利（イギリス）の国が多いが、デンマークでは全期間固定、繰上償還違約金なしという、アメリカやかつての日本と同じ商品が一般的であった。

　このような住宅ローンを提供する場合、預金や満期一括償還債で資金調達すると金融機関には金利変動や繰上償還による資産・負債のミスマッチ、いわゆるALM（Asset and Liability Management）リスクが発生する。それを回避するためには、住宅ローンのキャッシュフローに連動したパススルー（Pass-through）債を発行する必要があり、その典型例がMBSであるが、デンマークではMBSではなく、カバードボンドがパススルー方式で発行されるのが特徴である。

　このような証券の発行体として、デンマークでは特別に認可を受けた金融機関（realkreditinstitutter）が住宅金融市場の中核を構成してきた。デンマークの住宅金融制度をIMFは2007年の国別評価で「最も洗練された制度の1つ」と称賛しており、著名投資家のジョージ・ソロス氏もアメリカの住宅金融市場改

革のモデルとしてデンマーク方式を提唱し、メキシコの住宅金融市場改革でも導入を試みた。

2 デンマークの住宅金融機関

19世紀のデンマークの住宅金融市場は、多くの組合形式（Mutuality）の機関（Mortgage Credit Association）により構成されていた。組合形式であることから、株式会社のような有限責任形態の法人と比較してより厳格な融資審査を徹底していたとされる（融資率は60％まで）。しかし、1950年代後半、独立系モーゲージバンク（Independent Mortgage Banks）の設立が認められ、より自由な融資が可能となった（最終的に融資率は80％まで引き上げられた）。

1970年代には、規模の経済の追求のため、新規のモーゲージバンクの設立は明白な必要性が認められない限り認可されないこととなり、統合を経て、当時24あったモーゲージバンクは7つに集約された。

一方、ヨーロッパ内での競争条件の平準化を図るためにEU指令（EU Directives）に基づく規制緩和も敢行され、1989年には商業銀行・貯蓄銀行が子会社としてのモーゲージバンクを設立することも認められ、競争が激化する中で、業界再編も進んだ。

なお、2007年7月1日にユニヴァーサルバンク（便宜上、以

下「商業銀行」という)にもカバードボンドの発行権限を付与する法律改正が行われた。カバードボンドの発行には、デンマーク金融庁の認可が必要である。

3 デンマークの住宅ローン

　デンマークの住宅ローン市場の特徴は、ローンの商品性とその規模にある。

　まず、ローンの商品性については、すでに述べたとおり、全期間固定金利タイプの住宅ローンが一般的だった。欧州住宅金融連合（European Mortgage Federation：EMF）の2006年の調査では、70％を占めており、ヨーロッパの主要国では全期間固定金利型の比率が最も高かった。これは、資金調達手段として、パススルー型の証券の発行が19世紀に始まっていたという歴史的な背景から、「固定金利が当たり前」という文化があったためとされる。ただし、今世紀に入って低金利を背景に固定期間選択型の住宅ローンも徐々に増え、特に世界金融危機後、短期金利が急低下したこともあり、足下では全期間固定金利型のシェアは3割前後にまで低下している（図表4－36）。

　次に、デンマークの住宅ローン残高は2011年末で2,419.96億ユーロと、イギリスやドイツのように1兆ユーロを超える国とは比較しようもないが、1人当たりでは4万3,520ユーロでトップ、GDP比でも100.9％と、オランダの106.2％に次ぐ高

図表4-36 デンマークにおける全期間固定金利型住宅ローンの比率

(資料) EMF

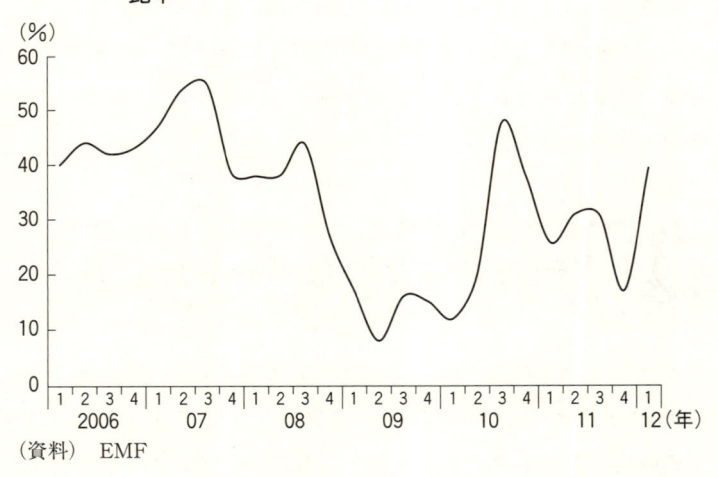

図表4-37 カバードボンド発行残高と発行額 (単位:億ユーロ)

残高 (2011年末)		発行額 (2011年)	
スペイン	3,692	デンマーク	1,451
デンマーク	3,455	フランス	844
ドイツ	2,237	スペイン	721
スウェーデン	2,089	スウェーデン	698
フランス	1,984	ドイツ	409
イギリス	1,948	イギリス	387

(注) Mortgageのみ。
(資料) EMF等より筆者作成

さとなっている。

　しかし、より特徴的なのはその資金調達方法であり、モーゲージを担保としたカバードボンド市場において、残高はスペインに次いで第2位、2011年の発行額ではヨーロッパのトップとなっている（図表4－37）。

4　デンマークのカバードボンド

　ヨーロッパのカバードボンドはドイツのファンドブリーフ債（Pfandbrief）が18世紀（1770年）にプロシアでフリードリヒ大王の時代に発行されたのが最古とされるが、デンマークも1795年のコペンハーゲン大火災を契機に復興需要を後押しする目的で1797年にカバードボンドの発行を開始しており、1850年の法律（Mortgage Bond Act）で現行の制度的枠組みがほぼ構築された。法的枠組みとしては、フランスのオブリガシオン・フォンシェールがナポレオン3世の時代（1852年）に法制化されたのとほぼ時を同じくする。デンマークのカバードボンドは2世紀を超える歴史の中で、一度もデフォルトを発生させたことがなく、1813年にデンマーク王国が国として破綻した際、あるいは1930年代の大恐慌の際にも、デフォルトしていないことを誇りとしている。

　2007年の法改正により、デンマークのカバードボンドは、以下の3つの類型に分類されることとなった。

① Covered Bond（særligt dækkede obligationer：SDO）
② Mortgage Covered Bonds（særligt dækkede realkreditobligationer：SDRO）
③ Mortgage Bonds（realkreditobligationer：RO）

このうち、①と②は、EUの資本基準指令（Capital Requirement Directive：CRD）に合致し、自己資本規制上有利な扱い（20%→10%）とされる。①と②の違いは、②は認可されたモーゲージバンクのみが発行できるのに対し、①は商業銀行も発行できる点である。③はCRDには合致しないが、2008年以前に発行されたものは特例措置により自己資本が軽減されている。

デンマークのカバードボンドは、専門金融機関であるモーゲージバンクが発行する②と、商業銀行も発行可能な①とで枠組みが若干異なる。モーゲージバンクには厳密な意味での資産と負債の均衡原則（Balance Principle）が適用される（図表4－

図表4－38　デンマークの「均衡原則」

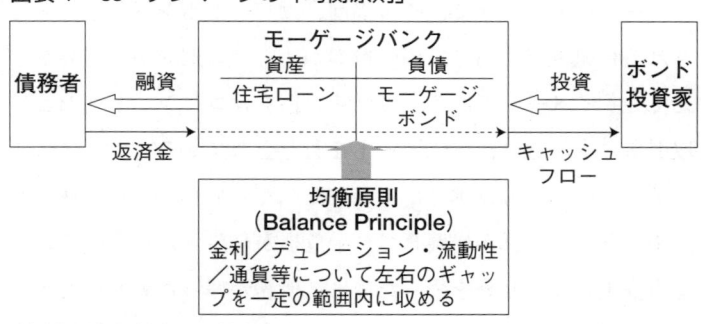

（資料）　IMF等により筆者作成

38)のに対し、商業銀行は若干緩やかな規制となっている。しかし、両者に共通する特質として、住宅ローンと債券が1対1対応である点は強調されてよいだろう。すなわち、金利5％、償還期間30年の住宅ローン100万デンマーククローネ（DKK）が融資されると、クーポン5％、償還期間30年のカバードボンド100万DKKが発行されるという仕組みである。

また、デンマークのカバードボンドは、固定金利型の場合、クーポンは1％刻みである。日本のMBSは1bp（0.01%）、アメリカのAgency MBSは50bp刻みであるのと比較して大きな刻みであるが、これは1985年の税制改正の影響によるとされる。一方、住宅ローンも1％刻みで、カバードボンドは原則、パー以下で発行されることとなる。オーバーパー発行は許容されておらず、市場金利が低下してカレントクーポンが1％の刻みを超えて低下した場合は、既存のシリーズは閉鎖される。

デンマークのカバードボンドは、タップ（Tap）方式で発行される。すなわち、通常は3年程度のオープン期間に随時新しいローンが入ってきて、その都度、カバードボンドが追加発行される仕組みで、同じ銘柄の債券がオープン期間中に残高が増えていくイメージである。これらの債券はコペンハーゲン証券取引所に上場され、ISINコードを付与されている。

デンマークでも日本とほぼ時を同じくして1980年代に住宅バブルがあり、それが崩壊して金融危機が発生した。その際に、抵当権実行により家を失った後に、債務が残った者もいたが、それらの債務者の中には20年が経った現在でも返済を継続して

いる者がいるとのことである。これを悲惨な状況ととらえるのではなく、借金を死ぬまで払うのは当たり前のこととらえ、それがむしろデンマークの住宅金融システムを健全で安定的なものにしているとデンマークでは評価されている。特に、アメリカのサブプライム問題で、いわゆるノンリコース的融資慣行があったことが事態を悪化させたことをヨーロッパでは否定的にとらえる風潮が強い。

　デンマークでは債務者保護よりも金融システムの安定性維持の方に重点を置いているような印象も受けるが、それが社会的厚生の極大化に寄与するか否かは金融の仲介機能のあり方のみならず、社会的セーフティーネットのあり方とも密接に関連する。たとえばデンマークでは最低賃金が日本の2倍以上、消費税率も25％と高率であり、失業時の保障も広範かつ長期間のカバーとなっており、そのような社会制度というバックボーンとの組合せのなかで現行の金融制度が機能している。デンマークの住宅金融制度は多くの示唆を与えるが、どの部分を参考とするかは、市場関係者との対話を通じた綿密な検討が必要であろう。

[参考文献]
Alan L. Boyce "Covered Bonds vs. Securitization Transparency vs. Opacity Which is the Right Question" September 2008
BIS "The Danish mortgage market As housing finance evolves, are there reasons to follow the Danish model?" 2004
Danske Markets "Danish Mortgage Bonds" September 2008

European Covered Bond Council "European Covered Bond Fact Book 2008" September 2009

IMF "Denmark : Financial Sector Assessment Program − Technical Note − The Danish Mortgage Market − A Comparative Analysis" March 2007

Nykredit "Danish Covered Bonds" September 2009

The Association of Danish Mortgage Banks "Annual Report 2008"

小林正宏「デンマークの住宅金融市場」住宅金融支援機構『季報住宅金融2009年度秋号』

V　スペイン

1　スペインの住宅市場

　スペインの住宅価格は、2000年代に入り大きく上昇した。
　その背景には、ユーロ導入によりドイツやフランスの銀行が為替変動リスクなしで融資可能となったこと、ユーロ圏内で統一の金融政策が導入され、物価上昇率と比較した場合の実質金利が低く抑えられたことが指摘される。「Costa del Sol（太陽の海岸）」にイメージされる温暖な気候がヨーロッパ北部の退職者のリタイヤ先や避寒地として選好されたことも大きい。
　スペインの住宅価格上昇は、アメリカよりも大きく、バブル崩壊後の調整はアメリカよりも小さい（図表4－39）。スペインの住宅価格にはなおも調整余地が大きく残っていることを示唆している。
　ヨーロッパで住宅バブルが発生したのはスペインに限った話ではなく、同様の住宅価格上昇はフランスやイギリスでも観察された。スペインがその他のヨーロッパ主要国と違うのは、膨大な新規の住宅着工を伴った点である。すなわち、イギリスやフランスは新規供給が抑制された中で、リーマン・ショック後の金融収縮により一時的に住宅価格は下落に転じたものの、過剰在庫を抱えていなかったため、比較的早期に回復に転じた。

図表4-39　スペインとアメリカの住宅バブル

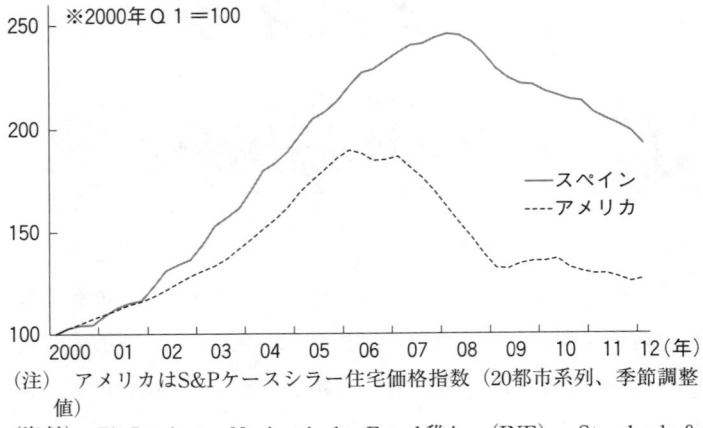

※2000年Q1＝100

(注)　アメリカはS&Pケースシラー住宅価格指数（20都市系列、季節調整値）
(資料)　El Instituto Nacional de Estadística (INE)，Standard & Poor's Financial Services LLC（S&P）より

特にロンドンは、ロシアや中東のオイルマネーの流入もあり、不動産価格の回復は顕著となっている。

　スペインの人口は2011年1月1日時点で約4,615万人だが、ピーク時の着工は70万戸を超えていた。人口1万人当たりの着工戸数を日米と比較すると、ピーク時にはバブル期のアメリカの2倍超の水準にあった（図表4-40）。

　また、住宅着工戸数と移民の純流入にも強い相関が観測される（図表4-41）。スペインはラテン・アメリカ諸国の多くにとって旧宗主国であり、言語としてスペイン語が公用語となっている国はなお多い。スペインの経済が好調だった2000年代前半、それらのスペイン語圏からの移民の流入が住宅需要を押し上げ、住宅着工増加による景気刺激がスペインへの移民の吸引

図表4-40　人口1万人当たりの着工戸数

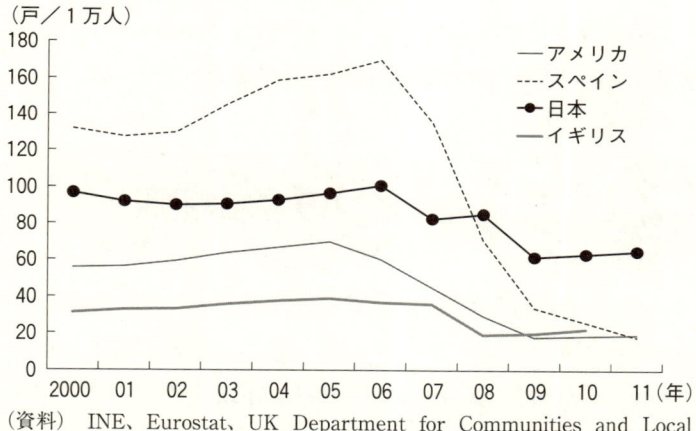

(戸／1万人)

凡例：アメリカ、スペイン、日本、イギリス

(資料)　INE、Eurostat、UK Department for Communities and Local Government、米商務省、国土交通省、総務省統計局より

図表4-41　住宅着工戸数と移民純流入

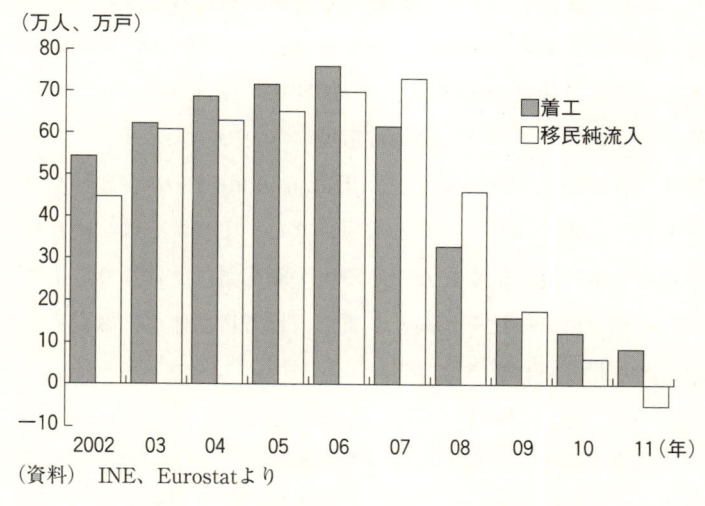

(万人、万戸)

凡例：着工、移民純流入

(資料)　INE、Eurostatより

力となる、好循環が形成されていたと考えられる。

このような好循環は、住宅バブルの崩壊とともに歯車が逆回転をし始め、銀行の不良債権問題へとつながっていった。

2　スペインの金融機関

スペインの金融市場は、金融安定理事会（Financial Stability Board：FSB）が「グローバルにシステム上重要な銀行（global systemically important banks：G-SIBs）に指定したサンタンデール、BBVAといった商業銀行と、カハ（Caja de Ahorros）と呼ばれる貯蓄金融機関がほぼ半々のシェアを占めていた。このうち、カハは金融危機前に45行存在したが、経営統合による効率化のため、FROB（Fondo de Reestructuración Ordenada Bancaria）と呼ばれる公的資金が用意され、2012年4月時点では11行に集約されている。スペインの金融市場において、大手2行に次ぐ第3位が旧La Caxia、第4位が旧Caja Madridを中心としたグループで、後者はバンキアと改組された。中南米をはじめ、保有資産の地理的分散が進んでいる大手商業銀行と異なり、旧カハは不動産融資の比率が高く、また、地方自治体への融資も多いことが指摘されてきた。

カハは、地方自治体や設立者の保有比率が高いところもあり、組織形態としてガバナンスに問題がある点はIMF（国際通貨基金）にも指摘されていた。商業銀行が支店網や人員のリス

トラを断行したのと比較すると、カハの経営改善は遅れていた。また、従来は資金調達に占める預金の比率が高かったが、規制緩和により、市場性資金への依存が高まっていった（この点はイギリスのBuilding Societyやアメリカの Savings and Loan Associationといった貯蓄金融機関と同じパターンである）。

そうした中で、住宅バブルが崩壊し、スペイン中銀（Banco de España）によれば、2012年11月末時点でのスペインの金融機関（カハを含む）の不良債権は速報値で1,916億ユーロと、スペインの金融機関の総資産の約11.38%に達し、1962年以降の最高水準を更新した。

ヨーロッパでは、住宅ローンはアメリカの一部の州のようにノンリコースではなく、住宅価格が下落して実質債務超過（Underwater）になっても、返済義務は残る。このため、アメリカで見られたような、返済能力があるにもかかわらず住宅価格の下落により返済を継続するインセンティブがなくなり、債務不履行を選択する「戦略的デフォルト」は回避される。しかし、2012年11月の失業率が26.2%と過去最高を記録する経済情勢の中で、不良債権比率も上昇を続けている。バンキアの不良債権比率は、2011年末の7.63%から半年後の2012年第2四半期末（6月）には11.00%に急上昇している。スペインの失業率は大恐慌時のアメリカの25%に匹敵する水準であり、若年層では5割を超えている。

EU（欧州連合）では、欧州銀行監督局（European Banking Authority：EBA）が域内の主要行91行に対するストレステス

トの結果を2011年7月15日に公表していた。バンキアも対象だったが、当時の検査結果では、同行は資本基準を満たしていた（追加資本調達は20行で268億ユーロ必要とされたが、同行はその20行には含まれていなかった）。そのバンキアが2012年5月に公的資本注入が必要と訴えたことで、EBAの監督能力にも疑問が呈されることとなった。バンキアは2012年第2四半期決算で75.1億ユーロの貸倒引当金を計上し、44.48億ユーロの最終赤字を計上した。その後、6月27日にFROBを通じて44.65億ユーロの公的資金が注入され、バンキアは完全国有化された。

　スペインでは、銀行の対GDP比での資産規模がアメリカよりも大きいため、不良債権額についても、対銀行資産比では大差なくても、対GDP比では大きくなる（アイルランドはより顕著だが、本稿では割愛する）。この結果、一国の経済で銀行救済する負担感が大きくなる構造にある。2012年9月28日に監査法人のOliver Wymanが提出したストレステストの結果によれば、スペインの主要14銀行の必要追加自己資本は、下ブレシナリオ（Adverse Scenario）で537.45億ユーロとされた。

3　スペインへの資金流入と巻戻し

　スペインでは銀行への財政支援の増大懸念がソブリン問題を悪化させ、緊縮財政が景気を冷え込ませるという「金融」「財政」「経済」の悪循環に陥った。それがスペインからの資金の

流出をもたらしているが、国際的な資金移動は、別の問題も引き起こしている。

スペインの財政収支はバブル期には好調だったが、その間もスペインの経常収支は赤字を続けていた。IMFの「世界経済見通し（WEO）」データベースで遡及可能な1980年から、ユーロ導入前の1998年までのドイツとスペインの経常収支の対GDP比はプラスの相関があったが、ユーロ導入後の1999～2011年についてはマイナスの相関となっている（図表4－42）。このことは、ユーロ導入を契機に、ドイツとスペインの経常収支の関係が変化したことを示唆している。

スペインでは今世紀初頭、バブル景気で住宅投資をはじめ内需が堅調だったため、貯蓄・投資バランスとしては投資過剰となり、資金循環を国内部門のみではまかなえず、海外からの資

図表4－42　経常収支の対GDP比

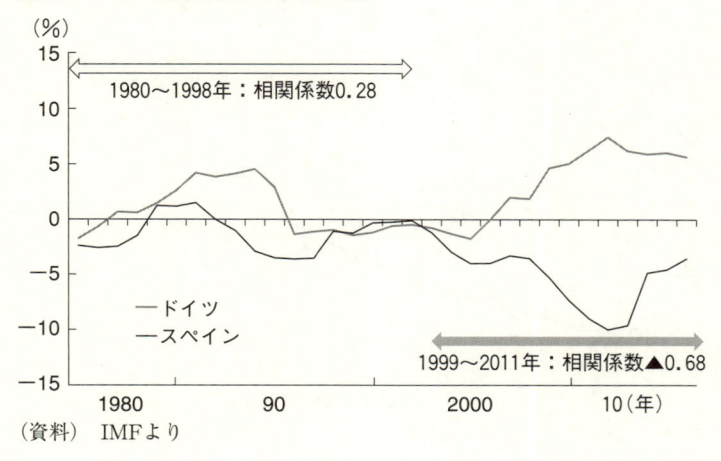

（資料）　IMFより

金調達に依存せざるをえなくなってきた。これを支えたのが、経常収支黒字国であるドイツを筆頭とするヨーロッパの主要国であった。特に、ユーロ圏内では為替リスクがないため、たとえばドイツ国内で内需が低迷して資金需要が弱くても、スペインで貸し出せば利鞘を稼げた。

しかし、金融危機後、「質への逃避」や資金の自国回帰（Repatriation）が進み、資金の流れに巻戻しが生じた。スペイン国債の海外投資家保有比率は2011年中盤以降急速に低下した。

ドイツの銀行の対スペイン向け貸出残高と、スペインの住宅価格の関係を見ると、見事な相関が観測される（図表4－43）。2008年に入り金融市場の緊張感が強まる中、ドイツの銀行が資金を引き揚げ始めたタイミングでスペインの住宅価格も

図表4－43　ドイツの対スペイン貸出とスペインの住宅価格

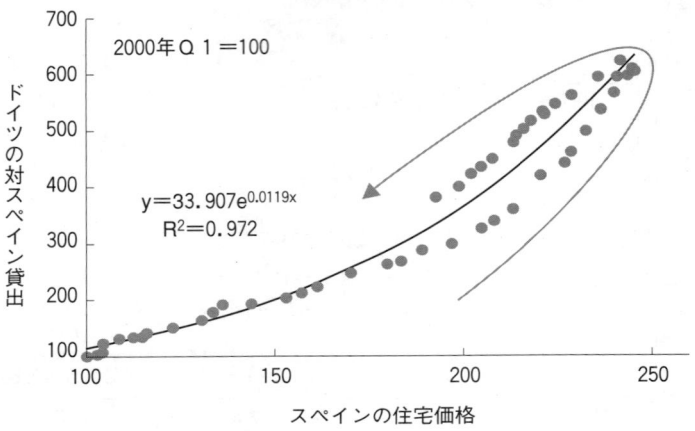

（2000年Q1＝100）

$y = 33.907 e^{0.0119x}$
$R^2 = 0.972$

縦軸：ドイツの対スペイン貸出
横軸：スペインの住宅価格

（資料）　INE、Bundesbankより

下落に転じた。これは、ドイツの銀行の「貸剝がし」によりスペインの住宅バブルが崩壊したという因果関係を示すものではないが、資金流出が住宅価格下落に拍車をかける増幅効果があった可能性は否定できない。このような民間ベースでの資金移動の穴を埋めたのが第1章で触れた「ターゲット2」である。

スペインの銀行システムにはDynamic Provisioningと呼ばれる引当金が導入され、FROBには厚めの公的資金が用意されていると考えられてきた。しかし、全国的な住宅バブル崩壊のようなマクロ経済の変調に対しては、景気循環的観点から導入された準備金では対応できず、瞬く間に底をつくという現実を突きつけられた。

不良債権比率は、住宅価格の上昇局面では緩やかに低下するが、住宅価格が下落に転じると、急激に上昇する（図表4－44）。住宅価格の上昇局面と下降局面での不良債権比率の傾きは30倍もの開きがある。このように非対称な動きを考慮すれば、貸倒引当金の算定に際し、数倍程度のストレスを課しただけでは全く不十分ということになる。

スペインの住宅バブルは、為替の安定・資金の自由な移動・独立した金融政策の3つは同時に成立しないという国際金融の「トリレンマ」があるにもかかわらず、ユーロという統一通貨に過剰な幻想を抱き、実力以上の好景気を謳歌した徒花であったともいえる。ユーロ圏各国は、為替の安定と資金の自由な移動を選択し、独立した金融政策を放棄したわけだが、その代償は安くなかった。もちろん、リーマン・ショックというアメリ

図表4−44　スペインの不良債権比率と住宅価格

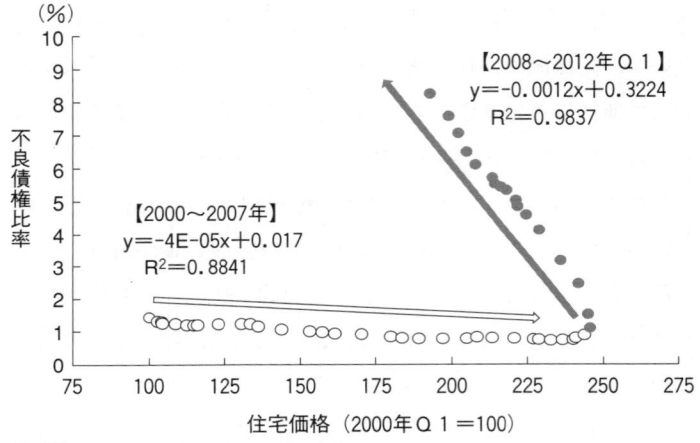

【2008〜2012年Q1】
$y=-0.0012x+0.3224$
$R^2=0.9837$

【2000〜2007年】
$y=-4E-05x+0.017$
$R^2=0.8841$

住宅価格（2000年Q1＝100）

（資料）　INE、Banco de Españaより

カ発の外生的要因に見舞われる不幸もあったものの、不均衡を是正するメカニズムが脆弱であったという内生的要因がなければ、ここまで問題が複雑化することもなかった。

　ユーロ圏は最適通貨圏ではないという議論は導入前からあった。実際、ユーロ導入から足下までのいくつかの経済指標について、ドイツとの相関係数を計測すると、オランダやフィンランドといった支援国側ではドイツに近い動きをしているのに対し、ギリシャやスペインは異なる動きをする指標が多く、ショックに対する耐性が近いという最適通貨圏の要件を満たしていなかったことは、事後的にも検証できる。一方で、ユーロには、二度の世界大戦を経て統合により戦争の惨禍を回避するという平和のプロジェクトとしての側面もあった。2012年の

ノーベル平和賞がEUに授与されたのは、そのような側面を再認識させるのに役立つかもしれない。

　スペインの問題は統一通貨ユーロという足かせも絡み非常に複雑で、解決は容易ではない。しかし、一時期蔓延したユーロ分裂は不可避といった悲観論は、ECBの断固たる対応により後退している。金融市場が小康状態を保ち「時間稼ぎ」をしている間に、困難な問題を直視して痛みを伴う抜本的な改革を実現できるか否か、同じ民主主義国家として、参考にすべき点は多々あるかもしれない。

[参考資料]
Deutsche Bundesbank "2011 Annual Report"
ECB "Monthly Bulletin" October 2012
IMF "Fiscal Transparency, Accountability, and Risk" 2012
IMF "Spain：The Reform of Spanish Savings Banks Technical Notes" June 11, 2012
IMF "Global Financial Stability Report" October 2012
小林正宏「スペインの銀行危機とECBの政策対応〜OMTは欧州の「バズーカ砲」となるか〜」住宅金融支援機構『季報住宅金融2012年度秋号』
小林正宏『通貨の品格　円高・円安を超えて』中央公論新社、2012年
小林正宏・中林伸一『通貨で読み解く世界経済　ドル、ユーロ、人民元、そして円』中央公論新社、2010年
新村昌「スペインの住宅市場の変動と伝統的貯蓄銀行カハ（Caja de Ahorros）の改革について」住宅金融支援機構『季報住宅金融2011年度夏号』

■ 事項索引 ■

【英字】

Agency MBS ……………………………………………………136
ARM ……………………………………………………………16
Asset Encumbrances ……………………………………………31
Asset Segregation ………………………………………………87
BaFin（Bundesanstalt für Finanzdienstleistungsaufsicht：連邦金融監督庁）……………………………………………187、198
Balloon（バルーン）……………………………………………16
BIS規制 …………………………………………………………73
CDO（Collateralized Debt Obligation）………………………24
CFPB（Consumer Financial Protection Bureau：消費者金融保護庁）……………………………………………………166
Conundrum ……………………………………………………138
Countrywide ……………………………………………………134
CRH（Caisse de Refinancement de l'Habitat）………………231
Debt to Income Ratio：DTI ……………………………………159
Deficiency Judgment …………………………………………142
Disintermediation ……………………………………………132
Extraterritoriality ………………………………………………165
Federal Housing Administration ……………………………130
Financial Conduct Authority（FCA）…………………………263
FMSA（Federal Agency for Financial Market Stabilisation）…183
Foreclosure ……………………………………………………118
Global Savings Glut ……………………………………………122
Government Sponsored Enterprise …………………………119
HAMP（Home Affordable Modification Program）…………159
HARP（Home Affordable Refinance Program）……………159
HomeBuy ………………………………………………………277
HUD（Department of Housing and Urban Development：住

宅都市開発省) ……………………………………167
Hybrid ARM ……………………………………16
KfW（ドイツ復興金融公庫） ……………194、211
Loan to Value Ratio：LTV ……………………160
Loss Given Default：LGD ……………………22
MBS信用保証事業 ………………………………135
MHA（Making Home Affordable） ……………159
NewBuy …………………………………………279
Obligations de financement de l'Habitat …………232
Obligations Foncières ……………………………232
Office of Fair Trading（OFT）…………………263
Originate to Distribute …………………………18
Originate to Hold ………………………………17
Ownership Society………………………………122
PLS（Private Label Security）…………………136
Probability of Default：PD………………………22
Prudential Regulation Authority（PRA）………263
PSA（Public Securities Association）……………90
PSJ（Prepayment Standard Japan）……………90
QE 3 ………………………………………………33
Qualified Residential Mortgage：QRM …………166
Real Estate Owned：REO ………………………171
realkreditinstitutter ………………………………284
Representation and Warranty …………………152
Resolution Trust Corporation ……………………133
Right to Buy ……………………………………273
Savings and Loan Association：S&L ……………18
SFEF（Société de Financement de l'Economie Française）……223
SGFGAS（Société de Gestion du Fonds de Garantie de l'Accession Sociale à la propriété）……………244
Sociétés de crédit foncier（SCF）………………232
Société de Financement de l'Habitat ……………232
SoFFin（Sonderfonds für Finanzmarktstabilisierung）…………183

SPC法 ……………………………………………………………77
SPPE（Société de Prise de Participation de l'État）…………223、224
S種MBS …………………………………………………………84
Structural Subordination ……………………………………31
TBA（To Be Announced）……………………………………147
Underwater………………………………………………………128
West LB …………………………………………………………184

【あ行】

アジア通貨危機…………………………………………………63
アメリカ復興再投資法（American Recovery and Reinvestment Act：ARRA）……………………………………………157
新たな形態の銀行業……………………………………………72
英金融庁（Financial Services Authority：FSA）……………263、267
オブリガシオン・フォンシエール ……………………………28

【か行】

外部信用補完……………………………………………………20
影の在庫（Shadow Inventory）………………………………129
貸付債権担保住宅金融公庫債券………………………………82
割賦償還（Amortization）……………………………………16
カバードボンド……………………………………27、197、231、262
借換え……………………………………………………………65
協定融資（Prêt conventionné：PC）…………………………241
金融健全性規制監督機構（Autorité de contrôle prudentiel：ACP）…………………………………………………………233
金融市場安定化推進法 ………………………………………183
金融庁……………………………………………………………72
グローバル・インバランス ……………………………………122
経済対策…………………………………………………………56
建築貯蓄金庫 …………………………………………………192
建築貯蓄制度 …………………………………………………205
公的建築貯蓄金庫（Öffentliche Bausparkassen）……………192

固定金利期間選択型住宅ローン……………………………………61
コミュニティ・地方政府省（Department for Communities and Local Government：DCLG）…………………………272

【さ行】

サービサー法…………………………………………………………77
債権譲渡特例法………………………………………………………77
財政投融資改革………………………………………………………74
財投機関債……………………………………………………………75
財投債…………………………………………………………………75
サブプライム（Subprime）………………………………………137
自己資本比率規制……………………………………………………73
資産流動化法…………………………………………………………77
社会住宅取得融資（Prêt à l'accession sociale：PAS）…………242
住居建築奨励金（Wohnungsbauprämien）………………………203
住宅・コミュニティ庁（Homes and Communities Agency：HCA）…………………………………………………………272
住宅協会（Housing Association）………………………………271
住宅金融組合（Building Society）…………………………258、259
住宅金融支援機構……………………………………………………75
住宅金融専門会社……………………………………………………56
住宅経済復興法（Housing and Economic Recovery Act of 2008：HERA）………………………………………………140
住宅貯蓄制度（L'épargne logement）……………………………244
州立銀行（Landesbanken）………………………………………191
受益権行使事由………………………………………………………88
消費者信用指令……………………………………………………200
人口ボーナス…………………………………………………………33
新長期プライムレート………………………………………………50
信用協同組合（Kreditgenossenschaften）………………………193
成長ファイナンス推進会議…………………………………………93
セデュラス・イポテカリアス………………………………………28
０％融資（prêt à taux zéro：PTZ）………………………………237

戦略的デフォルト（Strategic Default）……………………128
早期是正措置……………………………………………68、73
相互・協同組織の金融機関（banques mutualistes ou coopératives）………………………………………………227

【た行】

ターゲット 2 ……………………………………………10
第二次金融市場安定化法 …………………………………188
短期プライムレート………………………………………50
超過担保（Overcollaterelization）………………………90
長期プライムレート………………………………………46
貯蓄銀行（Sparkassen）…………………………………191
貯蓄銀行グループ…………………………………………190
通帳式住宅貯蓄（Compte épargne logement：CEL）……245
積立式住宅貯蓄（Plan épargne logement：PEL）………245
抵当銀行（Realkreditinstitute）…………………………193
特定債権法…………………………………………………77
特別目的金融機関（Banken mit Sonderaufgaben）………194
ドッド・フランク法 ………………………………………165

【な行】

内部信用補完………………………………………………20
日本版金融ビッグバン……………………………………71
任意繰上償還額……………………………………………61
ノーザンロック……………………………………………256
ノンリコース（Non-recourse）…………………………128

【は行】

バーゼル合意………………………………………………73
バンク・ポスタル…………………………………………228
被雇用者貯蓄還付型補助金（Arbeitnehmer-Sparzulagen）
　………………………………………………………203、204
ファンドブリーフ（Pfandbrief）…………………………197

ファンドブリーフ債……………………………………28
プットバック …………………………………………152
プルーデンス政策 ……………………………………72、73
プロシクリカリティー…………………………………25
ペイメントショック ……………………………………138
変動金利型住宅ローン…………………………………60
変動金利型住宅ローン（短期プライムレート連動）……61
ポートフォリオ投資事業………………………………135
ポストバンク ……………………………………………190

【ま行】

マクロ・プルーデンス政策 ……………………………25
民間建築貯蓄金庫（Private Bausparkassen）…………194
モーゲージバンク………………………………………76
持家還付型補助金 ………………………………………202

【や行】

優遇金利（Teaser Rate）………………………………138
優先劣後構造 ……………………………………………149
預金供託公庫 ……………………………………………228

【ら行】

リースター年金 …………………………………………208
リーマン・ショック ……………………………………94
リストラクチャリング法………………………………187
リバース・モーゲージ（Reverse Mortgage）…………143
量的金融緩和政策………………………………………70
ロボ・サイナー（Robo-Signer）問題…………………129

事項索引　309

■ 編著者紹介 ■

独立行政法人 住宅金融支援機構 調査部

横谷　　好　　主席研究員
小林　正宏　　主席研究員（海外市場担当）
新村　　昌　　主任研究員（国際金融担当）

KINZAIバリュー叢書
日米欧の住宅市場と住宅金融

平成25年4月24日　第1刷発行

編著者　独立行政法人
　　　　住宅金融支援機構　調査部
発行者　倉　田　　　勲
印刷所　株式会社日本制作センター

〒160-8520　東京都新宿区南元町19
発　行　所　一般社団法人　金融財政事情研究会
　　　編集部　TEL 03(3355)2251　FAX 03(3357)7416
販　　　売　株式会社きんざい
　　　販売受付　TEL 03(3358)2891　FAX 03(3358)0037
　　　　　　URL http://www.kinzai.jp/

・本書の内容の一部あるいは全部を無断で複写・複製・転訳載すること、および磁気または光記録媒体、コンピュータネットワーク上等へ入力することは、法律で認められた場合を除き、著作者および出版社の権利の侵害となります。
・落丁・乱丁本はお取替えいたします。定価はカバーに表示してあります。

ISBN978-4-322-12315-9

KINZAI バリュー叢書 好評発売中

責任ある金融
―評価認証型融資を活用した社会的課題の解決
●日本政策投資銀行 環境・CSR部［著］・四六判・216頁・定価1,680円（税込⑤）

「環境」「事業継続」「健康」の3つをテーマとした評価認証型融資を通じて、企業の成長制約要因を成長要因に転換し、新しい社会をデザインする。

続・郵政民営化と郵政改革
―新たな郵政民営化
●郵政改革研究会［著］・四六判・160頁・定価1,470円（税込⑤）

2012年4月成立の「郵政民営化法等の一部を改正する等の法律」をベースとする「新郵政民営化」について、「郵政民営化」と「郵政改革」を比較しながら変更点をわかりやすく解説。

郵政民営化と郵政改革
―経済と調和のとれた、地域のための郵便局を
●郵政改革研究会［著］・四六判・236頁・定価1,470円（税込⑤）

政局によって生まれ、政局によって修正されている郵政問題について、それぞれの考え方、各種資料を整理、徹底分析。これまでなされてきた議論の変遷も明らかに。

住宅ローンのマネジメント力を高める
―攻めと守りを実現する住宅ローンのビジネスモデル
●本田伸孝・三森 仁［著］・四六判・228頁・定価1,680円（税込⑤）

金融機関の貸出審査の3割弱を占める住宅ローンについて、商品性、収益性、債権管理、リスクの把握などの観点からビジネスモデルのあり方を検証・提言した一冊。

会社法による決算の見方と
最近の粉飾決算の実例解説
●都井清史［著］・四六判・228頁・定価1,470円（税込⑤）

最新の会社計算規則に対応した決算に関するルールと、大王製紙・オリンパスの粉飾決算手法、「循環取引」等による驚異の粉飾操作を解き明かす。

金融危機の本質
──英米当局者7人の診断
●石田晋也[著]・四六判・260頁・定価1,680円（税込⑤）

「金融消費者保護」から「ネットワーク・サイエンス」まで、金融先進国の当局で議論されている金融規制の最先端。7名の当局者の意見から紹介。

金融リスク管理の現場
●西口健二[著]・四六判・236頁・定価1,470円（税込⑤）

金融リスク管理の全貌がわかる入門書。金融危機の前後から急拡大してきた新たなリスクの把握方法についての最近の発展や、バーゼルⅢ等の規制改革の動向についても解説。

営業担当者のための
心でつながる顧客満足〈CS〉向上術
●前田典子[著]・四六判・164頁・定価1,470円（税込⑤）

"CS（顧客満足）"の理解から、CSを実現する現場づくり・自分づくり、CSの取組み方まで、人気セミナー講師がコンパクトにわかりやすく解説した決定版。

粉飾決算企業で学ぶ
実践「財務三表」の見方
●都井清史[著]・四六判・212頁・定価1,470円（税込⑤）

貸借対照表、損益計算書、キャッシュフロー計算書の見方を、債権者の視点からわかりやすく解説。

金融機関のコーチング「メモ」
●河西浩志[著]・四六判・228頁・本文2色刷・定価1,890円（税込⑤）

コーチングのスキルを使って、コミュニケーションをスムーズにし、部下のモチベーションがあがるケースをふんだんに紹介。